वीर शिवाजी

वीर शिवाजी

कुंवर भुवनेश्वर प्रताप साही

JPD

First published in India in 2020 by
Jawahar Publishers & Distributors

ISBN: 978-81-948468-7-1

Jawahar Publishers & Distributors
46, Samachar Apartment,
Mayur Vihar-I, New Delhi 110091

E-mail: jawaharpdd@gmail.com

Printed and Bound in
Delhi

₹ 549/-

प्रस्तावना

शिवाजी उस समय पैदा हुए जब दिल्ली में मुगलों का बड़ा शक्तिशाली राज्य था और भारत का कोई राजा या सरदार मुगल सेना का सामना करने का साहस नहीं करता था। उनके समय में मुगल सम्राट औरंगजेब का राज्य था। औरंगजेब बड़ा क्रूर और शक्तिशाली सम्राट था। उसके अत्याचार से प्रजा ही दुखी न थी, वरन् उसके, घर के लोग भी दुःखी थे। उसने अपने पिता शाहजहाँ को भी बन्दी बना लिया था। शिवाजी ने यह सब देखकर प्रण किया कि वह ऐसे अत्याचार पूर्ण शासन का अन्त करेंगे और ऐसे राज्य की स्थापना करेंगे जो न्याय और नीति पर आधारित हो। शिवाजी का यह स्वप्न पूरा हुआ। इसके लिये अनकों बड़ी कठिनाइयों का सामना करना पड़ा। वे वनों और पर्वतों में घूमते और अवसर पाकर शत्रु पर टूट पड़ते। उनके साहस, देश प्रेम और धर्म पालन को देख कर सहस्त्रों वीर उनके साथ हो गये और अन्त में वे मराठा राज्य स्थापित करने में सफल हुए। सन् 1674 तक शिवाजी ने उन सारे प्रदेशों पर अधिकार कर लिया था, जो पुरन्दर की संधि के अन्तर्गत उन्हें मुगलों को देने पड़े थे।

शिवाजी ने अपनी एक स्थायी सेना बनाई थी और वर्षाकाल के दौरान सैनिकों को वहाँ रहने का स्थान भी उपलब्ध कराया जाता था। शिवाजी की मृत्यु के समय उनकी सेना में 30-40 हजार नियमित और स्थायी रूप से नियुक्त घुड़सवार, एक लाख पदाति और 1260 हाथी थे। उनके तोपखानों के संबंध में ठीक-ठीक जानकारी उपलब्ध नहीं है, किंतु इतना ज्ञात है कि उन्होंने सूरत और अन्य स्थानों पर आक्रमण करते समय तोपखाने का उपयोग किया था। नागरिक प्रशासन की भाँति ही सैन्य-प्रशासन में भी समुचित संस्तर बने हुए थे।

भारतवर्ष में मराठा शक्ति के उत्कर्ष और विकास के लिये छत्रपति शिवाजी को श्रेय दिया जाता है, किंतु यह भी एक तथ्य है कि शिवाजी के प्रादुर्भाव के पूर्व ही उसकी भूमिका तैयार हो चुकी थी। जदुनाथ सरकार ने लिखा है कि प्रकृति ने मराठों में आत्म विश्वास, साहस, सहिष्णुता, सादगी, स्पष्टवादिता और सामाजिकता कूट-कूट कर भर दी थी। एलफिंसटन ने लिखा है कि महाराष्ट्र की

भौगोलिक परिस्थितियों के कारण मराठे बड़े ही चुस्त, परिश्रमी, कर्मण्य और संतोषी थे। यदि उनमें राजपूतों जैसी शान और घमंड नहीं है तो उन जैसी विलासिता और अदूरदर्शिता भी नहीं है।

—लेखक

अनुक्रम

1

शिवाजी का जीवन-वृत्त

शिवाजी उस समय पैदा हुए जब दिल्ली में मुगलों का बड़ा शक्तिशाली राज्य था और भारत का कोई राजा या सरदार मुगल सेना का सामना करने का साहस नहीं करता था। उनके समय में मुगल सम्राट औरंगजेब का राज्य था। औरंगजेब बड़ा क्रूर और शक्तिशाली सम्राट था। उसके अत्याचार से प्रजा ही दुखी न थी, वरन् उसके, घर के लोग भी दुःखी थे। उसने अपने पिता शाहजहाँ को भी बन्दी बना लिया था। शिवाजी ने यह सबस देखकर प्रण किया कि वह ऐसे अत्याचार पूर्ण शासन का अन्त करेंगे और ऐसे राज्य की स्थापना करेंगे जो न्याय और नीति पर आधारित हो। शिवाजी का यह स्वप्न पूरा हुआ। इसके लिये अनकों बड़ी कठिनाइयों का सामना करना पड़ा। वे वनों और पर्वतों में घूमते और अवसर पाकर शत्रु पर टूट पड़ते। उनके साहस, देश प्रेम और धर्म पालन को देख कर सहस्त्रों वीर उनके साथ हो गये और अन्त में वे मराठा राज्य स्थापित करने में सफल हुए।

छत्रपति शिवाजी राव भोसले ने 1674 में पश्चिमी भारत में मराठा साम्राज्य की नींव रखी। उन्होंने कई वर्ष औरंगजेब के मुगल साम्राज्य से संघर्ष किया। शिवाजी का जन्म 19 फरवरी, 1630 को शिवनेरी, पूना (वर्तमान पुणे) में हुआ था। इस भारतीय राजा (शासनकाल, 1674-80) को भारत में मराठा साम्राज्य का संस्थापक कह सकते हैं। इस राज्य की सुरक्षा धार्मिक सहिष्णुता और कामकाज में ब्राह्मणों, मराठों तथा प्रभुओं की कार्यात्मक एकता पर आधारित थी। 1674 की ग्रीष्म ऋतु में शिवाजी ने धूमधाम से सिंहासन पर बैठकर स्वतंत्र प्रभुसत्ता की नींव रखी।

दबी-कुचली हिंदू जनता ने सहर्ष उन्हें नेता स्वीकार कर लिया। अपने आठ मंत्रियों की परिषद् के जरिये उन्होंने छह वर्ष तक शासन किया। वह एक धर्मनिष्ठ हिंदू थे, जो अपनी धर्मरक्षक भूमिका पर गर्व करते थे, लेकिन उन्होंने जबरदस्ती मुसलमान बनाए गए अपने दो रिश्तेदारों को हिंदू धर्म में वापस (हिंदू धर्म में धर्मांतरण निषिद्ध है) लेने का आदेश देकर परंपरा तोड़ी, हालांकि ईसाई और मुसलमान बल प्रयोग के ज़रिए बहुसंख्य जनता पर अपना मत थोपते थे। शिवाजी ने इन दोनों संप्रदायों के आराधना स्थलों की रक्षा की। उनकी सेवा में कई मुसलमान भी शामिल थे। उनके सिंहासन पर बैठने के बाद सबसे उल्लेखनीय अभियान दक्षिण भारत का रहा, जिसमें सुल्तानों के साथ कूटनीतिक समझौता कर उन्होंने मुग़लों को समूचे उपमहाद्वीप में सत्ता स्थापित करने से रोक दिया।

शिवाजी की कई पत्नियां और दो बेटे थे। उनके जीवन के अंतिम वर्ष उनके ज्येष्ठ पुत्र की धर्मविमुखता के कारण परेशानी में बीते। उनका यह पुत्र एक बार मुग़लों से भी जा मिला था और उसे बड़ी मुश्किल से वापस लाया गया था। घरेलू झगड़ों और अपने मंत्रियों के आपसी वैमनस्य के बीच साम्राज्य की शत्रुओं से रक्षा की। चिंता ने शीघ्र ही शिवाजी को मृत्यु के कगार पर पहुंचा दिया। मैकाले द्वारा 'शिवाजी महान्' कहे जाने वाले शिवाजी की अप्रैल 1680 में कुछ समय बीमार रहने के बाद अपनी राजधानी के पहाड़ी दुर्ग राजगढ़ में मृत्यु हो गई।

शिवाजी ने सदियों से दमित और शोषित लोगों में प्राण फूंककर उन्हें शक्तिशाली मुग़ल बादशाह औरंगज़ेब के ख़िलाफ खड़ा कर दिया। इससे भी महत्त्वपूर्ण यह है कि धार्मिक आक्रामकता के युग में वह लगभग अकेले ही धार्मिक सहिष्णुता के समर्थक बने रहे।

शिवाजी प्रभावशाली कुलीनों के वंशज थे। उस समय भारत पर मुस्लिम शासन था। उत्तरी भारत में मुग़लों तथा दक्षिण में बीजापुर और गोलकुंडा में मुस्लिम सुल्तानों का ये तीनों ही अपनी शक्ति के ज़ोर पर शासन करते थे और प्रजा के प्रति कर्तव्य की भावना नहीं रखते थे। शिवाजी की पैतृक जायदाद बीजापुर के सुल्तान द्वारा शासित दक्कन में थी। उन्होंने मुसलमानों द्वारा किए जा रहे दमन और धार्मिक उत्पीड़न को इतना असहनीय पाया कि 16 वर्ष की आयु तक पहुंचते-पहुंचते उन्हें विश्वास हो गया कि हिंदुओं की मुक्ति के लिए ईश्वर ने उन्हें नियुक्त किया है। उनका यही विश्वास जीवन भर उनका मार्गदर्शन करता रहा। उनकी विधवा माता, जो स्वतंत्र विचारों वाली हिंदू कुलीन महिला थीं, ने जन्म से ही उन्हें दबे-कुचले हिंदुओं के अधिकारों के लिए लड़ने और मुस्लिम शासकों को उखाड़ फेंकने की शिक्षा

दी थी। अपने अनुयायियों का दल संगठित कर उन्होंने लगभग 1655 में बीजापुर की कमज़ोर सीमा चौकियों पर क़ब्ज़ा करना शुरू किया। इसी दौर में उन्होंने सुल्तानों से मिले हुए स्वधर्मियों को भी समाप्त कर दिया। इस तरह उनके साहस व सैन्य निपुणता तथा हिंदुओं को सताने वालों के प्रति कड़े रुख़ ने उन्हें आम लोगों के बीच लोकप्रिय बना दिया। उनकी विध्वंसकारी गतिविधियां बढ़ती गईं और उन्हें सबक़ सिखाने के लिए किए गए अनेक छोटे सैनिक अभियान असफल ही सिद्ध हुए। जब 1659 में बीजापुर के सुल्तान ने उनके ख़िलाफ अफ़ज़ल ख़ां के नेतृत्व में 20,000 लोगों की सेना भेजी, तो शिवाजी ने डरकर भागने का नाटक कर सेना को कठिन पहाड़ी क्षेत्र में फुसला कर बुला लिया और आत्मसमर्पण करने के बहाने एक मुलाकात में अफ़ज़ल ख़ां की हत्या कर दी। उधर पहले से घात लगाए उनके सैनिकों ने बीजापुर की बेख़बर सेना पर अचानक हमला करके उसे ख़त्म कर डाला। रातों रात शिवाजी एक अजेय योद्धा बन गए, जिनके पास बीजापुर की सेना की बंदूकें, घोड़े और गोला-बारूद का भंडार था।

शिवाजी की बढ़ती हुई शक्ति से चिंतित होकर मुग़ल बादशाह औरंगज़ेब ने दक्षिण में नियुक्त अपने सूबेदार को उन पर चढ़ाई करने का आदेश दिया। उससे पहले ही शिवाजी ने आधी रात को सूबेदार के शिविर पर साहसिक हमला कर दिया। जिसमें सूबेदार के एक हाथ की उंगलियां कट गईं और उसका बेटा मारा गया। इससे सूबेदार को पीछे हटना पड़ा। शिवाजी ने मानो मुग़लों को और चिढ़ाने के लिए संपन्न तटीय नगर सूरत पर हमला कर दिया और भारी संपत्ति लूट ली।

इस चुनौती की अनदेखी न करते हुए औरंगज़ेब ने अपने सबसे प्रभावशाली सेनापति मिर्जा राजा जयसिंह के नेतृत्व में लगभग 1,00,000 की फ़ौज भेजी। इतनी बड़ी सेना और जयसिंह की हिम्मत और दृढ़ता ने शिवाजी को शांति समझौते पर मजबूर कर दिया और उन्हें वादा करना पड़ा कि वह मुग़लों के अधीन जागीरदारी स्वीकार करने के लिए अपने पुत्र के साथ आगरा में औरंगज़ेब के दरबार में हाज़िर होंगे। अपने घर से सैकड़ों मील दूर आगरा में शिवाजी और उनके पुत्र को नज़रबंद कर दिया गया, जहां वे निरंतर मृत्युदंड के भय में रहे।

शिवाजी नहीं हारे और बीमारी का बहाना बनाया। उन्होंने मिठाई के बड़े-बड़े टोकरे ग़रीबों में बांटने के लिए भिजवाने शुरू किए। 17 अगस्त, 1666 को वह अपने पुत्र के साथ टोकरे में बैठकर पहरेदारों के सामने से छिपकर निकल गए। उनका बच निकलना, जो शायद उनके नाटकीय जीवन का सबसे रोमांचक कारनामा था, भारतीय इतिहास की दिशा बदलने में निर्णायक साबित हुआ। उनके अनुगामियों

ने उनका अपने नेता के रूप में स्वागत किया और दो वर्ष के समय में उन्होंने न सिर्फ अपना पुराना क्षेत्र वापस हासिल कर लिया, बल्कि उसका विस्तार भी किया। वह मुग़ल ज़िलों से धन वसूलते थे और उनकी समृद्ध मंडियों को भी लूटते थे। उन्होंने अपनी सेना का पुनर्गठन किया और प्रजा की भलाई के लिए अपेक्षित सुधार किए। अब तक भारत में पांव जमा चुके पुर्तगाली और अंग्रेज़ व्यापारियों से सीख लेकर उन्होंने नौसेना का गठन शुरू किया। इस प्रकार आधुनिक भारत में वह पहले शासक थे, जिन्होंने व्यापार और सुरक्षा के लिए नौसेना की आवश्यकता के महत्त्व को स्वीकार किया। शिवाजी के उत्कर्ष से क्षुब्ध होकर औरंगज़ेब ने हिंदुओं पर अत्याचार करना शुरू कर दिया। उन पर कर लगाया, ज़बरदस्ती धर्म परिवर्तन कराए और मंदिरों को गिराकर उनकी जगह मस्जिदें बनवाईं।

2

आरंभिक जीवन

शाहजी भोंसले की पत्नी जीजाबाई (राजमाता जिजाऊ) की कोख से शिवाजी महाराज का जन्म 19 फरवरी 1630 को शिवनेरी दुर्ग में हुआ था। शिवनेरी का दुर्ग पूना (पुणे) से उत्तर की तरफ जुन्नार नगर के पास था। उनका बचपन उनकी माता जिजाऊ के मार्गदर्शन में बीता। वह सभी कलाओं में माहिर थे। उन्होंने बचपन में राजनीति एवं युद्ध की शिक्षा ली थी। ये भोंसले उपजाति के थे जोकि मूलतः कुर्मी जाति से संबंधित है। कुर्मी जाति कृषि संबंधी कार्य करती है। उनके पिता अप्रतिम शूरवीर थे और उनकी दूसरी पत्नी तुकाबाई मोहिते थीं। उनकी माता जी जीजाबाई जाधव कुल में उत्पन्न असाधारण प्रतिभाशाली थी और उनके पिता एक शक्तिशाली सामन्त थे। शिवाजी महाराज के चरित्र पर माता-पिता का बहुत प्रभाव पड़ा।

बचपन से ही वे उस युग के वातावरण और घटनाओं को भली प्रकार समझने लगे थे। शासक वर्ग की करतूतों पर वे झल्लाते थे और बेचैन हो जाते थे। उनके बाल-हृदय में स्वाधीनता की लौ प्रज्ज्वलित हो गयी थी। उन्होंने कुछ स्वामिभक्त साथियों का संगठन किया। अवस्था बढ़ने के साथ विदेशी शासन की बेड़ियाँ तोड़ फेंकने का उनका संकल्प प्रबलतर होता गया। छत्रपति शिवाजी महाराज का विवाह सन् 16 मई, 1640 में सइबाई निम्बालकर के साथ लाल महल, पुना में हुआ था।

दैविक स्वप्न

शाह जी युद्धों में अत्यधिक व्यस्त रहते थे। वे रात को भी पूरी नींद नहीं सो पाते। एक रात वे अपने शिविर में लेटे थे। उन्होंने सपना देखा, जो इस प्रकार था कि युवा शाह जी को एक वृद्ध साधु मिला। उसके हाथ में एक पका हुआ आम था जिसे शाह जी को दिया और कहा—"यह आम तुम अपनी पत्नी को खिला दो। इसका परिणाम बहुत अच्छा होगा। कुछ दिन बाद तुम्हारे घर में एक पुत्र जन्म लेगा। वह भगवान् शंकर के अवतार की तरह होगा।"

शाह जी ने साधु के हाथ से आम का फल से लिया और फिर उसी समय उनकी नींच टूट गई। उनके आश्चर्य का पारावार न रहा, जब उन्होंने देखा कि वास्तव में उनके दाहिने हाथ में एक पका हुआ आम है। वे दूसरे दिन प्रातः ही अपनी पत्नी जीजाबाई के पास गए। उसे स्वप्न का हाल बतलाया और आम खिला दिया।

कुछ दिनों बाद जीजाबाई ने एक पुत्र रत्न को जन्म दिया। उसका नाम शिवाजी रखा गया। शाह जी भी पुत्र के शिवाजी नाम से बहुत संतुष्ट थे, क्योंकि उनका विश्वास था कि उनका पुत्र साक्षात् भगवान् शंकर का अवतार है।

जीजीबाई की शाहजी भोंसले द्वारा उपेक्षा

शाह जी भोंसले चित्तौड़ के रहने वाले थे। उनके पूर्वज पहले मेवाड़ में ही बसा करते थे। उनकी नसों में शिशोदिया वंश का रक्त था। वे चित्तौड़ के राजा सज्जनसिंह के वंशज थे जिन्होंने संवत् 1376 में चित्तौड़ छोड़ दिया था और दक्षिण भारत में चले आए थे।

शाह जी बीजापुर सुलतान के यहाँ नौकरी करते थे। उनके पास कुछ थोड़ी-सी जागीर भी थी। वे अपनी स्त्री जीजाबाई से असंतुष्ट थे, इसके कई कारण थे। वे उसको अपने पास रखना पसंद नहीं करते। एक तो उनकी अपने श्वसुर से दुश्मनी थी जिसका बदला वे पत्नी से इस रूप में लेते कि हमेशा उससे चिढ़े ही रहते, कभी अच्छी तरह नहीं बोलते थे। दूसरी बात यह थी कि एक बार अहमत नगर पर मल्हार खाँ नामक एक शत्रु ने आक्रमण किया। वहाँ से शाह जी तो अपनी जान बचा कर भाग गए, लेकिन जीजाबाई को कैद कर लिया गया। फिर जब बीजापुर के सुलतान के साथ मल्हार खाँ की सुलह हुई, तब जीजाबाई कैद से छूटीं। शाह जी के मन में तभी से पत्नी के प्रति त्याग की बातें आ गई थीं। इस दौरान वे बीजापुर दरबार में एक ऊँचे पद पर आसीन थे।

शिवाजी का जन्म शिवनेर के दुर्ग में हुआ था, उनकी माता जीजाबाई इस दुर्ग की अधिष्ठात्री शिवाई देवी की पूजा किया करती थीं। देवी के नाम पर ही उन्होंने अपने पुत्र का नाम शिवाजी रखा। शिवाजी के पिता शाहजी भोंसले बीजापुर के दरबार की सेवा में थे, परन्तु माता जीजाबाई शिवनेर में रहती थीं।

शिवाजी का बचपन माता के संरक्षण में शिवनेर ही में व्यतीत हुआ। वे अपने पुत्र को शौर्य और साहस, न्याय तथा धर्म की कहानियाँ सुनाया करती थीं। इन कहानियों को सुनकर शिवाजी के मन में भी वीरता और सम्मान के भाव पैदा हो गये।

इनके पिता शाहजी भोंसले ने शिवाजी को जन्म के उपरान्त ही अपनी पत्नी जीजाबाई को प्रायः त्याग दिया था। उनका बचपन बहुत उपेक्षित रहा और वे सौतेली माँ के कारण बहुत दिनों तक पिता के संरक्षण से वंचित रहे। उनके पिता शूरवीर थे और अपनी दूसरी पत्नी तुकाबाई मोहिते पर आकर्षित थे। जीजाबाई उच्च कुल में उत्पन्न प्रतिभाशाली होते हुए भी तिरस्कृत जीवन जी रही थीं। जीजाबाई यादव वंश से थीं। उनके पिता एक शक्तिशाली और प्रभावशाली सामन्त थे। बालक शिवाजी का लालन-पालन उनके स्थानीय संरक्षक दादाजी कोणदेव तथा जीजाबाई के समर्थ गुरु रामदास की देखरेख में हुआ। माता जीजाबाई तथा गुरु रामदास ने कोरे पुस्तकीय ज्ञान के प्रशिक्षण पर अधिक बल न देकर शिवाजी के मष्तिष्क में यह भावना भर दी थी कि देश, समाज, गौ तथा ब्राह्मणों को मुसलमानों के उत्पीड़न से

मुक्त करना उनका परम कर्तव्य है। शिवाजी स्थानीय लोगों के बीच रहकर शीघ्र ही उनमें अत्यधिक सर्वप्रिय हो गये। उनके साथ आस-पास के क्षेत्रों में भ्रमण करने से उनको स्थानीय दुर्गों और दर्रों की भली प्रकार व्यक्तिगत जानकारी प्राप्त हो गयी। कुछ स्वामिभक्त लोगों का एक दल बनाकर उन्होंने उन्नीस वर्ष की आयु में पूना के निकट तीरण के दुर्ग पर अधिकार करके अपना जीवन-क्रम आरम्भ किया। उनके हृदय में स्वाधीनता की लौ जलती थी। उन्होंने कुछ स्वामिभक्त साथियों को संगठित किया। धीरे धीरे उनका विदेशी शासन की बेड़ियाँ तोड़ने का संकल्प प्रबल होता गया। शिवाजी का विवाह साइबाई निम्बालकर के साथ सन् 1641 में बंगलौर में हुआ था। उनके गुरु और संरक्षक कोणदेव की 1647 में मृत्यु हो गई। इसके बाद शिवाजी ने स्वतंत्र रहने का निर्णय लिया।

जीजाबाई का प्रेरक मातृत्व

मराठा सम्राट छत्रपति शिवाजी की माता जीजाबाई का जन्म सिंदखेड़ नामक गाँव में हुआ था। यह स्थान वर्तमान में महाराष्ट्र के विदर्भ प्रांत में बुलढाणा जिले के मेहकर जनपद के अन्तर्गत आता है। उनके पिता का नाम लखुजी जाधव तथा माता का नाम महालसाबाई था।

जीजाबाई का विवाह शाहजी के साथ कम उम्र में ही हो गया था। उन्होने सदैव अपने पति का राजनीतिक कार्यों में साथ दिया। शाहजी ने तत्कालीन निजामशाही सल्तनत पर मराठा राज्य की स्थापना की कोशिश की थी। लेकिन वे मुगलों और आदिलशाही के संयुक्त बलों से हार गये थे। संधि के अनुसार उनको दक्षिण जाने के लिए मजबूर किया गया था। उस समय शिवाजी की आयु 14 साल थी अतः वे मां के साथ ही रहे। बड़े बेटे संभाजी अपने पिता के साथ गये। जीजाबाई का पुत्र संभाजी तथा उनके पति शाहजी अफजल खान के साथ एक लड़ाई में मारे गये। शाहजी की मृत्यु होने पर जीजाबाई ने सती (अपने आप को पति के चिता में जल द्वारा आत्महत्या) होने की कोशिश की, लेकिन शिवाजी ने अपने अनुरोध से उन्हें ऐसा करने से रोक दिया।

वीर माता जीजाबाई छत्रपति शिवाजी की माता होने के साथ-साथ उनकी मित्र, मार्गदर्शक और प्रेरणास्रोत भी थीं। उनका सारा जीवन साहस और त्याग से भरा हुआ था। उन्होंने जीवन भर कठिनाइयों और विपरीत परिस्थितियों को झेलते हुए भी धैर्य नहीं खोया और अपने 'पुत्र 'शिवा' को वे संस्कार दिए, जिनके कारण वह आगे चलकर हिंदू समाज का संरक्षक 'छात्रपति शिवाजी महाराज' बना। जीजाबाई यादव

उच्चकुल में उत्पन्न असाधारण प्रतिभाशाली थीं। जीजाबाई जाधव वंश की थी और उनके पिता एक शक्तिशाली सामन्त थे। शिवाजी महाराज के चरित्र पर माता-पिता का बहुत प्रभाव पड़ा। बचपन से ही वे उस युग के वातावरण और घटनाओं को भली प्रकार समझने लगे थे।

जीजाबाई बाल्यकाल से ही हिन्दुत्व प्रेमी, धार्मिक तथा साहसी स्वभाव की थीं। सहिष्णुता का गुण तो उनमें कूट-कूटकर भरा हुआ था। इनका विवाह मालोजी के पुत्र शाहजी से हुआ। प्रारंभ में इन दोनों परिवारों में मित्रता थी, किंतु बाद में यह मित्रता कटुता में बदल गई, क्योंकि जीजाबाई के पिता मुगलों के पक्षधर थे।

एक बार जाधवराव मुगलों की ओर से लड़ते हुए शाहजी का पीछा कर रहे थे। उस समय जीजाबाई गर्भवती थी। शाहजी अपने एक मित्र की सहायता से जीजाबाई को शिवनेर के किले में सुरक्षित कर आगे बढ़ गये। जब जाधवराव शाहजी का पीछा करते हुए शिवनेर पहुंचे तो उन्हें देख जीजाबाई ने पिता से कहा— मैं आपकी दुश्मन हूं, क्योंकि मेरा पति आपका शत्रु है। दामाद के बदले कन्या ही हाथ लगी है, जो कुछ करना चाहो, कर लो। इस पर पिता ने उसे अपने साथ मायके चलने को कहा, किंतु जीजाबाई का उत्तर था— आर्य नारी का धर्म पति के आदेश का पालन करना है।

इसी शिवनेर दुर्ग में जीजाबाई ने शिवाजी को जन्म दिया। पति की उपेक्षा के कारण जीजाबाई ने अनेक असहनीय कष्टों को सहते हुए बालक शिवा का लालन-पालन किया। उसके लिए क्षत्रिय वेशानुरूप शास्त्रीय-शिक्षा के साथ शस्त्र-शिक्षा की व्यवस्था की। उन्होंने शिवाजी की शिक्षा के लिए दादाजी कोंडदेव जैसे व्यक्ति को नियुक्त किया। स्वयं भी रामायण, महाभारत तथा वीर बहादुरों की गौरव गाथाएं सुनाकर शिवाजी के मन में हिन्दू-भावना के साथ वीर-भावना की प्रतिष्ठा की। वह प्रायः कहा करती थी कि यदि तुम संसार में आदर्श हिन्दू बनकर रहना चाहते हो स्वराज की स्थापना करो। देश से यवनों और विधर्मियों को निकालकर हिन्दू-धर्म की रक्षा करो।

शाहजी ने दूसरा विवाह कर लिया था। कई वर्षों बाद शाहजी ने जीजाबाई को शिवाजी सहित बीजापुर बुलवा लिया था, किंतु उन्हें पति का सहज स्वाभाविक प्रेम कभी प्राप्त नहीं हुआ। जीजाबाई ने अपने मान, अपमान को भुलाकर सारा ध्यान अपने पुत्र शिवाजी पर केन्द्रित कर दिया। शाह जी की मृत्यु पर पति-परायणा जीजाबाई सती होना चाहती थी, किंतु शिवाजी के यह कहने पर कि माता! तुम्हारे पवित्र आदर्शों और प्रेरणा के बिना स्वराज्य की स्थापना संभव नहीं होगी। धर्म पर विधर्मियों का दबाव बढ़ जायेगा। माता ने पुत्र की भावना तथा भविष्य के प्रति जागरूक दृष्टि का परिचय देते हुए सती होने का विचार त्याग दिया।

औरंगजेब ने जब धोखे से शिवाजी को उनके पुत्र सहित बंदी बना लिया था, तब शिवाजी ने भी कूटनीति तथा छल से मुक्ति पाई और वे जब संन्यासी के वेश में अपनी मां के सामने भिक्षा लेने पहुंचे तो मां ने उन्हें पहचान लिया और प्रसन्नचित होकर कहा- अब मुझे विश्वास हो गया है कि मेरा पुत्र स्वराज्य की स्थापना अवश्य करेगा। हिन्दू पद-पादशाही आने में अब कुछ भी विलंब नहीं है।

अंत में जीजाबाई की साधना सफल हुई। शिवाजी ने महाराष्ट्र के साथ भारत के एक बड़े भाग पर स्वराज्य की स्वतंत्र पताका फहराई, जिसे देखकर जीजाबाई ने शांतिपूर्वक परलोक प्रस्थान किया। वस्तुतः जीजाबाई स्वराज्य की ही देवी थीं।

पुत्र शिवाजी से माता को जितना प्रेम था, पिता का उससे भी कहीं अधिक। क्योंकि शाह जी उसे भगवान् शंकर का स्वरूप समझते थे। वे चाहते थे कि जीजाबाई शिवाजी को लेकर किसी सुरक्षित जगह में चली जाएं, जहाँ किसी तरह से भी युद्ध का कोई खतरा न हो। इससे बालक की शिक्षा-दीक्षा में कोई बाधा नहीं पड़ेगी। वे दादा जी कोसादेव के सुपुर्द अपनी पत्नी और पुत्र को करना चाहते थे।

जीजाबाई जब शिवाजी को देखती तो सोचने लगती कि अब उसे जीवित रहने का एक सहारा मिल गया है। वह अपनी सारी-की-सारी बुद्धि और शक्ति, सभी कुछ पुत्र पर खर्च कर देगी। वह उसे एक महानू योद्ध और महापुरुष बनाएंगी। वह चाहतीं थी कि उसका लाल भारत के इतिहास की एक कड़ी बने।

शाह जी यह सपना देख रहे थे कि शिवाजी युद्ध-विद्या में दक्ष हो जाए, साथ ही उसका विद्याध्ययन भी चलता रहे। बड़ा होने पर मैं उसे बीजापुर दरबार में ले जाऊँगा और कोई ऊँचा पद दिलवा दूँगा। इस तरह वह भटकेगा नहीं और न परेशान होगा। सुख और शांति के साथ अपना जीवन व्यतीत करेगा।

इस तरह माँ और बाप शिवाजी के लिए मंगल कामनाएँ कर रहे थे। वे अपने-अपने सपनों को साकार देखने के लिए लालसा से भरे थे और शिशु शिवाजी अब बालक के रूप में परिवर्तित हो रहे थे।

शिवाजी बचपन से ही प्रखर बुद्धि के थे। खेलकूद में ही वे तलवार चलाते। उसका अभ्यास करते। तीर चलाने में भी उन्हें आनंद आता था। वे अपनी माँ से वीरों की कहानियाँ सुनते, इससे उन्हें खुशी होती। इस तरह धीरे-धीरे उनकी दिलचस्पी युद्ध में बढ़ने लगी और वे वीरों की गाथाएँ सुनने के इच्छुक बने रहते थे।

बालक का स्वभाव शाह जी को बहुत भाता। वे खुशी से फूले नहीं समाते और मन-ही-मन कहा करते कि मेरा लड़का होनहार निकलेगा। उसमें लक्षण अच्छे दिखलाई दे रहे हैं। वह सपना लेकर आया है। सूरज की तरह चमकेगा, ऐसा मेरा

विश्वास है। उनकी नौकरी ऐसी थी कि उन्हें तनिक भी फुर्सत नहीं मिलती। वे प्रयत्न करने पर भी पुत्र को अधिक समय नहीं दे पाते थे। इसीलिए तो सोचा करते थे कि जीजाबाई एक योग्य माता तथा पत्नी हैं। वह शिवाजी को इस साँचे में ढालेंगी कि वह कुंदन बने, खरा कुंदन! वे दोनों को अपने पास से हटाना चाहते थे।

जीजाबाई अपने पुत्र में एक अनोखी प्रतिभा पाती। वह जानती थी कि शिवाजी की बुद्धि बहुत की कुशाग्र है। वह अक्सर यही सोचा करती कि कहीं मेरे लाल को नजर न लग जाए, लेकिन तत्क्षण की उसके मन में दूसरी भावना आ जाती कि वीरों की संतान फौलाद की तरह होती है। जिस तरह फौलाद में कभी जंग नहीं लगती ठीक उसी तरह वीरों की औलाद को भी नजर नहीं लगती। बहादुरों की निगाह भी पत्थर की होती है।

इस तरह जीजाबाई अपने में पूर्णतया संतुष्ट थीं। उसका संतोष उसके सामने था। वह शिवाजी के रूप में था, जो एकमात्र उसका लाल था। आँखों का तारा और जिन्दगी का सहारा।

शिवनेरी के किले में पालन-पोषण

शाह जी कभी भी दो-चार दिन के लिए फुर्सत नहीं पाते थे। बीजापुर सुलतान की रियासत में उन्हें जो काम मिला था, वह बहुत बड़ी जिम्मेदारी का था। उन्हें अधिकांश युद्ध ही लड़ने पड़ते। उनका जीवन अब तक युद्धों में ही बीता था।

आखिर शाह जी को एक उपाय सूझा। उन्होंने शिवाजी और जीजाबाई को उत्तर दिशा की तरफ कोंकाण प्रदेश में भेज दिया। वहाँ दादा जी कोसादेव थे। अतः शिवनेरी के किले में उनकी रक्षा में शिवाजी और जीजाबाई रहने लगे।

जीजाबाई शिवनेरी के किले में आकर अपने पुत्र का पालन-पोषण मन लगाकर करने लगीं। शिवाजी आज्ञाकारी पुत्र थे। वे माँ की बात मानते और हमेशा हर काम अपनी माता से पूछकर ही किया करते। दादाजी कोसादेव उनसे बहुत स्नेह करते। शिवाजी भी उन्हें आदर की दृष्टि से देखते और उनका सम्मान करते।

शाह जी ने जबसे जीजाबाई को शिवनेरी के किले में भेजा तब से वे बेफिक्र हो गए। उनकी खोज-खबर ही नहीं ली। एक तरह से उन्होंने जीजाबाई को बिल्कुल त्याग ही दिया था। वे बीजापुर के दरबार में सम्मान की दृष्टि से देखे जाते। यह उनके लिए बड़े गर्व की बात थी और वे जानते थे कि वहाँ का सुलतान उन पर प्रसन्न है। एक न एक जागीर उन्हें जरूर देगा, क्योंकि उनकी राज सेवा से वह बहुत प्रसन्न है।

इस तरह शाह जी ने अपने को निश्चिंत पाया तो उनका ध्यान दूसरी ओर गया। उन्होंने दीपाबाई नाम की एक दूसरी स्त्री से अपना विवाह कर लिया।

जीजाबाई ने जब यह सुना तो उसे बहुत दुःख हुआ, लेंकिन वह शांत रहीं। उसने सब्र से काम लिया। वह अपने पति के स्वभाव को भली-भाँति जानती थीं कि शाह जी तीखे मिजाज के हैं, वे बहुत जल्दी चिढ़ जाते हैं। इसके अलावा वे उससे नाराज भी हैं, क्योंकि उसके पिता बड़े ही हठधर्मी हैं। उनकी शाह जी से कभी नहीं पटती।

पति की ओर से उपेक्षित जीजाबाई शिवाजी को ही अपना सर्वस्व समझने लगी। यद्यपि दादा जी कोसादेव शिवाजी के शिक्षक और गुरु नियुक्त हुए थे। लेकिन फिर भी जीजाबाई अपनी जिम्मेदारी अलग समझती थीं। वे जानती थीं कि अगर उनका पुत्र योग्य न निकला तो उनके लिए उनका भविष्य अंधकारमय हो जाएगा। पति की ओर से उन्हें जो उपेक्षा मिली है वह फिर घृणा में बदल जाएगी और उनका सब जगह अनादर ही होगा और अगर शिवाजी लायक निकले तो उनका सिर गर्व से ऊँचा हो जाएगा। वह एक वीर योद्धा की माँ कहलाएंगी। उनका भविष्य सुनहला होगा और मुस्कराता होगा।

दादा जी कोसादेव भी जीजाबाई का दुख समझते थे। वे समय-समय पर उसे समझाते रहते थे और डाँढस बँधाते। उनका कहना था कि तुम मन क्यों छोटा करती हो जीजाबाई। तुम्हारे पुत्र में राजसी लक्षण हैं। वह एक दिन मराठों का सरदार बनेगा इसमें तनिक भी सन्देह नहीं। उसका मुँह देखो, उसके लिए मंगल कामना करो। वह एक ऐसा नक्षत्र है जिसकी ज्योति कभी क्षीण नहीं होगी।

जीजाबाई को दादाजी कोसादेव की बातों से बहुत बल मिलता। वह दुःख भूल जातीं और कल्पना करने लगतीं कि दादाजी कोसादेव ठीक कहते हैं। वे मेरे पुत्र को विद्याश्यास कराते हैं। अस्त्र और शस्त्र भी चलाना सिखलाते हैं। गुरु और शिक्षक आरंभ में ही ताड़ जाते हैं कि उनका शिष्य कैसा होगा? मंद अथवा प्रखर बुद्धि। कोसादेव शिवाजी की कुशाग्र बुद्धि को पहचान गए हैं, तभी तो उन्हें उस बालक पर विश्वास हो गया है।

जीजाबाई रामायण का पाठ नित्य करतीं। वह रामचन्द्र की कथा अपने पुत्र को सुनातीं। वह भरत का उदाहरण उसके सामने रखतीं और लक्ष्मण का उग्र स्वभाव बतलातीं। फिर राम के लिए जोर देतीं कि वे मर्यादा पुरुषोत्तम क्यों कहे जाते हैं। वीर हनुमान का चरित्र शिवाजी को अधिक रुचता। वे उनके जीवन से प्रेरणा लेते और सोचा करते कि आदमी अगर हिम्मत करे तो वह सब कुछ कर सकता है। मैं भी बड़ा होकर

एक अपनी सेना बनाऊँगा। उसका सेनापति मैं ही रहूँगा। मैं युद्ध करूँगा। मैं मराठा हूँ मराठा। मैं मुसलमानों के खिलाफ आवाज ही नहीं कदम भी उठाऊँगा।

इस तरह शिवाजी का बचपन शिक्षा-दीक्षा के साथ बीत रहा था। बचपन से ही उनमें समय के सदुपयोग करने की आदत पढ़ गई थी। वे अपना तनिक भी समय व्यर्थ में नहीं गँवाते। माता के पास जितनी देर रहते कुछ-न-कुछ सुनते और समझते रहते। इससे उनके ज्ञान में वृद्धि होती और वे महाभारत की कहानी सुनकर अपने में साहस का संचार करते कि बड़ा होकर भीम की तरह मैं भी बलवान बनूँगा। कर्ण जितना दानी था मैं भी गरीबों को दान करूँगा। वे जब योगेश्वर श्रीकृष्ण का चरित्र सुनते तो मन ही मन सोचने लगते कि बालक कृष्ण में कितना साहस था, कितनी हिम्मत थी! मैं भी उनके चरित्र से यह सीखूँगा कि हिम्मत ही सब कुछ है और आदमी अगर साहस से काम ले तो वह स्वर्ग तक सीढ़ी लगा सकता है।

अब शिवाजी की अवस्था दस साल की हो गई थी। उन्हें धनुर्विद्या का अच्छा-खासा ज्ञान हो गया था। दादाजी कोसादेव ने उन्हें तलवार चलाने में सिद्धहस्त कर दिया था। वे बघनख, भाला आदि चलाने में भी कुशल थे। इस छोटी सी उम्र में ही उन्होंने अस्त्र-शस्त्र चलाना अच्छी तरह सीख लिया था। जहाँ तक पढ़ाई का प्रश्न था, शिवाजी ने गणित, इतिहास और उपनिषदों आदि का ज्ञान अर्जित कर लिया था। उनका मस्तिष्क बहुत अच्छा था। वे दूर की सोचते। उनमें बचपन से ही राज्य विस्तार की भावना थी। वे सेनापति बनने के बड़े इच्छुक थे और सैन्य संगठन की भावना उनमें बलवती होती जा रही थी। शिवाजी उन्हीं लड़कों का साथ करते जो पराक्रम से नहीं डरते और जिनका साहस अटूट था। वे मित्रों के बीच अब भी कभी बैठते तो युद्ध की चर्चा करते या महापुरुषों के जीवन की बातें करते। उनका लक्ष्य यही होता कि अपने पैरों पर खड़े होने में जो सुख है वह दूसरे की गुलामी में नहीं। आजादी आदमी का निर्माण करती है और गुलामी उसके पैरों में बेड़ियाँ डाल देती है।

इस तरह शिवाजी का बचपन अब किशोरवस्था में बदल रहा था। अवस्था के साथ ही साथ उनकी बुद्धि में भी परिर्वतन आता जा रहा था। वे हमेशा अपने को प्रसन्न पाते। यही कारण था कि उनमें हरदम साहस का संचार होता रहता।

युवावस्था

जीजाबाई का ध्यान तो शिवाजी की ओर था ही। शिवाजी भी होनकार लड़के थे। उनकी बुद्धि लिक्षण थी। वे हर एक बात को बहुत जल्दी समझ लेते थे। दादा

जी कोसादेव को वे कभी शिकायत का मौका नहीं देते थे। वे जितना पाठ पढ़ाते शिवाजी उसे जल्दी ही याद कर लेते। गुरु को भी संतोष था और शिष्य को चाव। बस यही कारण था कि शिवाजी के चरित्र का ही निर्माण नहीं हो रहा था, बल्कि उनका भविष्य उज्ज्वल था और वे युद्ध विद्या में दक्ष हो रहे थे। साथ ही नीति और शास्त्र का भी ज्ञान अर्जित करते।

एक बार बीजापुर का सुल्तान शाही जी पर बहुत प्रसन्न हुआ। उसने उनको पूना-सूपा की जागीर दे दी। इसके बाद शाह जी का ध्यान अपनी उपेक्षित पत्नी की ओर गया। शिवाजी का उन्हें बहुत ख्याल था। उन्होंने शिवनेरी के किले से जीजाबाई और शिवाजी को पूरा-सूपा भेज दिया। उनकी ओर से दादा जी कोसादेव उस जागीर के प्रबंधक बनाए गए थे। वे नीतिज्ञ एवं सूरमा थे। उनके सरंक्षण में रहकर शिवाजी विद्वान् ही नहीं एक वीर योद्ध बनेंगे, ऐसा शाह जी को दृढ़ विश्वास था।

शिवाजी ने थोड़े ही समय में पूना-सूपा में रहते हुए दादा जी कोसादेव से शस्त्र चलाने की शिक्षा प्राप्त कर ली। मर्यादा पुरुषोत्तम श्री रामचन्द्र की तरह उन्होंने वानर जाति के लोगों को अपना साथी बनाया। यह मालवीय लोग थे। जो कोंकण प्रदेश की घाटियों में घूमा करते। शिवाजी ने उन्हें अपना मित्र बनाया और धीरे-धीरे करके उन्होंने मालवीय लड़कों की एक मंडली बना ली।

शिवाजी के इस संगठन का यह प्रभाव हुआ कि अधिक से अधिक लड़के उनके दल में शामिल होने लगे। एक तरह से यह वानर सेना ही थी और इसके सेनापति थे शिवाजी। वे सेनापति बनकर अपनी इस छोटी सी सेना का संचालन करते।

शिवाजी का ध्यान धर्म की ओर भी था। वे भवानी पर अधिक विश्वास करते थे। वे बचपन से ही अपनी तलवार को भवानी कहते और माता दुर्गा को भी भवानी ही कहकर सम्बोधित करते। देवी की आराधना में शिवाजी का एक बहुत बड़ा लगाव था। इसके अलावा उनमें देशप्रेम ऐसा था कि वे अपने मराठा प्रदेश पर यवनों की हुकूमत बिल्कुल पसन्द नहीं करते थे और मन ही मन सोचा करते कि तनिक और समर्थ हो जाऊँ फिर मैं मराठा प्रदेश से यवनों को बाहर निकाल कर ही रहूँगा।

शिवाजी के साथ जो मालवीय लड़के थे, उनकी बहादुरी में तनिक भी कमी नहीं थी। वे भी शिवाजी का नेतृत्व अधिक पसन्द करते। उन सबका प्रशिक्षण होता और वे स्वयंसेवकों का जैसा दल बनाकर एक समूह में इकठ्टे हो रहे थे। इस तरह शिवाजी अपनी इस सेना का संगठन कर रहे थे। इसमें अधिकांश मालवीयों के ही लड़के थे। शिवाजी को अपने राष्ट्र से इतना प्रेम था कि वे अपने सखाओं को भी

वक्तव्य के रूप में जोर देकर कहते—"भारतवर्ष संसार की वह पवित्र भूमि है, जिसकी गाथा हर एक देश गाता है। कोई यहाँ से धर्म ले गया, कोई संस्कृति। कोई लूट कर सोना और चाँदी ले गया, लेकिन धरती किसी को नहीं मिली, वह हमारी ही रही। यह आर्यों का देश है। हमारा धर्म है कि हम अपने देश में हिन्दू धर्म की एकमात्र स्थापना करें। बल बोए बीज नहीं, जो पैदा होता हो और बोया जाता हो। एकता और संगठन का मिश्रण ही फल कहलाता है। ताकत ही दुश्मन को नहीं हराती, उसके लिए भी बुद्धि और कौशल की जरूरत पड़ती है। दस आदमी मिल कर सौ आदमियों का मुकाबला नहीं कर सकते। देश में यवन चारों तरफ छाए हैं। उसकी शिकायत नहीं। हमें दुःख तो इस बात का है कि वे हम पर मनमाने अत्याचार करते हैं।

लड़कों पर ये बातें बहुत बड़ा प्रभाव डालतीं। वे सब शिवाजी को अपना नेता मानते थे। उनकी एक योजना थी और उसी योजना के अनुसार वे कार्य करते। इस कार्य-प्रणाली की रूपरेखा शिवाजी स्वयं तैयार करते। उनका प्रत्येक साथी एक अच्छा घुड़सवार था। उन्होंने तीर चलाना भी सबको सिखलाया। तलवार चलाने में वे निपुण थे ही। इस गुर में दादा कोसादेव ने उन्हें पूर्णतया पारंगत कर दिया था। युद्ध-विद्या में शिवाजी एक जवान सैनिक की तरह क्षमता रखते थे। उनकी मंडली को उन पर पूरा-पूरा भरोसा था। सभी उन पर गर्व करते और यह सपना देखते कि एक दिन शिवाजी हिन्दू धर्म का उद्धार करेंगे, इसमें तनिक भी संदेह नहीं।

जीजाबाई प्रत्यक्ष देख रही थीं कि उसने जो पौधा अपने रक्त से उगाया है, उस पौधे में, अब फूल आने वाले हैं और एक दिन उन फूलों की खुशबू सारे देश में फैल जाएगी। यवन शासकों से उसे घृणा थी और वह चाहती थीं कि उनका पुत्र बड़ा होकर उनकी ताकत को कुचले और उनसे अपने धर्म की रक्षा करे। एक जीजाबाई ही क्यों? हर माँ सपना देखती है, जब उसकी गोदी में लाल आता है। फिर, भला जीजाबाई इस मानवीय स्वभाव से पृथक् कैसे रहती।

माँ-बाप के संस्कार संतान पर परिणामतः ज्यों के त्यों पड़ते हैं। शाह जी एक वीर यौद्धा थे। इसीलिए शिवाजी में अटूट शक्ति थी। जीजाबाई धर्मपरायण थीं, वही विश्वास शिवाजी में साहस का संचार करता। वे भगवान् शंकर की आराधना तो करते ही, साथ ही भवानी दुर्गा पर अटल भक्ति रखते। वे अपनी तलवार को ही भवानी कहकर पुकारते थे। उनके मन में यह प्रेरणा बहुत दिनों से थी कि जब वे कोई नया प्रदेश जीतेंगे तो वहाँ एक सुदृढ़ किला बनवाएँगे। उसमें भवानी दुर्गा का भी एक मन्दिर बनेगा। जिसमें देवीजी की स्थापना होगी।

इस प्रकार शिवाजी प्रगति के पथ पर अपनी किशोरावस्था में ही चल पड़े थे। साहस उनका सबसे बड़ा साथी था और संयम उनकी पूँजी। वे प्रत्येक कार्य को खूब सोच-विचार कर करते, यह उनकी बुद्धिमत्ता थी।

सैनिक वर्चस्व का आरंभ

शिवाजी महाराज ने अपने संरक्षक कोणदेव की सलाह पर बीजापुर के सुल्तान की सेवा करना अस्वीकार कर दिया। उस समय बीजापुर का राज्य आपसी संघर्ष तथा विदेशी आक्रमणकाल के दौर से गुजर रहा था। ऐसे साम्राज्य के सुल्तान की सेवा करने के बदले उन्होंने मावलों को बीजापुर के खिलाफ संगठित करने लगे। मावल प्रदेश पश्चिम घाट से जुड़ा है और कोई 150 किलोमीटर लम्बा और 30 किमी. चौड़ा है। वे संघर्षपूर्ण जीवन व्यतीत करने के कारण कुशल योद्धा माने जाते हैं। इस प्रदेश में मराठा और सभी जाति के लोग रहते हैं। शिवाजी महाराज इन सभी जाति के लोगों को लेकर मावलों (मालवा) नाम देकर सभी को सन्घटित किया और उनसे सम्पर्क कर उनके प्रदेश से परिचित हो गए थे। मावल युवकों को लाकर उन्होंने दुर्ग निर्माण का कार्य आरंभ कर दिया था। मावलों का सहयोग शिवाजी महाराज के लिए बाद में उतना ही महत्वपूर्ण साबित हुआ जितना शेरशाह सूरी के लिए अफगानों का साथ महत्त्वपूर्ण था।

उस समय बीजापुर आपसी संघर्ष तथा मुगलों के आक्रमण से परेशान था। बीजापुर के सुल्तान आदिलशाह ने बहुत से दुर्गों से अपनी सेना हटाकर उन्हें स्थानीय शासकों या सामन्तों के हाथ सौंप दिया था। जब आदिलशाह बीमार पड़ा तो बीजापुर में अराजकता फैल गई और शिवाजी महाराज ने अवसर का लाभ उठाकर बीजापुर में प्रवेश का निर्णय लिया। शिवाजी महाराज ने इसके बाद के दिनों में बीजापुर के दुर्गों पर अधिकार करने की नीति अपनाई। सबसे पहला दुर्ग था तोरण का दुर्ग।

3

दुर्गों पर नियंत्रण एवं प्रभुता का विस्तार

तोरण का दुर्ग पूना के दक्षिण पश्चिम में 30 किलोमीटर की दूरी पर था। उन्होंने सुल्तान आदिलशाह के पास अपना दूत भेजकर खबर भिजवाई कि वे पहले किलेदार की तुलना में बेहतर रकम देने को तैयार हैं और यह क्षेत्र उन्हें सौप दिया जाय। उन्होंने आदिलशाह के दरबारियों को पहले ही रिश्वत देकर अपने पक्ष में कर लिया था और अपने दरबारियों की सलाह के मुताबिक आदिलशाह ने शिवाजी महाराज को उस दुर्ग का अधिपति बना दिया। उस दुर्ग में मिली सम्पत्ति से शिवाजी महाराज ने दुर्ग की सुरक्षात्मक कमियों की मरम्मत का काम करवाया। इससे कोई 10 किलोमीटर दूर राजगढ़ का दुर्ग था और शिवाजी महाराज ने इस दुर्ग पर भी अधिकार कर लिया।

शिवाजी महाराज की इस साम्राज्य विस्तार की नीति की भनक जब आदिलशाह को मिली तो वह क्षुब्ध हुआ। उसने शाहजी राजे को अपने पुत्र को नियंत्रण में रखने को कहा। शिवाजी महाराज ने अपने पिता की परवाह किये बिना अपने पिता के क्षेत्र का प्रबन्ध अपने हाथों में ले लिया और नियमित लगान बन्द कर दिया। राजगढ़ के बाद उन्होंने चाकन के दुर्ग पर अधिकार कर लिया और उसके बाद कोंडना के दुर्ग पर। कोंडना (कोन्ढाणा) पर अधिकार करते समय उन्हें घूस देनी पड़ी। कोंडना पर अधिकार करने के बाद उसका नाम सिंहगढ़ रखा गया। शाहजी राजे को पूना और सूपा की जागीरदारी दी गई थी और सूपा का दुर्ग उनके सम्बंधी बाजी मोहिते के हाथ में थी। शिवाजी महाराज ने रात के समय सूपा के दुर्ग पर आक्रमण करके दुर्ग पर अधिकार कर लिया और बाजी मोहिते को शाहजी राजे के पास कर्नाटक भेज

दिया। उसकी सेना का कुछ भाग भी शिवाजी महाराज की सेवा में आ गया। इसी समय पुरन्दर के किलेदार की मृत्यु हो गई और किले के उत्तराधिकार के लिए उसके तीनों बेटों में लड़ाई छिड़ गई। दो भाइयों के निमंत्रण पर शिवाजी महाराज पुरन्दर पहुँचे और कूटनीति का सहारा लेते हुए उन्होंने सभी भाइयों को बन्दी बना लिया। इस तरह पुरन्दर के किले पर भी उनका अधिकार स्थापित हो गया। अब तक की घटना में शिवाजी महाराज को कोई युद्ध या खूनखराबा नहीं करना पड़ा था। 1647 ईस्वी तक वे चाकन से लेकर नीरा तक के भूभाग के भी अधिपति बन चुके थे। अपनी बढ़ी सैनिक शक्ति के साथ शिवाजी महाराज ने मैदानी इलाकों में प्रवेश करने की योजना बनाई।

एक अश्वारोही सेना का गठन कर शिवाजी महाराज ने आबाजी सोन्देर के नेतृत्व में कोंकण के विरुद्ध एक सेना भेजी। आबाजी ने कोंकण सहित नौ अन्य दुर्गों पर अधिकार कर लिया। इसके अलावा ताला, मोस्माला और रायटी के दुर्ग भी शिवाजी महाराज के अधीन आ गए थे। लूट की सारी सम्पत्ति रायगढ़ में सुरक्षित रखी गई। कल्याण के गवर्नर को मुक्त कर शिवाजी महाराज ने कोलाबा की ओर रुख किया और यहाँ के प्रमुखों को विदेशियों के खिलाफ युद्ध के लिए उकसाया।

स्वदेशी राज्य की स्थापना का संकल्प

एक बार जब शाही जी अपनी पत्नी जीजाबाई और पुत्र शिवाजी को देखने पूना-सूपा गए तो उनके मन में यह बात आई कि वे अपने साथ शिवाजी को बीजापुर दरबार में ले जाएँ, क्योंकि अब उनकी अवस्था सोलह की हो गई थी। दम्पति की सलाह हो गई और कुछ दिन बाद शाह जी शिवाजी को अपने साथ लेकर चल दिए।

यद्यपि शिवाजी का बीजापुर दरबार में जाने का बिल्कुल मन नहीं था, लेकिन फिर भी वे माँ-बाप की आज्ञा नहीं टाल सके। शाह जी बीजापुर पहुँचते ही बादशाह को मुजरा किया, लेकिन शिवाजी ने दरबार का जो ठाठ-बाट देखा, उसके मन में घृणा के भाव उत्पन्न हो गए। यवनों का प्रभुत्व उन्हें अच्छा नहीं लगा। उन्होंने बादशाह को मुजरा नहीं किया, चुपचाप खड़े रहे।

शिवाजी के इस आचरण से सुलतान नाराज हो गया। उसने शाह जी को बुरा-भला कहा और क्रोध में आकर यहाँ तक कह डाला कि तुम्हारा लड़का बड़ा बेअदब है। पहले इसे तहजीब सिखलाओ शाह जी, इसके बाद दरबार में लाओ।

शिवाजी में कोई परिवर्तन नहीं हुआ। उन्हें भीतर ही भीतर बहुत क्रोध आया, लेकिन ऊपर से शांत रहे। शाह जी सिटपिटा गए। वे सुलतान की खुशामद करने लगे। उन्हें यह भय था कि अगर बादशाह नाराज हो गया तो वह उनसे पूना-सूपा की दी हुई जागीर छीन सकता है। इसीलिए वे जिस उद्देश्य को लेकर गए थे, उसे अमल में नहीं लाए। वे कोशिश करके सुलतान से कहने लगे—"हुजूर, शिवाजी अभी नाबालिग है। इसकी खता मुआफ की जाए। वाकई में इसने बेअदबी की है, इसमें तहजीब नहीं है।" किसी तरह शाह जी ने उलझे हुए मामले को शांत किया। वे अपने मन की बात दरबार में कह ही न पाए, कि वे पुत्र को लेकर यहाँ किस आशय से आए थे। घर पर आकर शाह जी ने शिवाजी को बहुत डाँटा कि उसकी थोड़ी-सी भूल ने एक बनता हुआ काम बिगाड़ दिया। शिवाजी अनुशासन को अधिक महत्त्व देते थे, इसीलिए उन्होंने शाह जी को कोई जवाब नहीं दिया। उनमें बीजापुर सुलतान के प्रति बड़ी प्रतिक्रिया हुई। उनमें स्वदेश-प्रेम जोश मारने लगा। उनके मन में उमंग उठी कि वे अपने देश में स्वदेशी राज्य की स्थापना करेंगे।

शिवाजी कुछ दिनों में बीजापुर से अपनी माता के पास पूना-सूपा चले आए और दादा कोसादेव की सरंक्षता में युद्ध-विद्या का अभ्यास बड़ी तेजी से करने लगे। उन्होंने अपनी माता से स्पष्ट कह दिया कि उन्हें यवन शासकों से बहुत ही ज्यादा घृणा है।

शिवाजी ने मालवीय जनता के किशोरों को इकट्ठा किया। उनका यह यत्न बहुत बड़ा था। फिर भी उन्हें संतोष नहीं था। वे दिन-प्रतिदिन उसमें वृद्धि ही करते चले जा रहे थे।

थोड़े दिनों में शिवाजी के पास एक अच्छी-खासी सेना तैयार हो गई। उनकी सेना युद्ध-कला में पूरी-पूरी दक्ष थी। अब वे योजना बनाने लगे कि मुसलमानों के किलों पर किस तरह विजय पाई जाए। इसके लिए आमने-सामने के युद्ध को महत्त्व न देकर वे लड़ाई की दूसरी रीति अपनाने लगे। उन्हें गुरिल्ला-युद्ध पर अधिक विश्वास था। दक्षिण में पठार और पहाड़ियों के ही सभी प्रदेश थे। वहाँ छापामार युद्ध ही कामयाब हो सकता था। इसीलिए शिवाजी अपने साथियों को इसकी शिक्षा देने लगे।

शिवाजी ने मालवीय जनता की सेना बनाकर उसका संगठन किया था। दादाजी कोसादेव इससे बहुत प्रसन्न थे। वे चार साल तक निरंतर अपने इसी प्रयास में लगे रहे। बीच-बीच में दादा कोसादेव से उन्हें प्रोत्साहन मिलता रहता था। उनके साथी अब पूरी तरह सैनिक बन चुके थे और उनमें उत्साह था। देशप्रेम की ऐसी

लहर शिवाजी ने सबमें दौड़ा दी थी कि वह सेना आजादी की दीवानी हो रही थी और अपने देश में अपना ही राज्य चाहती थी।

अब शिवाजी बीस वर्ष के अच्छे-खासे युवक थे। उनकी भुजाएँ बहुत अधिक लंबी थीं। उनका ब्याह हो गया था। शिवाजी पत्नी से बहुत प्रेम करते थे। उनका व्यक्तित्व अपने में निराला था। वे दाढ़ी रखते और मूँछें भी बढ़ा रखी थीं। उनके बाल काले व घुँघराले थे। उन पर वे पगड़ी बाँधते और पगड़ी के नीचे से उनके घुँघराले बालों की एक लट उनके चेहरे पर निकल कर झूलती रहती। उनकी आँखों में ओज था, वे बहुत चमकीली थीं। तभी तो कहा जाता है कि शिवाजी की दृष्टि दिव्य थी। उनकी नाक लंबी थी उससे उनके चेहरे पर आकर्षण ही नहीं मालूम होता, बल्कि देखने वालों पर प्रभाव पड़ता और वे उनकी आकर्षक छवि पर मुग्ध हो जाते।

शिवाजी भवानी दुर्गा के कट्टर उपासक थे। उनकी उपासना सच्ची थी और उनके विश्वास में बल था। दादा जी कोसादेव ने उन्हें क्षमता और सहनशीलता का भी पाठ पढ़ाया था। वे अपने गुरु से बहुत श्रद्धा करते, मन ही मन उनके नाम की माला जपा करते। उनकी इच्छा थी कि वे हमला करके यवनों का कोई किला जीतें, फिर अपने गुरु से आकर आशीर्वाद लें। लेकिन विधाता को कुछ और ही मंजूर था। सन् 1647 में। दादा जी कोसादेव एक बार बीमार पड़े, फिर वे रोग-शैय्या से नहीं उठे। उनकी मृत्यु का शिवाजी को इतना दुःख हुआ कि वे बहुत रोए। उन्होंने कई उपवास किए और रो-रोकर अपने आँसुओं की शोकांजलि दादा जी कोसादेव को अर्पित करते रहे।

दादा जी कोसादेव की मृत्यु होने के बाद शिवाजी पूर्णतया स्वतंत्र हो गए। उनके सिर पर माता जीजाबाई के अलावा और कोई दूसरा अंकुश नहीं रहा। जागीर का प्रबंध अब उनके सिर पर आ पड़ा और पूना-सूपा की शासन की बागडोर भी उन्होंने मुस्तैदी के साथ सँभाल ली। वे माता जीजाबाई के हर आदेश का पालन सिर झुका कर करते। इसमें उन्हें गर्व की अनुभूति होती और वे साथियों से कहा भी करते कि दादा जी कोसादेव तो अब नहीं रहे, लेकिन माँ जीजाबाई मेरे लिए उनके स्थान की पूर्ति करती रहेंगी। यह मेरा सौभाग्य है।

इस तरह शिवाजी सबसे पहले अपनी माता जीजाबाई के उपासक थे, फिर भवानी माँ दुर्गा के अनन्य भक्त। शंकरजी से भी उनको श्रद्धा थी। वे वीरोचित कार्यों में उन्हीं शक्तियों से प्रेरणा लेते और सचमुच उन्हें इन पर भरोसा था और इन्हीं से उनके विश्वास को बहुत बड़ा बल मिलता।

बीजापुर साम्राज्य पर आघात

बीजापुर का सुलतान आदिलशाह कई वर्षों तक बीमार रहा। उसकी बीमारी को एक लम्बा अरसा हो गया था। लगभग दस वर्षों से वह रुग्ण था। और उसकी लंबी बीमारी ने अब तक उसका पीछा नहीं छोड़ा था। सुलतान के कई बेगमें थीं। उनमें सबसे बड़ी बेगम बहुत योग्य थी। बादशाह की बीमारी लंबी थी अतः राज्य का सारा काम बड़ी बेगम ही सँभालती। शिवाजी तो अवसर की ताक में थे ही। उन्हें मौका मिला और वे सोचने लगे कि क्यों न बीजापुर रियासत के किलों को सबसे पहले छीन कर अपने कब्जे में कर लिया जाए। बड़ी बेगम इतने बड़े राज्य को सँभालने में असमर्थ हैं। वह कुछ भी नहीं कर पाएगी और किले आसानी से अधिकार में आ जाएँगे।

यह सोच शिवाजी ने अपनी माँ जीजाबाई से सलाह ली। जीजाबाई एक आदर्श 'हिंदू नारी' थीं। वह चाहती थीं कि हमारे देश में यवनों का अस्तित्व मिट जाए। उन्होंने पुत्र को आज्ञा ही नहीं दी, बल्कि प्रोत्साहन देते हुए कहा-''शुभ काम में देर नहीं करनी चाहिए बेटा, तुम सबसे पहले तोरण का किला जीतो। वह यहाँ से करीब है।''

बस फिर क्या था शिवाजी अपनी सेना का संगठन करने लगे। अब दादा जी कोसादेव नहीं थे इसका अभाव शिवाजी को बहुत खला। फिर भी उनमें साहस की कमी नहीं थी। वे पूरे उत्साह के साथ तोरण के किले पर आक्रमण करने की योजना बनाने लगे।

जिस समय शिवाजी ने तोरण के किले पर धावा बोला। मुसलमान सैनिक घबड़ा गए। यवनों की सेना सामने मैदान में आकर डट गई। लेकिन शिवाजी आमने-सामने का युद्ध लड़ने के पक्ष में नहीं थे। उनकी सेना दुर्ग के सैनिकों के सामने आई और फिर चक्कर खाती हुई इधर-उधर पहाड़ियों की ओर भागने लगी। मुसलमानों की सेना ने उनका पीछा किया। शिवाजी की सेना टुकड़ियों में बँट गई और देखकर इकट्ठा हुए और एक साथ मिलकर किले पर धावा बोल दिया। खूब घमासान युद्ध हुआ। किले के प्रहरी मारे गए और फाटक खोल कर मराठे अन्दर घुस गए।

इस तरह तोरण के किले पर शिवाजी का अधिकार हो गया। यह उनकी सबसे पहली विजय थी। माता जीजाबाई ने अपने पुत्र की बलैयाँ लीं और उसे आशीर्वाद दिया कि वह भविष्य में भी इसी तरह विजयी होता रहेगा।

तोरण के किले की विजय से शिवाजी की सेना का भी साहस बढ़ गया था। लूट में किले से काफी मात्रा में धन, हथियार और रसद बरामद हुई। बस, शिवाजी ने अपने सैनिकों का वतन निश्चित कर दिया। वे दूरे चाव से शिवाजी का साथ देने लगे और उनकी भी आदत बन गई कि वे अभी और किले जीतेंगे।

शिवाजी का दूसरा हमला राजगढ़ किले पर हुआ। यह दुर्ग भी बीजापुर रियासत का था। यहाँ की मोर्चेबंदी भी बहुत मजबूत थी, लेकिन शिवाजी ने अपनी बुद्धि कौशल से उस पर विजय पाई और अधिकार कर लिया।

अब शिवाजी के अधिकार में दो किले आ गए थे। पूना-सूपा की रियासत के तो वे स्वामी थे ही। अब तोरण और राजगड़ के किले भी उनके थे। उनके पास खजाना था। हथियार, पूरी युद्ध सामग्री और अच्छी मात्रा में सैनिक भी थे। इसीलिए वे तीसरा किला भी जीतने की सोचने लगे। चाकण के किले पर जब शिवाजी की सेना ने हमला किया तो वहां के सैनिक सँभल भी नहीं पाए। वे सब-के-सब मारे गए और किले पर शिवाजी का कब्जा हो गया।

इस तरह शिवाजी की चर्चा चारों ओर फैल गई। जो सुनता वही कहता था कि शाह जी भोंसले का पुत्र बड़ा बहादुर है। वह मुगलों और यवन शासकों से लोहा लेगा। वह हिंदू धर्म का रक्षक है उससे भारतवर्ष का कल्याण होगा।

माता जीजाबाई अपने मन में फूली नहीं समाईं कि उन्होंने ऐसे पुत्ररत्न को जन्म दिया है। जो अपने माँ-बाप का नाम सारे देश में रोशन कर रहा है। वे पुत्र का हौसला बढ़ाती रहती, उसकी पीठ ठोंकती रहती। कुछ दिन बाद शिवाजी ने कोंडाने के किले को भी जीत लिया।

पुरन्तदर के किले की मोर्चाबंदी बड़ी सुदृढ़ थी, किंतु शिवाजी उस पर भी निगाह लगाए बैठे थे। उनका दृढ़ निश्चय था कि वे उस किले को भी लेकर रहेंगे। उनकी योजना का कार्य रूप में परिणत हुई और देखते ही देखते एक दिन पुरन्दर का किला भी उनके अधिकार में आ गया।

अब शिवाजी के पास कई किले हो गए थे। लेकिन उनकी इच्छा नहीं भरी। यद्यपि बीजापुर दरबार में उनके इन कार्यों में बड़ी खलबली मच गई थी, लेकिन शिवाजी ने इसकी बिल्कुल परवाह नहीं की। वे अपनी सेना लेकर पहुँचे और सूर्यगढ़ के किले को जीत लिया। इसके बाद वीरवाणी का किला भी उनके हाथ में आ गया। ताला के दुर्ग को भी उन्होंने विजय कर लिया, धौसलगढ़ किला दुर्गम पहाड़ी पर था। फिर भी शिवाजी ने उस पर छापा मारा। वहाँ के रक्षक घबड़ा गए। उन्होंने शिवाजी

के सामने हथियार डाल दिए। किला तो शिवाजी को मिला ही साथ ही वे अतुल धन-संपत्ति के स्वामी बने।

अब शिवाजी दिन पर दिन आगे ही बढ़ते जा रहे थे। भूरप का किला उन्होंने बात ही बात में जीत लिया और उसके एक सप्ताह बाद ही मँगोही का किला भी उनके कब्जे में आ गया।

रायगढ़ का किला बहुत ही अभेद्य था, लेकिन शिवाजी ने अपने युद्ध कौशल से उसे भी जीता। अब उनका खजाना खूब भर गया था। उनके पास इतने शस्त्र और अस्त्र इकट्ठे हो गए थे कि वे एक नहीं लगातार कई युद्ध कर सकते थे।

अब शिवाजी यह सोच रहे थे कि इसी तरह अगर वे लगातार विजय पर विजय करते रहे तो एक दिन मुगल बादशाह औरंगजेब से भी लोहा ले सकते हैं, क्योंकि अभी तो उन्होंने बीजापुर रियासत के किले जीते हैं। जल्दी ही वे मुगलों के किलों पर भी हमला करेंगे। यह उनकी भावी योजना थी और इस योजना से सभी सहमत थे। क्या उनके सैनिक और क्या माता जीजाबाई।

शाहजी की बन्दी और युद्धविराम

बीजापुर का सुल्तान शिवाजी महाराज की हरकतों से पहले ही आक्रोश में था। उसने शिवाजी महाराज के पिता को बन्दी बनाने का आदेश दे दिया। शाहजी राजे उस समय कर्नाटक में थे और एक विश्वासघाती सहायक बाजी घोरपड़े द्वारा बन्दी बनाकर बीजापुर लाए गए। उन पर यह भी आरोप लगाया गया कि उन्होंने कुतुबशाह की सेवा प्राप्त करने की कोशिश की थी जो गोलकोंडा का शासक था और इस कारण आदिलशाह का शत्रु। बीजापुर के दो सरदारों की मध्यस्थता के बाद शाहाजी महाराज को इस शर्त पर मुक्त किया गया कि वे शिवाजी महाराज पर लगाम कसेंगे। अगले चार वर्षों तक शिवाजी महाराज ने बीजीपुर के खिलाफ कोई आक्रमण नहीं किया। इस दौरान उन्होंने अपनी सेना संगठित की।

शाह जी बीजापुर दरबार में नौकरी कर रहे थे। उनकी वहाँ इज्जत होती। उन्हें पूना-सूपा की जागीर भी दी गई थी। इधर बादशाह आदिलशाह लगभग दस वर्षों से बीमार था। सल्तनत का सारा काम बड़ी बेगम सँभालती थी। उसने शाह जी को दरबार में बुलाया। खूब बुरा-भला कहा। उसने यहाँ तक कह डाला कि तुमसे वफा की उम्मीद नहीं। तुमने बीजापुर के साथ दगा की। यह तुम्हारी साजिश है कि इधर तुम दरबार में भले बने हुए हो और उधर तुम्हारा लड़का हमारे किले जीत रहा है। यह सब चालाकी और चतुराई नहीं तो क्या है।

बीजापुर के बादशाह आदिलशाह तनिक नरम स्वभाव के थे। लेकिन उनकी बड़ी बेगम सख्त मिजाज की थी। वह किसी के भी साथ रियासयत नहीं करती। यद्यपि शाह जी ने उसको बहुत समझाया और कहा कि वे शिवाजी को समझाएँगे। उन्हें मना कर देंगे कि वे भविष्य में ऐसा गलत कदम न उठाएँ। वे यह भी करेंगे कि शिवाजी के जीते हुए किलों में से कुछ किले बीजापुर रियासत को वापस दिलवा देंगे, लेकिन मल्का की समझ में उनकी बातें नहीं आईं। उसने शाह जी को कैद करने का हुक्म दे दिया और कहा कि वे तभी छूट सकते हैं, जब शिवाजी दरबार में आकर इस बात को मंजूर करें कि हमारी रियासत का वह अब एक भी किला नहीं जोतेगा।

इस तरह शाह जी बीजापुर सुलतान के यहाँ बंदी को गए, किन्तु बड़ी बेगम को इतने से ही संतोष नहीं हो गया। उसने राज्य के प्रधान सेनापति अफलज खाँ को बुलाया और उसे आज्ञा दी कि शाह जी की सारी संपत्ति जब्त कर ली जाए। पूना-सूपा की भी जागीर उनसे ले ली जाए। इस तरह शाह जी की सारी धन-संपदा छीन ली गई। वे कैद में डाल दिए गए। पूना-सूपा की जागीर शिवाजी के हाथ में थी इसीलिए उस पर किसी का जोर नहीं चला। लेकिन अफजल खाँ अवसर की ताक में रहा। वह समय की प्रतीक्षा कर रहा था कि कब मौका मिले और मैं शिवाजी को कुचल डालूँ। इसके अलावा उसे अभी राज्याज्ञा भी प्राप्त नहीं हुई थी कि वह जाकर शिवाजी का दमन करे।

जब शाह जी की संपत्ति छीन ली गई और वह बंदीगृह में कैदी का जीवन व्यतीत करने लगे तो बड़ी बेगम ने अपने एक सेनाध्यक्ष बाजी श्यामराज को यह आदेश दिया कि वह जाकर किसी प्रकार शिवाजी को कैद करें और उसे बंदी बनाकर दरबार में ले आंए।

बाजी श्यामराज शिवाजी पर हमला करने चल दिया। उसके साथ लगभग पाँच हजार सेना थी। शिवाजी ने उसके सामने मैदान में आकर युद्ध नहीं किया। उन्होंने छापामार युद्ध की नीति ही अपनाई। इस तरह बीजापुर की सारी सेना छिन्न-भिन्न हो गई। वह कहीं इधर भागी और कहीं उधर। शिवाजी ने दुश्मन के दाँत खट्टे कर दिए। उसे खूब अच्छी तरह छकाया। बाजी श्यामराज को मुँह की खानी पड़ी। शिवाजी को कैद करना तो दूर रहा। वह उनके बदन में हाथ तक नहीं लगा सका। कुछ दिन तक तो वह घेरा डाले पड़ा रहा। उसके बाद वह बीजापुर लौट आया। बड़ी बेगम इने उसकी खूब फजीहत की। अब सुलतान आदिलशाह स्वस्थ हो गया था। वह विचार करने लगा कि आखिर शिवाजी पर किस तरह काबू पाया जाए।

इधर बीजापुर का बादशाह शिवाजी के लिए उपाय सोच रहा था कि उन्हें किस तरह दबाया जाए। उधर शिवाजी भी इस बात से चिंतित थे कि उनके पिता शाह जी कैद हैं। उन्हें किस तरह छुड़ाया जाए। आखिर उन्होंने एक युक्ति सोची और माता जीजाबाई से भी परामर्श लिया। उन्होंने निश्चय यह किया कि वे बीजापुर दरबार में एक आवेदन-पत्र भेजेंगे।

पत्र में शिवाजी ने बीजापुर बादशाह को लिखा कि वे अब भविष्य में बीजापुर के रियासत के किसी किले पर हमला नहीं करेंगे। इसके अलावा वे रियासत और सुलतान को किसी प्रकार का कोई भी नुकसान नहीं पहुँचाएँगे। ये शर्तें जो उन्होंने बादशाह के सामने रखी हैं मानेंगे और इनका पूर्णतया पालन करेंगे। उनकी प्रार्थना है कि उनके पिता शाह जी को कैद से मुक्त कर दिया जाए।

बादशाह आदिलशाह ने शिवाजी के पत्र पर अमल किया। वह जानता था कि शिवाजी ने जो वचन दिया है उसका निर्वाह करेगा। इसीलिए उसने शाह जी को छोड़ देने की अनुमति दे दी।

कैद से छूटने के बाद फिर शाह जी बीजापुर में नहीं रहे। उन्होंने नौकरी छोड़ दी। वे तुंगभद्र-प्रदेश में चले आए और स्थायी रूप से वहीं रहने लगे। उनके साथ उनकी द्वितीय पत्नी दीपाबाई थीं। वे कभी-कभी अपने पुत्र शिवाजी के पास पूना-सूपा चले जाते, किन्तु जीजाबाई की ओर से उन्हें बिल्कुल विरक्ति हो गई थी।

प्रभुता का विस्तार

शाहजी की मुक्ति की शर्तों के मुताबिक शिवाजी ने बीजापुर के क्षेत्रों पर आक्रमण तो नहीं किया पर उन्होंने दक्षिण-पश्चिम में अपनी शक्ति बढ़ाने की चेष्टा की। पर इस क्रम में जावली का राज्य बाधा का काम कर रहा था। यह राज्य सातारा के सुदूर उत्तर पश्चिम में वामा और कृष्णा नदी के बीच में स्थित था। यहाँ का राजा चन्द्रराव मोरे था जिसने ये जागीर शिवाजी से प्राप्त की थी। शिवाजी ने मोरे शासक चन्द्रराव को स्वराज में शमिल होने को कहा पर चन्द्रराव बीजापुर के सुल्तान के साथ मिल गया। सन् 1656 में शिवाजी ने अपनी सेना लेकर जावली पर आक्रमण कर दिया। चन्द्रराव मोरे और उसके दोनों पुत्रों ने शिवाजी के साथ लड़ाई की पर अन्त में वे बन्दी बना लिए गए, पर चन्द्रराव भाग गया। स्थानीय लोगों ने शिवाजी के इस कृत्य का विरोध किया पर वे विद्रोह को कुचलने में सफल रहे। इससे शिवाजी को उस दुर्ग में संग्रहीत आठ वंशों की सम्पत्ति मिल गई। इसके अलावा कई मावल सैनिक मुरारबाजी देशपाडें, भी शिवाजी की सेना में सम्मिलित हो गए।

शिवाजी ने बीजापुर दरबार को जो वचन दिया था। उस पर पूर्णतया आरूढ़ थे। अब वह किलों को जीतना छोड़कर अपनी ताकत बढ़ाने में लग गए। सेना में वे भर्ती करते। उसको युद्ध की शिक्षा देते। उनका एकमात्र विश्वास बन गया था कि वे छापामार रीति के युद्ध से ही यवनों की ताकत से लोहा ले सकते हैं। उनके सामने ताकत से खेलना, आग में कूदना है। तरकीब से ही मुसलमानों पर विजय पाई जा सकती है।

इस तरह शिवाजी की ताकत अब पहले से अधिक बढ़ गई थी। उनकी सेना में पैदल और घुड़सवारों की कमी नहीं थी। सैनिक किसी भी जाति का हो, वे उसका सम्मान करते। उनकी सेना में एक मराठा जाति के ही सिपाही नहीं काफी आर्थिक संख्या में मालवीय थे। राजपूत और कुछ मुसलमान भी थे। जिन्हें शिवाजी की वीरता पर गर्व था।

शिवाजी अपनी माता जीजाबाई का जितना आदर करते, उससे कहीं अधिक श्रद्धा वे आदिशक्ति दुर्गाजी पर रखते। वे देवी को भवानी कहकर पुकारते और युद्ध में जाने से पूर्व अपनी तलवार म्यान से निकाल कर भवानी दुर्गा के चरणों में रख देते, उनसे आशीर्वाद लेते। हर जगह उनकी विजय ही विजय होती। अब तक वे पराजित नहीं हुए थे।

माता और देवीजी के अतिरिक्त शिवाजी अपनी तलवार का भी सम्मान करते। वे उसे भवानी कहकर सम्बोधित करते। उसे माथे से लगाते और लड़ाई में जाने से पहले जय भवानी कहकर उसे आँखों से लगा लेते।

शिवाजी की वीरता की धाक पूरे दक्षिण में जम रही थी। समस्त हिन्दू राज्य और जनता यह जानती थी कि वे हिंदू धर्म के सरंक्षक हैं। उनकी ताकत अगर इसी तरह निरंतर बढ़ती रही तो एक दिन आर्यों के देश भारतवर्ष में हिन्दू राज्य की स्थापना हो जाएगी।

सन् 1649 से लेकर 1655 तक शिवाजी ने कोई हमला नहीं किया। वे अपनी शक्ति के विकास में ही व्यस्त रहे। उन्होंने बीजापुर रियासत का इस बीच एक भी किला नहीं जीता और न किसी भी प्रदेश पर आक्रमण किया। बीजापुर का सुलतान उनकी ओर से निश्चित हो गया। फिर न उसने उनके दमन के लिए कोई सेना भेजी और न कोई दमन ही किया।

यह चर्चा सारे देश में फैल रही थी कि शिवाजी की ताकत खूब बढ़ रही है। मुगल बादशाह उससे चिंतित हो उठा और वह शिवाजी की ताकत नष्ट करने का उपाय सोचने लगा।

उधर शिवाजी का भी ध्यान मुगलों की ओर था कि मराठा सेना की थोड़ी ताकत और बढ़ जाए फिर वे बीजापुर रियासत के किले न जीतकर मुगलों के किले जीतेंगे और उन पर हमला करेंगे।

मुगलों से पहली मुठभेड़

शिवाजी के बीजापुर तथा मुगल दोनों शत्रु थे। उस समय शहजादा औरंगजेब दक्कन का सूबेदार था। इसी समय 1 नवम्बर, 1656 को बीजापुर के सुल्तान आदिलशाह की मृत्यु हो गई जिसके बाद बीजापुर में अराजकता का माहौल पैदा हो गया। इस स्थिति का लाभ उठाकर औरंगजेब ने बीजापुर पर आक्रमण कर दिया और शिवाजी ने औरंगजेब का साथ देने की बजाय उस पर धावा बोल दिया। उनकी सेना ने जुन्नार नगर पर आक्रमण कर ढेर सारी सम्पत्ति के साथ 200 घोड़े लूट लिये। अहमदनगर से 700 घोड़े, चार हाथी के अलावा उन्होंने गुण्डा तथा रेसिन के दुर्ग पर भी लूटपाट मचाई। इसके परिणामस्वरूप औरंगजेब शिवाजी से खफा हो गया और मैत्री वार्ता समाप्त हो गई। शाहजहाँ के आदेश पर औरंगजेब ने बीजापुर के साथ संधि कर ली और इसी समय शाहजहाँ बीमार पड़ गया। उसके व्याधिग्रस्त होते ही औरंगजेब उत्तर भारत चला गया और वहाँ शाहजहाँ को कैद करने के बाद मुगल साम्राज्य का शाह बन गया।

शिवाजी की पत्नी सईबाई ने एक पुत्र को जन्म दिया। उसका नाम शम्भू जी रखा गया। उसी साल उन्होंने दूसरा ब्याह कर लिया। इसका नाम सोपराबाई था। यह शिंदे की लड़की थी। एक साल बाद ही सोपराबाई भी माँ बन गई। इनके पुत्र का नाम राजाराम था। और तभी शिवाजी ने तीसरा ब्याह भी कर लिया। उनकी तीसरी पत्नी का नाम पुतलाबाई था। ये मोहिते की पुत्री थीं। शिवाजी को अपनी इस इत्नी से पूर्ण संतोष था। सोपराबाई और सईबाई दोनों की अपेक्षा वे पुतलाबाई से अधिक प्रेम करते। इसका कारण स्पष्ट था, पति-भक्ति। शिवाजी के दो पुत्र हो चुके थे। शम्भू जी और राजाराम। अतः अब उनको पुत्र की इच्छा नहीं थी। यह अवश्य चाहते थे कि पुतलाबाई एक कन्या को जन्म दें। उनका विश्वास था कि बिना कन्यादान किए गृहस्थ का उद्धार नहीं होता।

शिवाजी इस समय सुखी और सम्पन्न थे। उनके सम्मुख कोई भी अभाव नहीं था, जो खलता। उनकी भुजाएँ फड़क रही थीं। जोश उनमें लहर मारता और उमंगें कहती कि तलवार म्यान से बहार निकली ही रहे। इसमें जनता का हित है। देश का हित है। उनके सामने जो उद्देश्य है उसकी पूर्ति अभी कहाँ हुई।

सतारा जिले के उत्तर-पश्चिम में एक स्थान है, जावली। युद्ध की दृष्टि से शिवाजी के लिए यह जगह बिल्कुल उपयुक्त थी। बहुत दिनों से उनकी इच्छा थी कि वे उस प्रदेश पर अधिकार कर लें। एक दिन इस मामले को लेकर जब वे माता जीजाबाई के पास बैठे तो उस वीर प्रसविनी जननी ने प्रोत्साहन देकर कहा कि वीर सोच में नहीं बैठते, वे काम करके दिखलाते हैं। तुमको जावली विजय करके मेरे पास आना चाहिए था।

बस, फिर क्या था। सिंहनाद हुआ। केसरिया पताका आगे फहराई। कूच के नगाड़े बजे और मराठा सैनिकों ने जावली पर हमला कर दिया।

शिवाजी ने इस प्रदेश पर आसानी से अधिकार कर लिया। उन्होंने नगर को लूटा नहीं और न उसे तहस-नहस ही किया। वे माता जीजाबाई के साथ कुछ दिन वहाँ रहे। इसके बाद माँ-बेटे की सलाह हुई। प्रतापगढ़ का पहाड़ी इलाका जावली से लगभग दो मील दूर था। शिवाजी के पास धन तो पर्याप्त मात्रा में था ही। उन्होंने वहाँ एक खूब मजबूत किला बनवाया। उस किले का नाम प्रतापगढ़ दुर्ग पड़ा।

शिवाजी दुर्गा भगवती के अनन्य भक्त थे और उनको सबसे पहले प्रेरणा अपनी भवानी से ही मिली थी कि वे जावली को विजय करें। अतः प्रतापगढ़ में ही उन्हों भवानी दुर्गा का एक विशाल मंदिर बनवाया उसमें माँ दुर्गा की स्थापना की और भवानी-मंदिर के नाम से वह प्रसिद्ध हो गया।

अब शिवाजी माता जीजाबाई और पत्नी पुतलाबाई के साथ प्रतापगढ़ दुर्ग में ही रहने लगे। उनकी दृष्टि व्यापक थी। सभी ओर जाती, चल-फिरकर देखती। सम्राट अकबर के साम्राज्य और उसकी आत्मकथा उन्होंने सुनी थी और वे जानते थे कि अकबर के महान् होने का कारण एकमात्र उसकी कूटनीति थी और राजनीति में जब तक कूटनीति नहीं जुड़ती, वह कभी सफल नहीं होती। वे सोचने लगे कि जिन किलों को उन्होंने पहले बीजापुर रियासत से जीता था फिर बीजापुर दरबार ने शाह जी को कैद करके उनसे सब कुछ छीन लिया। उन किलों को पुनः प्राप्त करना चाहिए, लेकिन उनका वचन बीच में बाधा बन रहा था, जो उन्होंने बीजापुर के सुलतान आदिलशाह को दिया था कि अब भविष्य में वे बीजापुर रियासत का कोई किला नहीं जीतेंगे।

शिवाजी ने अपने उक्त उद्देश्य की पूर्ति के लिए एक शक्ति सोची कि वे मुगल दरबार से मिल जाएँ और एक शर्तनामा कर लें। इस तरह मुगलों को लालच में डालकर वे बीजापुर रियासत के किले जीत लें।

यह सब सोचकर शिवाजी ने दक्षिण में तैनात मुगल सूबेदार के पास एक पत्र भेजा, जिसमें उन्होंने अपना पूरा ब्योरा लिखा था कि वे क्या चाहते हैं। अभी मुगलों से उनकी शर्त मंजूर ही हुई थी कि वे बीजापुर को जीतने में मुगलों की सहायता करेंगे। किसी तरह बादशाह आदिलशाह को यह सूचना मिल गई। उसने शिवाजी के पास यह शर्त लिखकर भेजी कि वे मुगलों पर आक्रमण करें। उनके किले जीतें। इसके लिए बीजापुर रियासत से उन्हें पूरी-पूरी मदद मिलेगी।

बस, शिवाजी बीजापुर दरबार से मिल गए, क्योंकि वह उनके पास था। सबसे पहले उन्होंने चमार-मुण्डा के किले पर हमला किया। उन्होंने शहर को खूब लूटा। यह किला मुगलों का था। इसके बाद वे रायसीन शहर की ओर बढ़े। इस शहर में भी अच्छी लूट-खसोट की। यह भी मुगलों के प्रदेश में था। यहाँ के मुगल सैनिक बीन-बीन कर मार दिए गए। फिर वे शांत नहीं बैठे और फौरन ही चुन्नर शहर पर आक्रमण कर दिया। वे इन तीनों शहरों की लूट से बहुत सा धन प्राप्त करके हँसी-खुशी प्रतापगढ़ दुर्ग लौटे, तभी पुतलाबाई ने एक पुत्री को जन्म दिया। उसका नाम सखूबाई रखा गया। शिवाजी अपनी इस पुत्री को भवानी का रूप समझते थे।

अब शिवाजी ने अपना चौथा ब्याह किया। यह गायकवाड़ की लड़की थी और इसका नाम साकोबार बाई था।

इस प्रकार शिवाजी का पारिवारिक जीवन बहुत ही सुखी था। उनके पास धन-संपदा इतनी हो गई थी कि वे लगातार वर्षों तक दुश्मन से लड़ सकते थे। मुगलों के जब ये तीनों शहर लूट लिए गए तो दिल्ली दरबार में ही तहलका नहीं मचा, बल्कि बीजापुर सुलतान के भी आसन डोल गए। वह घबरा गया कि कहीं शिवाजी बीजापुर पर ही धावा न बोल दे। अतः डरकर उसने मुगलों से संधि कर ली। इस प्रकार रियासत बीजापुर और मुगलों में यह संधि हो गई कि दोनों ताकतें मिल कर शिवाजी को कुचल देंगी।

सबसे पहले यह काम बीजापुर के बादशाह आदिलशाह ने अपने हाथ में लिया। उसने अपने प्रधान सेनापति अफजल खाँ को बुलाया और उसको यह काम दिया कि वह अपने साथ दस हजार सेना लेकर जाए और शिवाजी को कुचल कर ही लौटे। उसे जिंदा या मुर्दा लाकर दरबार में हाजिर करे।

अफजल खाँ को जब बड़ी बेगम ने शाह जी की सम्पत्ति जब्त करने के लिए कहा था, तभी से उसके मन में यह कीड़ा रेंग रहा था कि इस साँप के बच्चे शिवाजी का फन कुचल कर मार डाला जाए। इसने जिस पत्तल में खाया उसी में छेद किया। बीजापुर के बादशाह ने उसके बाप को पूना-सूपा की जागीर दी। बाप जिंदगी भर

बीजापुर का नमक खाता रहा और उसने दरबार के साथ दगा की। दगाबाज की सजा मौत से बढ़कर दूसरी नहीं होती।

इस तरह राजाज्ञा पाते ही अफजल खाँ दस हजार सैनिकों की सेना लेकर शिवाजी पर हमला करने के लिए चल दिया।

कोंकण पर अधिकार

दक्षिण भारत में औरंगजेब की अनुपस्थिति और बीजापुर की डवाँडोल राजनैतिक स्थित को जानकर शिवाजी ने समरजी को जंजीरा पर आक्रमण करने को कहा। पर जंजीरा के सिद्दियों के साथ उनकी लड़ाई कई दिनों तक चली। इसके बाद शिवाजी ने खुद जंजीरा पर आक्रमण किया और दक्षिण कोंकण पर अधिकार कर लिया और दमन के पुर्तगालियों से वार्षिक कर एकत्र किया। कल्याण तथा भिवण्डी पर अधिकार करने के बाद वहाँ नौसैनिक अड्डा बना लिया। इस समय तक शिवाजी 40 दुर्गों के मालिक बन चुके थे।

अफजल खाँ का आतंक

इधर औरंगजेब के आगरा (उत्तर की ओर) लौट जाने के बाद बीजापुर के सुल्तान ने भी राहत की सांस ली। अब शिवाजी ही बीजापुर के सबसे प्रबल शत्रु रह गए थे। शाहजी को पहले ही अपने पुत्र को नियंत्रण में रखने को कहा गया था पर शाहजी ने इसमें अपनी असमर्थता जाहिर की। शिवाजी से निपटने के लिए बीजापुर के सुल्तान ने अब्दुल्लाह भटारी (अफजल खाँ) को शिवाजी के विरुद्ध भेजा। अफजल खाँ एक कुशल सेनानी तथा दूरदर्शी सामंत था। वह भारी डील-डौल का आदमी था। उसकी आँखों में चमक और चेहरे पर रोब था। वह लंबा तो था ही, लेकिन साथ ही हृष्ट-पुष्ट भी था। उसकी लंबी भुजाओं में हाथियों जैसा बल था। उसने सोचा कि शिवाजी अक्सर छापामार युद्ध का ही सहारा लेता है। अधिक अच्छा हो कि यदि वह मेरे सामने मैदान में आकर लड़े। लेकिन उसे पूरी-पूरी शंका थी कि ऐसा संभव नहीं होगा, जो शिवाजी मैदान में आकर सामने लड़े। इसीलिए उसने एक चाल सोची कि शिवाजी का क्रोध भड़के और वह हमारी सेना को ललकारता हुआ सामने मैदान में आ जाए।

अफजल खाँ ने पंढरपुर में अपना पड़ाव डाल दिया था। उसने सबसे पहला काम वहाँ यह किया कि वहाँ के प्रसिद्ध शंकर मंदिर को तोड़-फोड़ डाला। शहर को लूटा और आग लगा दी। स्त्री-पुरुषों की मान-मर्यादा नष्ट की। वहाँ भयानक मारकाट

हुई। यवनों ने मराठों के शिशुओं को भाले की नोक पर टाँग दिया। कत्ले-आम के साथ ही साथ लोग जिंदा जला दिए गए। इस तरह पंढरपुर में त्राहि-त्राहि मच गई। लोग जान बचाकर भागने लगे।

अब अफजल खाँ आगे बढ़ा। वह तुलजापुर पहुँचा। यहाँ भवानी का प्रसिद्ध मंदिर था, जो शिवाजी ने बनवाया था। उसने उस मंदिर को नष्ट-भ्रष्ट कर दिया। उसमें आग लगा दी। उस नगर की स्त्रियों का मान नष्ट हुआ। वे जिंदा जला दी गईं, तोपों से उड़ा दी गईं। खूब विध्वंस हुआ। नगर में चारों ओर आग ही आग दिखलाई पड़ने लगी।

इस प्रकार कितने ही हृदय-द्रावक दृश्य उपस्थित किए अफजल खाँ ने, लेकिन यह जो चाहता था वह नहीं हुआ। शिवाजी भी कच्ची गोलियाँ नहीं खेले थे। वे दुश्मन के सामने नहीं आए और चुपचाप सब सहन करते रहे।

अब अफजल खाँ बुरी तरह चिढ़ गया था। वह सोचने लगा कि शिवाजी पर इस तरह काबू नहीं पाया जा सकता है। उसके साथ कोई दूसरी चाल खेलनी होगी। तभी काम चलेगा। यह सोचकर वह तुलजापुर से आगे नहीं बढ़ा, वहीं रुक गया।

अफजल खाँ तरकीब सोचता रहा कि अब किस तरह शिवाजी पर विजय पाई जाए। मंदिर नष्ट किए, शहरों में विध्वंस किया। जितना अधिक से अधिक हो सकता था उसने मानवीय अत्याचार किया, लेकिन शिवाजी गहरी सूझ-बूझ के आदमी थे। वे आग में नहीं कूदे। वे दुश्मन से पूरी तरह सावधान थे और उसकी चालों को भी खूब अच्छी तरह समझते थे। अफजल खाँ ने जो कुछ किया शिवाजी उसे सहन कर गए। इसे अफजल खाँ का हौसला पस्त हो गया कि शिवाजी इन चालों में आने वाले नहीं। वह बहुत सयाना है।

आखिर अफजल खाँ को एक युक्ति सूझ गई। उसने कृष्णाजी भास्कर को बुलवाया और उनसे कहा कि वे शिवाजी के पास जाएँ और उनसे कहें कि अफजल खाँ एकांत में उनसे मिलना चाहता है। यह मिलन संदेश इसलिए भेजा गया है, ताकि दोनों पक्षों में समझौता हो जाए और खून-खराबा बंद हो। इसीलिए अफजल खाँ चाहते हैं कि वे और शिवाजी आपस में मिलकर एक ऐसी संधि कर लें जिससे बीजापुर दरबार से शिवाजी का समझौता हो जाए और दोनों एक-दूसरे के दुश्मन न रहकर दोस्त बन जाएँ।

इस तरह कृष्णा जी भास्कर अफजल खाँ के दूत बनकर शिवाजी के पास पहुँचे और उनको अफजल खाँ का सन्देश सुना दिया। शिवाजी समझ गए कि इसमें दुश्मन की कोई चाल जरूर है, तभी अफजल खाँ ने एकांत-मिलन का निश्चय किया है। वे

देर तक कुछ सोचते रहे फिर कृष्णा जी भास्कर से बोले—"में सोचता हूँ कि एक हिंदू होने के नाते आप मेरी कुछ सहायता करेंगे। क्या मैं जान सकता हूँ कि अफजल खाँ की नीयत कैसी है। आखिर एकांत में मिलने का और समझौते का प्रस्ताव क्यों रखा?"

कृष्णा जी भास्कर पहले तो इधर-उधर बगलें झाँकने लगे फिर कुछ सोचकर बोले—"दूत का काम है संदेशा देना और संदेश ले जाना। आप मुझसे भेद की बात पूछते हैं। यह उचित तो नहीं, लेकिन मैं हिंदू हूँ और हिंदू धर्म की आप से बहुत ज्यादा चिढ़ हुआ है फिर भी मिलने में क्या हर्ज है।"

शिवाजी ने एकाएक कृष्णा जी भास्कर को कोई जवाब नहीं दिया। वे सोचने लगे कि इस स्थिति में क्या करना चाहिए? अगर मैं दुश्मन से मिलने गया और उसने मेरे साथ धोखा किया तो फिर मराठों की खैर नहीं। अफजल खाँ उन्हें बुरी तरह रौंद डालेगा। जितना मैंने हिन्दुओं का संगठन किया है। हिन्दू राज्य की स्थापना की नींव डाली है। उतना ही हिंदू समाज पीछे लौट जाएगा। मेरे सभी किले यवनों के हाथ में चले जाएँगे। मराठी सेना कुछ नहीं कर पाएगी। वह मुसलमानों के मुकाबले तादाद में कम है। उसकी हार ही होगी, जीत कभी नहीं।

बहुत कुछ सोचने के बाद शिवाजी इस नतीजे पर पहुँचे कि उन्हें अफजल खाँ से भेंट करनी चाहिए। अगर वह विश्वासघात करेगा तो उसका जवाब दिया जाएगा और अगर नेकनीयती से पेश आया तो सुलह हो जाएगी। यही सब सोचकर उन्होंने कृष्णा जी भास्कर से कह दिया कि वे अफजल खाँ से एकांत में मिलने को तैयार हैं।

इसके बाद अफजल खाँ ने कृष्णा जी भास्कर से उन्हें दूसरा पत्र दिया, जिसमें मिलन-स्थल कहाँ होगा यह लिखा था। उस समय की स्थिति क्या रहेगी उसका भी वर्णन था। शिवाजी की समझ में आ गया कि अफजल खाँ ने यह योजना बहुत सोच-समझकर बनाई है और अब उसकी नीयत अच्छी नहीं है तो वह दगा जरूर करेगा इसमें कोई संदेह नहीं।

कृष्णा जी भास्कर को विदा कर शिवाजी निश्चिंत नहीं हो गए। वे दुश्मन से मिलने की तैयारी करने लगे। उन्होंने सोच लिया था कि उनका और अफजल खाँ का मिलन अच्छा नहीं होगा। इसका परिणाम बहुत बुरा निकलेगा।

अफजल खाँ की हत्या

तुलजापुर से थोड़ी दूर पर एक पहाड़ी के निकट शामियाना लगाया गया जिसके चारों तरफ कनातें थीं। अफजल खाँ की ओर से यह आदेश था और यही

शर्त थी। उसने शिवाजी को भी लिख भेजा था कि वह मिलन मंडप में अकेला रहेगा। शिवाजी भी उसके पास अकेले ही आएँगे। उस समय उनके साथ कोई सैनिक नहीं होगा और न कोई यवन सैनिक ही शामियाने के पास आएगा। दोनों के सिपाही सौ-सौ कदम खेमे से दूर रहेंगे।

शिवाजी ने कवच धारण किया और अपने सिर पूरा जोखिम उठाकर अफजल खाँ से मिलने के लिए तैयार हो गए। वे वीर वेश में सज्जित हुए थे। बघनख (बिछुआ) उन्होंने अपने कपड़ों के बीच छिपा लिया था। वे जानते थे कि कोई-न-कोई दाँव जरूर होगा तो वे उससे अपनी रक्षा कर सकेंगे।

इस तरह शिवाजी अपने साथ चुने हुए सैनिक लेकर अफजल खाँ की ओर चल दिए। जब वे शामियाने के निकट पहुँचे तो मराठा सैनिक छिप गए। अफजल खाँ को यह बोध ही नहीं हो पाया कि शिवाजी के साथ कुछ मराठा सैनिक भी आए हैं। यही नहीं, शिवाजी के पीछे उनकी काफी सेना आयी थी। उनके वीर मराठा सैनिक पहाड़ियों में छिपे थे जिनके लिए शिवाजी का यह आदेश था कि अगर दुश्मन ने विश्वासघात किया तो उनकी आवाज सुनते ही मराठा सैनिक यवन सेना पर टूट पड़ें।

अफजल खाँ के सैनिक उस शामियाने से सौ कदम की दूरी पर थे। उनके मन में ऐसा कोई अंदेशा नहीं था कि शिवाजी की तरह से कोई दाँव होगा। वे जानते थे कि शिवाजी जो कहते हैं वह करते हैं। रात का समय था। अफजल खाँ की सेना के पड़ाव में खाना बन रहा था। सैनिक आराम कर रहे थे। किसी के भी मन में यह शंका नहीं थी कि अफजल खाँ और शिवाजी के मिलन में कोई बाधा उठ खड़ी होगी।

शिवाजी ने उस शामियाने में प्रवेश किया, जहाँ अफजल खाँ पहले से ही मौजूद था। शिवाजी को देखते ही वह आसन से उठकर खड़ा हो गया। वह काफी लंबा था और शिवाजी उसकी अपेक्षा कद में छोटे थे। उस समय का यह रिवाज था कि जब एक राज्य का नायक या प्रधान अथवा मुख्य सेनापति या अन्य आदमी जब दूसरे से गिलता तो पहले उसे लगे लगाता। अफजल खाँ ने भी यही किया। उसने शिवाजी को आगे बढ़कर अपनी दोंनों बाँहों में समेट लिया। उनका सिर उसने बाईं बगल में दाब लिया और दाहिने हाथ से तलवार लेकर उनके पीठ पर वार करना चाहा। शिवाजी पहले ही से तैयार थे। वे जानते थे कि धोखा हो सकता है। जब उन्होंने यह देखा तो फौरन ही अपना बघनख निकाला और उसे अफजल खाँ के पेट में घुसेड़ दिया।

अफजल खाँ बड़ा ताकतवर था। उसने एक हाथ से अपना घाव दाबा और दूसरे हाथ से शिवाजी पर वार करने के लिए उद्यत हो चिल्लाया—"धोखा धोखा।"

बघनख अफजल खाँ के पेट में पूरा घुस गया था। फिर भी वह गिरा नहीं, खड़ा रहा। उसके पेट से खून का फव्वारा छूट रहा था। उसका चिल्लाना सुनकर बेफिक्र यवन सैनिक घबड़ाए और जल्दी से उसकी ओर दौड़ पड़े।

इधर पहाड़ी पर छिपे मराठा दल ने भी आगे बढ़ने की कोशिश की। अब अफजल खाँ गिर पड़ा और वहीं पर उसकी मृत्यु हो गई। यवन सैनिकों ने शिवाजी पर मिलकर एक साथ हमला कर दिया, तब तक मराठा सैनिक भी वहाँ पहुँच गए और दोनों दलों में मार-काट होने लगी। अफजल खाँ की मृत्यु का समाचार उसकी सेना में पहुँचते ही एकदम खलबली मच गई। सैनिक इधर-उधर भागने लगे। मराठा सेना जितनी छिपी थी सबकी-सब निकल पड़ी और सबने मिलकर एक साथ यवनों पर धावा बोल दिया।

अफजल खाँ की सेना युद्ध के लिए इस समय तैयार नहीं थी। लगभग सभी सैनिक खाना खा रहे थे और जो पहरे पर तैनात थे, वे अफजल खाँ की ओर दौढ़ गए। इधर मराठा सेना पहले से ही मौके की तलाश में थी। उसने एक साथ मिलकर अफजल खाँ की सेना पर धावा किया। खाना खाते हुए यवन सैनिक मारे गए। अफजल खाँ के शिविर में आग लगा दी गई और खेमों में भी खूब लूट हुई। मराठों को यवनों का खजाना मिला जिसमें हथियार व युद्ध सामग्री काफी मात्रा में थी। इस लूट के साथ ही साथ यवन सैनिकों को कैदी बना लिया गया।

यवनों की सेना जो बंदी बनाई गई थी। उन कैदियों में अफजल खाँ की स्त्रियाँ भी थीं।

शिवाजी को जब मालूम हुआ कि जो यवन सैनिक बंदी हुए हैं उनमें अफजल खाँ की स्त्रियाँ भी हैं तो वे फौरन ही अपने विश्वस्त सैनिकों से बोले—"इन स्त्रियों को यथास्थान पहुँचा दिया जाए। मैं इनका आदर करता हूँ।"

शिवाजी की आज्ञा का तत्काल ही पालन हुआ। अफजल खाँ की औरतें यवनों के खेमों में पहुँचा दी गईं। इससे शिवाजी के चित्त को शान्ति मिली, क्योंकि उनका सिद्धांत था कि वे पराई बहू-बेटी को कुदृष्टि से नहीं देखते, उसका सम्मान करते है। यही कारण था कि उन्होंने अफजल खाँ की औरतों को आदर सहित वापस उनके खेमे में भेज दिया।

इस तरह अफजल खाँ को अपनी करनी का फल मिल गया। उसकी मृत्यु हो गई और बीजापुर की सेना तितर-बितर हो गई। मराठों ने छापा मार युद्ध किया,

उन्होंने यवनों के दाँत खट्टे कर दिए। यवन सेना भाग गई और युद्ध की विजयश्री शिवाजी के हाथ लगी।

अफजल खाँ की मृत्यु के बाद शिवाजी ने पन्हाला के दुर्ग पर अधिकार कर लिया। इसके बाद पवनगढ़ और वसंतगढ़ के दुर्गों पर अधिकार करने के साथ ही साथ उन्होंने रूस्तम खाँ के आक्रमण को विफल भी किया। इससे राजापुर तथा दावुल पर भी उनका कब्जा हो गया। अब बीजापुर में आतंक का माहौल पैदा हो गया और वहाँ के सामन्तों ने आपसी मतभेद भुलाकर शिवाजी पर आक्रमण करने का निश्चय किया। 2 अक्टूबर 1665 को बीजापुर की सेना ने पन्हाला दुर्ग पर अधिकार कर लिया। शिवाजी संकट में फंस चुके थे पर रात्रि के अंधकार का लाभ उठाकर वे भागने में सफल रहे। बीजापुर के सुल्तान ने स्वयं कमान सम्हालकर पन्हाला, पवनगढ़ पर अपना अधिकार वापस ले लिया, राजापुर को लूट लिया और शृंगारगढ़ के प्रधान को मार डाला। इसी समय कर्नाटक में सिद्दीजौहर के विद्रोह के कारण बीजापुर के सुल्तान ने शिवाजी के साथ समझौता कर लिया। इस संधि में शिवाजी के पिता शाहजी ने मध्यस्थता का काम किया। सन् 1662 में हुई इस सन्धि के अनुसार शिवाजी को बीजापुर के सुल्तान द्वारा स्वतंत्र शासक की मान्यता मिली। इसी संधि के अनुसार उत्तर में कल्याण से लेकर दक्षिण में पोण्डा तक (250 किलोमीटर) का और पूर्व में इन्दापुर से लेकर पश्चिम में दावुल तक (150 किलोमीटर) का भूभाग शिवाजी के नियंत्रण में आ गया। शिवाजी की सेना में इस समय तक 30000 पैदल और 1000 घुड़सवार हो गए थे।

सोदीजौहर से संधि

बीजापुर दरबार को स्वप्न में भी यह आशा नहीं थी कि अफजल खाँ का वध कर दिया जाएगा और मुट्ठी भर मराठों से शाही सेना हार जाएगी। अफजल खाँ की मृत्यु से उस दारबार में तहलका मच गया और यह सोचा जाने लगा कि शिवाजी की ताकत बहुत बढ़ गई है। उसे हर हालत में कुचल देना ही जरूरी है।

अफजल खाँ के बाद बीजापुर के बादशाह की समझ में नहीं आ रहा था कि वह क्या करे। किस सेनापति को शिवाजी को पराजित करने के लिए भेजे? जब अफजल खाँ जैसा योग्य व्यक्ति शिवाजी से धोखा खा सकता है तो दूसरा उसके सामने क्या टिकेगा। वह युद्ध कौशल में ही नहीं कूटनीति में भी दक्ष है। उससे पार पाना बहुत मुश्किल है।

आखिर बीजापुर के बादशाह की समझ में एक बात आई कि वह करनूल के जागीरदार, जो उसका दुश्मन है और मराठों के खिलाफ है तथा शिवाजी से जलता है। उससे संधि कर ली जाए। वह उसके लिए राजी हो जाएगा। वह शिवाजी पर हमला कर सकता है। उसे बीजापुर के दरबार से सैनिक सहायता दी जाएगी और साथ ही युद्ध सामग्री भी। उसके बाजुओं में बल है। वह युद्ध-विद्या में कुशल है। वह खाली नहीं लौटेगा। शिवाजी का दमन करके ही रहेगा।

यह सब सोचकर, बीजापुर के सुलतान ने एक संधि प्रस्ताव करनूल भेजा। वहाँ का जगीरदार सोदीजौहर था। बीजापुर का दूत जब उसके पास पहुँचा और उसने वहाँ के बादशाह का सुलहनामा पढ़ा तो दंग रह गया। उसे ताज्जुब हुआ। वह सोचने लगा कि क्या करना चाहिए। अंत में उसने यही उचित समझा कि बीजापुर दरबार से संधि कर लेने में ही भलाई है। इससे एक पंथ दो काज होंगे। एक तो पुरानी दुश्मनी दोस्ती में बदल जाएगी। दूसरे मराठों की बढ़ रही ताकत को रोकने में हम दोनों मिलकर कामयाब हो सकेंगे।

करनूल के शासक सोदीजौहर ने बीजापुर दरबार का संधि प्रस्ताव स्वीकार कर लिया। शीघ्र ही बादशाह ने उसे बुला भेजा। वह दरबार में हाजिर हुआ। बादशाह के साथ उसकी गुप्त मंत्रणा हुई कि शिवाजी को जीत कर उसके सारे किले हड़प लिए जाएँ। उसका खजाना लूट लिया जाए। इस तरह मराठों की ताकत कमजोर हो जाएगी और वे फिर कभी सिर नहीं उठा सकेंगे।

सोदीजौहर अपने साथ एक बड़ी सेना लेकर शिवाजी से लड़ने के लिए चल दिया। शिवाजी को यह सूचना मिली तो वे तनिक चकराए, हैरान हुए, क्योंकि इन दिनों दुर्घटनाओं पर दुर्घटनाएँ हो रही थीं। कभी खबर आती कि मुगल सेना ने शिवाजी के अमुक किले पर धावा कर दिया है। कभी यह समाचार प्राप्त होता कि मुगल सैनिक फलाँ शहर में लूट-मार कर रहे हैं। रोज-रोज की यह दुखांत खबरें शिवाजी को हैरान कर रही थीं। वह सोच रहे थे कि क्या करें? कौन सा कदम उठाएँ। आखिर उनको राहत किस तरह मिल सकती है।

शिवाजी ने सोचा कि अगर वे सोदीजौहर से लड़ने जाते हैं तो इधर मुगल उन पर चढ़ आएँगे और अगर वे मुगलों का मुकाबला करने के लिए कूच करते है तो सोदीजौहर प्रतापगढ़ पर चढ़ आएगा और अगर कहीं उसने किला जीत लिया तो फिर वे कहीं के नहीं रहेंगे। मुसलमान उनका खात्मा करके ही रहेंगे।

बहुत सोचने पर शिवाजी की समझ में यह आया कि एक यही रास्ता है कि वे सोदीजौहर से संधि कर लें और उसे अपनी ओर मिला लें। वे जानते थे कि

सोदीजौहर इसके लिए जल्दी ही राजी हो जाएगा। अतः उन्होंने एक संधि प्रस्ताव अपने दूत के द्वारा करनूल के शासक सोदीजौहर के पास भेजा जिसमें यह लिखा गया था कि हम दोनों एक-दूसरे के शत्रु न रह कर मित्र हो जाएँ और एक-दूसरे की रक्षा का वचन दें।

सोदीजौहर के पास जब यह सुलह का खत पहुँचा तो वह मन ही मन फूला नहीं समाया। बहुत प्रसन्न हुआ। वह सोचने लगा कि युद्ध किए बिना ही शिवाजी संधि के लिए राजी हो गए, इससे अच्छा और क्या हो सकता है। उसने सुलहनामा पर अपने दस्तखत कर दिए। उसने एक कागज अपने पास रख लिया और दूसरा शिवाजी को लौटा दिया।

सोदीजौहर की जब शिवाजी से संधि हो गई तो फिर वह आगे नहीं बढ़ा। वहीं से लौट पड़ा और बीजापुर दरबार न जाकर अपनी जागीर करनूल लौट आया।

बीजापुर के दरबार में जब यह समाचार पहुँचा कि सोदीजौहर ने शिवाजी से संधि कर ली है तो बादशाह बहुत खीझा। उसे सोदीजौहर पर क्रोध आया कि उसने विश्वासघात किया। अब मैं खुद चढ़ाई करूँगा शिवाजी पर। देखूँगा कि मराठों में कितनी ताकत है। इस तरह बादशाह ने युद्धवाले मामले में दूसरे का यकीन करना छोड़ दिया।

शिवाजी मुगल सेना के मुकाबले में नही जाते। वे दूर ही दूर रहते, किंतु जब सुनते कि मुगलों ने उनका किला जीत लिया है और लूट-पाट की है, उसको तबाह कर उसमें आग लगा दी है तो उन्हें बहुत दुःख होता। वे जानते थे कि मुगलों की विशाल सेना से टक्कर लेना हँसी-खेल नहीं है। हरकतें दिन पर दिन होती और शिवाजी हाथ मलकर रह जाते।.वे कुछ भी नहीं कर पाते।

सच पूछा जाए तो शिवाजी इस समय कुछ अधिक परेशान थे। उनके सामने एक नहीं अनेक समस्याएँ थीं और खूब उलझी हुईं। मुगल उनके दुश्मन हो रहे थे और उनकी सत्ता का सर्वनाश करने पर तुले थे। बीजापुर का बादशाह भी उनके खिलाफ था। उन्हें किसी ओर भी अपना कोई भी मित्र नहीं नजर आ रहा था। थोड़ी-बहुत शांति उन्हें केवल उतनी देर मिलती जितनी देर वे माता जीजाबाई के पास रहते। उनके युद्ध करने की प्रणाली ऐसी थी कि वे चाहे दिल्ली के मुगल हों अथवा बीजापुर के सुलतान के सैनिक। शिवाजी किसी से भी सामने युद्ध करने के पक्ष में नहीं थे। गुरिल्ला युद्ध ही उनकी विजयों का एकमात्र कारण था। अगर वे छापामार युद्ध में सिद्धहस्त न होते तो अफजल खाँ की इतनी बड़ी सेना को पराजित कैसे करते। इसीलिए तब भी चुप रहे थे, जब अफजल खाँ ने पंढरपुर में मंदिर गिरवाया। उसका विनाश किया। तुलजापुर में भी उसने भवानी के मंदिर का विध्वंस किया। जनता के साथ घोर अत्याचार किया और वही स्थिति अब, इस समय भी थी। वे खामोश थे और मुगल उनकी हस्ती को कुचलने में लगे थे।

शिवाजी जब बहुत अधिक चिंतित होते तो वे भवानी के मंदिर में जाकर शरण लेते। आज भी उन्होंने देवी के चरणों में जाकर माथा टेक दिया। उनके मन में अंतर्ध्वनि हुई। मानों जैसे माँ दुर्गा ने उनसे कहा, कि जाओ! तुम्हारी विजय होगी। शिवाजी तुम किसी से भी पराजित नहीं होओगे।

भवानी का यह वरदान पाकर शिवाजी ने तलवार अपनी आँखों से लगा ली और उस दिन से उनका विश्वास भवानी दुर्गा के प्रति बहुत अधिक बढ़ गया।

बाजीप्रभु का बलिदान

बीजापुर का बादशाह आदिलशाह शिवाजी से बहुत अधिक चिढ़ा बैठा था। वह अपने साथ एक भारी सेना लेकर इस उद्देश्य से चला कि वह शिवाजी को ही नहीं सोदीजौहर को भी पराजित करेगा। दोनों को बतला देगा कि दगाबाजी और धोखा देने का नतीजा क्या होता है। वह जानता था कि शिवाजी अपना नुकसान बर्दाश्त कर लेंगे, लेकिन दुश्मन के सामने मैदान में लड़ने कभी नहीं आएँगे।

शिवाजी को जब यह पता लगा कि बीजापुर का बादशाह उन पर हमला करने आ रहा है तो वे सतर्क हो गए और वे खूब जोरों के साथ युद्ध की तैयारी करने लगे। उन्होंने सोदीजौहर के पास भी सूचना भेज दी कि आदिलशाह ने उन पर चढ़ाई कर दी है और बादशाह का इरादा करनूल की जागीर हड़पने का भी है। अतः अब मौका आ गया है कि हम दोनों तैयार रहें और एक-दूसरे की मदद करें।

बीजापुर का बादशाह आदिलशाह अपनी सेना सहित पन्नहाला तक पहुँच गया था। उसने जाकर किले को चारों ओर से घेर लिया। तोपों की गड़गड़ाहट होने लगी। गोले किलों की दीवारों पर बरसने लगे। लेकिन शिवाजी फिर भी सामने युद्ध करने नहीं आए। वे युक्ति से काम लेते थे। इसीलिए अवसर की प्रतीक्षा में थे। एक रात को उन्हें मौका मिल गया। उनकी सेना पन्नहाला किले में ही थी। वे चुपचाप उनको लेकर गुप्त रास्ते से विशालगढ़ की ओर चल दिए। यहाँ का किला बड़ा सुदृढ़ था और युद्ध के लिए शिवाजी इसे उपयुक्त समझते थे।

शिवाजी ने बाजीप्रभु को एक सैनिक जत्था दिया और यह कहा कि जब तक वे विशालगढ़ के किले में न पहुँच जाएँ तब तक बार्जीप्रभु यवन सेना को आगे न बढ़ने दें। जब वे विशाल गढ़ के दुर्ग में पहुँच जाएँगे तो वहाँ जाकर तोपों की गड़गड़ाहट करेंगे।

बाजीप्रभु शिवाजी का एक विश्वस्त मराठा सेनापति था। शिवाजी को उसकी बहादुरी पर गर्व था। उधर शिवाजी तब विशागढ़ से थोड़ी दूर रह गए उनकी सेना अभी रास्ते में ही थी तभी बादशाही सेना को यह पता लग गया कि शिवाजी पन्नहाला के किले से निकल भागे हैं। उनके साथ उनकी सेना भी है तो घुड़सवार यवन सैनिकों ने तेजी से उनका पीछा किया।

शिवाजी निरंतर आगे बढ़ते जा रहे थे। अब विशालगढ़ का किला थोड़ी दूर ही रह गया था। मराठी सेना रास्ते में ही थी कि मुसलमानी सेना पास में आ गई। बाजीप्रभु ने उसे रोका। इस तरह बाजीप्रभु की सैनिक टुकड़ी और शाही सेना में खूब घमासान युद्ध होने लगा।

बाजीप्रभु इस समय बड़ी वीरता के साथ युद्ध कर रहा था। इसकी भयंकर मार-काट के सामने शाही फौज भागने लगी। यद्यपि मराठे मुट्ठी भर ही थे। यवन सैनिक उनसे तादाद में बहुत ज्यादा लेकिन फिर भी मराठों ने यवनों के दाँत खट्ठे कर दिए। बाजीप्रभु ने अपने प्राणों की बाजी लगा दी थी। वह दोनों हाथों से खूब दिल खोलकर युद्ध कर रहा था। यवन सैनिक चाहते थे कि वे आगे बढ़ जाएँ और शिवाजी की सेना का पीछा करें, मगर बाजीप्रभु के जीते-जी उनके लिए यह असंभव था।

यवन सेना जितनी मार दी गई उससे दुगुनी और चौगुनी और आ गई। इधर बाजीप्रभु के सैनिक धीरे-धीरे कम होते जा रहे थे फिर भी वह वीर हिम्मत नहीं हारा और साहस के साथ युद्ध करता रहा।

शिवाजी की सेना अब काफी दूर निकल गई थी। वह बाजीप्रभु की दृष्टि से ओझल हो गई थी। बाजीप्रभु ने एक भी सैनिक को आगे नहीं बढ़ने दिया। वह बुरी तरह घायल हो चुका था। इसके अंग-प्रत्यंग से खून बह रहा था, लेकिन वह श्वास साधे युद्ध करने में रत था। वह अपने कर्तव्य पालन में लगा था। उसे जान की परवाह तनिक भी नहीं थी।

थोड़ी देर बाद शिवाजी की सेना विशालगढ़ के किले में पहुँच गई। इसका प्रमाण यह था कि वहाँ तोपों की गड़गड़ाहट होने लगी। जैसा कि शिवाजी ने बाजीप्रभु से कहा था कि जब मैं वहाँ पहुँच जाऊँगा तो तोपों की गड़गड़ाहट करूँगा। वही हुआ। तोपों की आवाज सुनकर बाजीप्रभु ने संतोष की साँस ली। वह वीर बहुत घायल हो गया था। उसका कर्तव्य पूरा हो चुका था। वह युद्ध करते हुए वीरगति को प्राप्त हो गया, लेकिन जब तक उसकी देह में जान रही उसने बीजापुर की सेना को एक भी कदम आगे नहीं बढ़ने दिया।

जब बाजीप्रभु की मृत्यु हो गई तो बीजापुर की शाही सेना ने आगे बढ़ने का प्रयत्न किया, लेकिन वह आगे नहीं बढ़ पाई क्योंकि रास्ते में एक घाटी पड़ती थी जो बड़ी अटपटी थी। उसको पार कर सकना बहुत कठिन था। उस पर देशभक्त और कर्तव्य-परायण बीजाप्रभु का खून बहा था। वह उनके लहू से सींची गई थी। वही रक्तरंजित घाटी शाही सेना के लिए अड़चन बन गई। वह किसी तरह पार नहीं कर सकी। विवश होकर पीछे लौट पड़ी और पन्नहाला, जहाँ से आई थी वहीं चली गई।

शिवाजी को जब बाजीप्रभु की मृत्यु का समाचार मालूम हुआ तो वे बच्चों की भाँति अधीर होकर रोने लगे। वे कहने लगे कि मैंने मराठी सेना का एक रत्न खो

दिया। इतिहास देशभक्त बाजीप्रभु को कभी नहीं भूलेगा। उसने देशप्रेम की वेदी पर अपने को बलिदान कर दिया है। इसीलिए तो कहा जाता है कि वीर अमर होते हैं, वे कभी मरते नहीं। बाजीप्रभु की कीर्ति हमेशा उज्ज्वल रहेगी। उसने कर्तव्य का जो पाठ पढ़ाया है, वह भविष्य में वीरों का उत्साह बढ़ाएगा। स्वदेश की रक्षा कैसे की जाती है इसके लिए बाजीप्रभु के कार्य जीते-जागते उदाहरण हैं।

4

शिवाजी-औरंगजेब संघर्ष

उत्तर भारत में बादशाह बनने की होड़ खत्म होने के बाद औरंगजेब का ध्यान दक्षिण की तरफ गया। वो शिवाजी की बढ़ती प्रभुता से परिचित था और उसने शिवाजी पर नियंत्रण रखने के उद्येश्य से अपने मामा शाइस्ता खाँ को दक्षिण का सूबेदार नियुक्त किया। शाइस्ता खाँ अपने 1,50,000 की सेना के साथ सूपन और चाकन के दुर्ग पर अधिकार कर पूना पहुँच गया। उसने 3 साल तक मावल में लूटमार कि। एक रात शिवाजी ने अपने 350 मवलों के साथ उन पर हमला कर दिया। शाइस्ता तो खिड़की के रास्ते बच निकलने में कामयाब रहा पर उसे इसी क्रम में अपनी चार उंगलियों से हाथ धोना पड़ा। शाइस्ता खाँ के पुत्र तथा चालीस रक्षकों और अनगिनत फोज का कत्ल कर दिया गया। इस घटना के बाद औरंगजेब ने शाइस्ता को दक्कन के बदले बंगाल का सूबेदार बना दिया और शाहजादा मुअज्जम शाइस्ता की जगह लेने भेजा गया।

शिवाजी ने दक्षिण में औरंगजेब की अनुपस्थिति के दौरान कोंकण को अपने अधिकार में करने के लिये योजना तैयार कर ली उसने कल्याण, भिवानी मंडी तथा माहुली पर अधिकार कर लिया। अंत में बीजापुर राज्य ने शिवाजी की शक्ति को परास्त करने के लिए भीषण तैयारी की और इस कार्य को पूरा करने के लिए अफजल खाँ को शिवाजी के विरुद्ध भेजा गया। परंतु शिवाजी ने पहले ही से भाँप लिया कि अफजल खाँ विश्वासघात करके उस पर आक्रमण करेगा। शिवाजी ने भेंट के समय उसकी 20 नवंबर, 1659 ई. को हत्या कर दी और उसकी सेना को मार भगाया।

दक्षिण कोंकण तथा कोल्हापुर के जिलों पर अधिकार कर लिया। 1660 ई. में बीजापुर राज्य ने शिवाजी को समाप्त करने के लिए उस पर पुनः आक्रमण किया। बीजापुर के सेनापति सिद्दी जौहर ने उसे पन्हाला के दुर्ग में घेर लिया और दुर्ग खाली कर देने को विवश कर दिया। ठीक इसी समय दक्षिण के मुग़ल वायसराय शाइस्ता खाँ ने पूना और चकन के दुर्ग पर अधिकार कर लिया। शिवाजी ने शाइस्ता खाँ की सेना को उत्तरी कोंकण में पराजित किया और मुग़लों से दस वर्ष तक लड़ता रहा जिसमें उसने विविध सफलताएँ प्राप्त कीं।

शिवाजी ने शाइस्ता खाँ के शिविर पर 15 अप्रैल, 1663 को लगभग आधी रात को आक्रमण कर दिया। इस आक्रमण में उसका बेटा एक सरदार 40 सेवक और छः महिलाओं की मृत्यु हो गयी परन्तु शाइस्ता खाँ बच गया। इसे मात्र कुछ चोटें ही लगीं। इनके अलावा उसके दो अन्य पुत्र तथा अनेक लोग घायल हुए। इस आक्रमण से शाइस्ता खाँ बहुत घबरा गया। औरंगजेब ने उसे दरबार में वापस बुला लिया। इस आक्रमण के पश्चात शिवाजी ने सूरत को घेर लिया। यहाँ उसे लूट का बहुमूल्य सामान प्राप्त हुआ, जो अनुमानतः एक करोड़ रुपए के लगभग रहा होगा। अब औरंगजेब ने जयसिंह को आवश्यक निर्देशों सहित शिवाजी को काबू में लाने के लिए भेजा। जयसिंह, जो एक महान सेनानायक और कूटनीतिज्ञ था, इस कार्य को करने में सफल हुआ। चतुर कूटनीति से काम लेकर उसने अनेक प्रमुख दक्षिणी सामंतों को शिवाजी का विरोध करने के लिए प्रेरित किया और शिवाजी के चारों ओर अनेक शत्रुओं का जमघट पैदा कर दिया। इसके बाद राजा जयसिंह ने पुरंदर के दुर्ग पर घेरा डाल दिया और इसके साथ-साथ उसने महाराष्ट्र के गाँवों को लूटने और जलाने के लिए भी एक सेना भेज दी। जब पुरंदर की पराजय होने वाली थी, शिवाजी ने दुर्ग को मुग़ल अधिकारियों के हाथ सौंप दिया और जयसिंह से वार्ता करके 22 जून, 1664 ई. को एक संधि कर ली, जिसके अनुसार शिवाजी ने अपने साम्राज्य तथा दुर्गों का तीन-चौथाई भाग मुग़लों को सौंपकर अपने पास केवल एक-चौथाई भाग ही रखा। उसने सम्राट की अधीश्वरता को स्वीकार कर लिया तथा मुग़ल सेना में नौकरी करने के लिए 5,000 घुड़सवारों की एक सेना भेजने का भी वायदा किया। उसने मुग़लों के बीजापुर के आक्रमण में वफादारी के साथ सहयोग भी दिया।

शाइस्ता खाँ से युद्ध

दिल्ली के तख्त पर इस समय बादशाह औरंगजेब बैठा था। उसकी स्वार्थपरता और क्रोधी स्वभाव से सभी परिचित थे। उसकी खूनी हुकूमत ने सारे

देश की आँखें खोल दी थीं। वह किसी के भी साथ रियासत नहीं करता, यह उसका स्वभाव था। अपने सगे-संबंधियों के साथ खून की होली खेलकर उसने सिंहासन प्राप्त किया था। तीनों भाइयों को उसने मौत के घाट उतार दिया। पिता शाहजहाँ को कैद में डाल दिया। वह हिंदुओं का कट्टर विरोधी था। शिवाजी की बढ़ती हुई ताकत उसके लिए एक चुनौती थी। वह उनको कुचलने का उपाय सोचने लगा।

औरंगजेब का ध्यान सबसे पहले बीजापुर दरबार की ओर गया। वहाँ भीतरी फूट के कारण राज-काज बहुत ढीला चल रहा था। शिवाजी से कई बार युद्ध हो चुका था, लेकिन दोनों अभी तक एक-दूसरे के आगे झुके नहीं थे। कभी आदिलशाह शिवाजी पर चढ़ाई करता तो कभी मौका पाकर शिवाजी बीजापुर का कोई किला जीत लेते।

मुगल बादशाह औरंगजेब शिवाजी की बहादुरी को अच्छी तरह समझता था। वह जानता था कि शिवाजी एक वीर योद्धा हैं। उनकी चतुराई और युद्ध कौशल से भी वह भली-भाँति परिचित थे। शिवाजी में सुस्ती और आलस का नाम नहीं, वे बहुत ही चुस्त हैं, उनमें स्फूर्ति की कमी नहीं। बादशाह आलमगीर ये सब बातें अच्छी तरह जानता था। अतः उसने सबसे पहले शिवाजी को ही कुचलना ठीक समझा।

शाइस्ता खाँ औरंगजेब का मामा और मुगल दरबार का एक प्रसिद्ध सेनापति था। शिवाजी पर चड़ाई करने के लिए औरंगजेब ने उसे आज्ञा दी। साथ ही उसने पूना के किले पर अधिकार कर लिया। इसके तुरंत बाद ही उसने रायगढ़ के किले पर धावा बोल दिया। शिवाजी की सेना सामने मैदान में आकर लड़ने के पक्ष में नहीं थी। इसका फायदा मुगल सैनिकों ने उठाया और बड़ी आसानी के साथ उसने रायगढ़ पर कब्जा कर लिया।

रायगढ़ किले में शिवाजी की चौथी पत्नी साकोबाई रहती थीं। वे कैद हो गईं। कैदी के रूप में वे मुगलों के शिविर में पहुँचा दी गईं। शिवाजी ने यह सुना तो उनके पैरों के नीचे से जमीन निकल गई। वे सँभल भी नहीं पाए थे कि तब तक मुगलों का धावा पुरंदर के किले पर हो गया। आखिर यह किला भी हाथ से निकल गया और शिवाजी कुछ नहीं कर पाए।

शिवाजी मुगलों के साथ युद्ध करने की योजना ही बनाते रह गए और तब तक कोंकण के दुर्ग पर भी शाइस्ता खाँ ने आक्रमण कर दिया और कोंकण का किला भी मुगलों के अधीन हो गया। इससे शाइस्ता खाँ का हौसला बहुत अधिक बढ़ गया। वह निरंतर विजय पर विजय करता हुआ आगे बढ़ने लगा।

इधर बीजापुर की सेना ने भी शिवाजी पर हमला कर दिया और उधर मुगल चाकरम किले की ओर बढ़े। शिवाजी इस दुर्ग को किसी भी शर्त पर मुगलों को नहीं देना चाहते थे। अतः उन्होंने सोचा कि अब मैदान में आना ही पड़ेगा। शाइस्ता खाँ से युद्ध करने के लिए उन्होंने अपने पिता के समय के एक अनुभवी व्यक्ति को, जो एक कुशल सैनिक था, नियुक्त किया। उसका नाम फिरंगजी नरशाला था। वह चाकरम की ओर चल दिया और शिवाजी स्वयं बीजापुर की सेना से लोहा लेने चल पड़े।

फिरंगजी नरशाला ने खूब बहादुरी के साथ युद्ध किया, लेकिन मराठा सैनिकों की कम तादाद होने के कारण मुगलों की विशाल सेना से हार गई।

इस तरह यह किला भी शिवाजी के हाथ से निकल गया। वे बीजापुर की सेना के साथ युद्ध करने में व्यस्त थे, तभी उन्हें पता चला कि शाइस्ता खाँ चाकरम के किले पर अधिकार करने के बाद पूना की ओर रवाना हो गया है। इससे शिवाजी कुछ निश्चित हुए कि फिलहाल अभी यह खतरा तो टल गया कि मुगल सेना आगे बढ़ेगी और मराठों के दूसरे किले भी विजय करेगी।

शिवाजी को एक बात खटकती रहती थी कि उनकी चौथी पत्नी साकोबाई को शाइस्ता खाँ ने कैद कर लिया था। वह मुगलों के शिविर में कैदी का जीवन व्यतीत कर रही थीं। उस समय शिवाजी ने बड़ी सहन-शक्ति से काम लिया। अगर वे तनिक भी उतावलापन करते तो यह बहुत अधिक संभव था कि वे हार जात और मुगलों द्वारा उनका वध कर दिया जाता या फिर वे कारागार में डाल दिए जाते।

शाइस्ता खाँ शिवाजी के बहुत से किले जीत चुका था। अब उसने कुछ दिन आराम करने की सोची, क्योंकि उसकी सेना लगातार युद्ध करते-करते बहुत ज्यादा थक गई थी। अतः वह पूना चला आया और किले के उसी महल में आकर ठहरा, जिसमें शिवाजी का बचपन बीता था। जीत एक बार आदमी को पागल बना देती है। कोई क्षण भर के किए ही पागल बनता है और किसी में विजय का प्रमाद आ जाता है। शाइस्ता खाँ रंगरलियों में खो गया। रोज जश्न मनाया जाता और गायन-वादन की धूम मची थी। वह निश्चित हो गया कि अब मराठे मेरा कुछ भी नहीं बिगाड़ सकते। उसने दिल्ली दरबार में यह सूचना भेज दी थी कि अब तक उसने शिवाजी के छः किले जीत लिए। जल्दी ही वह और भी किले फतह करेगा।

इधर शिवाजी अपने वीर मराठा सैनिकों के साथ बीजापुर की सेना पर बाज की तरह टूटे थे। मराठे ही विजयी हुए। शाही सेना भाग गई, कुछ मारी गई। जो कैद कर लिए गए थे, उन्होंने दया करके शिवाजी ने छोड़ दिया।

शिवाजी अपनी पत्नी साकोबाई को नहीं भूले थे। उन्हें यह पता नहीं था कि वह रायगढ़ में ही कैद हैं अथवा शाइस्ता खाँ की सेना के साथ पूना चली गई और वहाँ मुगलों के शिविर में हैं। अभी वे द्विविधा में ही थे कि तब तक उन्हें रंगीन समाचार मिला कि शाइस्ता खाँ उसी महल में ठहरा है, जिसकी वे ईंट-ईंट से परिचित हैं। यही नहीं, वहाँ रोज मुजरा होता है। वह मांस-मदिरा में मग्न है। उसे यह चिंता ही नहीं कि मराठे सिर उठाएँगे, उस तक आएँगे। वह जानता है कि मराठे डर गए और फिर कभी सामने नहीं आएँगे।

ऐसी स्थिति में शिवाजी ने साकोबाई का मोह छोड़ दिया। उन्होंने माता जीजाबाई से परामर्श किया और फिर अपने साथ चुने हुए चार सौ बहादुर सैनिकों को लेकर पूना की ओर चल पड़े।

शिवाजी जब पूना पहुँचे तो उनके चार सौ जवानों ने बारातियों का रूप धारण किया। इस तरह गाजे-बाजे के साथ उस लंबी बारात ने पूना में प्रवेश किया। दिन छिप गया था। जब रात का पहला प्रहर था। शाइस्ता खाँ दस्तरखान से उठा, फिर सीधा अपने शयनागार में चला गया। जाते ही उसे नींद आ गई, वह खर्राटें लेने लगा।

शिवाजी के सैनिक गुप्त रास्ते से दुर्ग के अंदर प्रविष्ट हो गए। जितने भी यवन संतरी मिले उनका सफाया कर दिया गया। इस तरह वे अपने साथ कुछ चुने हुए सरदार लेकर वहाँ पहुँच गए जहाँ शाइस्ता खाँ सो रहा था। उनके सैनिक अंगरक्षकों और पहरेदारों की हत्या कर रहे थे। महल में तहलका मच गया। औरतें और बच्चे इधर-उधर भागने लगे। शाइस्ता खाँ की बेगम ने उसे जगाया। वह जल्दी में हड़बड़ा कर उठा। जब उसने देखा कि मराठा सैनिकों ने उसे चारों तरफ से घेर लिया है तो बुरी तरह घबरा गया। पसीने-पसीने हो गया। तब तक महल में भयंकर मार-काट होने लगी। यवन सैनिक भी जाग गए थे।

आखिर शाइस्ता खाँ ने एक छलाँग लगाई और चाहा कि खूँटी पर टँगी अपनी तलवार उतार ले। इतने में ही शिवाजी ने उस पर अपनी तलवार का एक भरपूर वार कर दिया, लेकिन वहा रे, शाइस्ता खाँ! वह दाँव साफ बचा गया। वह दूसरी छलाँग में खिड़की पर जा गिरा। इतना जरूर हुआ कि शिवाजी की तलवार से उसके दाहिने हाथ का अँगूठा कट गया था। शिवाजी उसकी तरफ वीर की तरह लपके। वह फौरन ही खिड़की से कूद कर महल से भाग गया। उसकी स्त्रियाँ और बच्चे सब कैद कर

लिए गए। यह देख उसका पुत्र अब्दुल फतह शिवाजी के सामने आ गया और उनसे युद्ध करने लगा।

2 अप्रैल, सन् 1663 का यह इतिहास हमेशा अमर रहेगा। शाइस्ता खाँ तो जान बचा कर भाग गया। उसकी सब बहादुरी धूल में मिल गई। उसका पुत्र अब्दुल फतह शिवाजी के हाथों मारा गया। यवन सैनिक युद्ध करते-करते वीरगति को प्राप्त हो गए। शिवाजी का किले पर अधिकार हो गया। उन्हें पर्याप्त मात्रा में खजाने व धन मिला। रसद और हथियार भी काफी मात्रा में हाथ लगे। इसके बाद मुगलों के सब शिविर लूट लिए गए। स्त्री और बच्चों को छोड़ दिया गया।

राजा यशवंत सिंह अभी रायगढ़ में थे। उनको जब यह खबर मिली तो वे अपनी सेना लेकर पूना की ओर बढ़े।

मराठे पहले से ही जानते थे कि जब शाइस्ता खाँ मारा जाएगा या हार जाएगा तो मुगलों की शेष रायगढ़ में पड़ी सेना पूना पर धावा जरूर बोलेगी। इसलिए वे पहले से ही तैयार थे। मराठी सेना अनजान रास्तों से भारी तादाद में पूना में पहुँच चुकी थी।

इधर राजा यशवंत सिंह की सेना तनिक ही दूर आगे गई थी कि उसे रास्ते में रात हो जाने के कारण रुकना पड़ा। मराठी सेना दाएँ-बाएँ लगी थी। उसने गुरिल्ला युद्ध किया। मुगल सैनिक परेशान होकर इधर-उधर भागने लगे।

इस तरह राजा यशवंत सिंह आगे नहीं बढ़ पाए, तब तक उन्हें दिल्ली से फरमान मिला कि वे अपनी सेना के साथ राजधानी लोट आएँ। औरंगजेब को यह सूचना बहुत जल्दी मिल गई थी कि दिलेर शाइस्ता खाँ कायर बन गया। उसको जान बड़ी प्यारी थी, उसे लेकर भाग गया और राजा यशवंत सिंह में इतनी शक्ति नहीं, इतना साहस नहीं कि वे शिवाजी का मुकाबला कर सकें। औरंगजेब अपने शब्दों में शिवाजी को दक्षिण का शेर कहा करता था। दुश्मन होते हुए भी दरबार में शिवाजी की तारीफ किया करता था।

एक बार बादशाह आलमगीर ने अपने दरबार में सभासदों के सामने हँसकर कहा था कि मेरा दुश्मन शिवाजी बहुत बड़ा सैनिक है, शूरवीर ! उसकी ताकत को जितना दबाओ वह उतनी ही बढ़ती है।

शिवाजी अब निष्कंटक हो गए। बीजापुर के सुलतान से उनसे मुँह की खाई थी। मराठे उसके दाबे नहीं दबे। लेकिन शिवाजी दूरदर्शी थे, एक कुशल राजनीतिज्ञ थे। वे आगामी खतरे को जानते थे कि वह क्या होगा। और माता जीजाबाई ने तो उनसे साफ-साफ कह दिया था कि अगर तुमने एक क्षण भी गफलत में खोया तो पूना को मुगल रौंद डालेंगे और औरंगजेब की नंगी तलवार मराठों की गदर्न पर होगी।

शिवाजी अपनी सैनिक व्यवस्था में रत हो गए। उन्होंने साकोबाई का ख्याल भुला दिया। वे अब तक रायगढ़ में मुगल शिविर में थीं और उनको कैद हुए लगभग दो महीने हो गए थे।

सूरत में लूट

इस जीत से शिवाजी की प्रतिष्ठा में इजाफा हुआ। 6 साल तक शाइस्ता खान ने अपनी 150000 फौज लेकर राजा शिवाजी का पूरा मुलुख जलाकर तबाह कर दिया था। इसलिए उसका हर्जाना वसूल करने के लिये शिवाजी ने मुगल क्षेत्रों में लूटपाट मचाना आरंभ किया। सूरत उस समय पश्चिमी व्यापारियों का गढ़ था और

हिन्दुस्तानी मुसलमानों के लिए हज पर जाने का द्वार। यह एक समृद्ध नगर था और इसका बंदरगाह बहुत महत्वपूर्ण था। शिवाजी ने चार हजार की सेना के साथ छः दिनों तक सूरत के धनड्य व्यापारियों को लूटा पर आम आदमी को नहीं लूटा और फिर लौट गए। इस घटना का जिक्र डच तथा अंग्रेजों ने अपने लेखों में किया है। उस समय तक यूरोपीय व्यापारियों ने भारत तथा अन्य एशियाई देशों में बस गये थे। नादिर शाह के भारत पर आक्रमण करने तक (1739) किसी भी यूरोपीय शक्ति ने भारतीय मुगल साम्राज्य पर आक्रमण करने की नहीं सोची थी।

सूरत में शिवाजी की लूट से खिन्न होकर औरंगजेब ने इनायत खाँ के स्थान पर गयासुद्दीन खां को सूरत का फौजदार नियुक्त किया और शहजादा मुअज्जम तथा उपसेनापति राजा जसवंत सिंह की जगह दिलेर खाँ और राजा जयसिंह की नियुक्ति की गई। राजा जयसिंह ने बीजापुर के सुल्तान, यूरोपीय शक्तियाँ तथा छोटे सामन्तों का सहयोग लेकर शिवाजी पर आक्रमण कर दिया। इस युद्ध में शिवाजी को हानि होने लगी और हार की सम्भावना को देखते हुए शिवाजी ने सन्धि का प्रस्ताव भेजा।

मुगल सेनापति मिर्जा राजा जयसिंह से शिवाजी की संधि

औरंगजेब के क्रोध की अब सीमा नहीं थी। अगर वह शिवाजी को पा जाता तो उसे मौत की सजा दिए बिना नहीं मानता। जब राजा यशवंत सिंह दक्षिण से लौट आए तो औरंगजेब अपने पुत्र मुअज्जम को दक्षिण का सूबेदार बनाकर भेजा और उसके साथ मिर्जा राजा जयसिंह को भी कर दिया। जयसिंह अपने साथ एक बहुत बड़ी सेना ले आया था। औरंगजेब का कहना था कि शिवाजी को कैद करके दिल्ली दरबार में लाया जाए। अगर उसकी ताकत को दबाया न जाए तो एक दिन मराठे सिर पर चढ़ जाएँगे। उनकी ताकत आजकल बहुत बढ़ रही है।

शाहजादा मुअज्जम और राजा जयसिंह दोनों दिन-रात की मंजिल तय करके दक्षिण पहुँच गए। इसकी सूचना शिवाजी को तत्काल ही मिल गई। वे पहले से ही तैयार बैठे थे। उन्होंने देखा कि अभी मुगल सेना चल कर आई है। कुछ दिन पड़ाव करेगी उसके बाद वह यही करेगी कि हमारे किले जीतेगी।

सूरत नगर पर मुगलों का अधिकार था। उस समय यह नगर बहुत ही धनाढ्य था वहाँ का व्यापार बहुत अच्छा चलता था।

व्यापारी, क्या देशी और क्या विदेशी, सभी मालदार थे। समुद्री तट होने के कारण यहाँ का बंदरगाह खूब चलता था। इसीलिए वह व्यापार का मुख्य केंद्र बन गया था। शिवाजी का ध्यान इस शहर की ओर गया और उन्होंने सोचा कि उधर

काफी धन हानि हुई है। कई किले चले गए, उनके साथ खजाना भी। बाजीपुर की सेना के साथ युद्ध करने में भी धन का काफी व्यय हुआ है क्यों न उसकी पूर्ति के लिए सूरत शहर पर धावा करके उसको लूट लिया जाए। वहाँ से काफी धन प्राप्त होगा, इसमें कोई संदेह नहीं।

यह योजना बनाते ही शिवाजी ने उसे फौरन ही कार्य के रूप में बदल दिया। वे अपनी सेना लेकर सूरत नगर की ओर चल दिए। मराठों ने सूरत पर हमला किया। उसे खूब लूटा। उस लूट में उन्हेंने पर्याप्त संपदा प्राप्त हुई। शिवाजी का उद्देश्य पूरा हो गया। उनके पास प्रचुर मात्रा में धन आ गया।

जब शिवाजी सूरत से लौट कर आए तो उन्हें पता लगा कि राजा जयसिंह ने अपनी ऐसी मोर्चाबंदी की है कि बीजापुर दरबार से मराठों का कोई संबंध न रह जाए। ऐसा करने के पीछे राजा जयसिंह की एक चाल थी कि जब मराठों पर हमला होगा तो यह संभव हो सकता है कि वे घबड़ा कर बीजापुर दरबार से संधि कर लें। इस तरह दो ताकतें मिल कर एक हो जाएँ और मुगल सेना के लिए एक नई उलझन उठ खड़ी हो।

मोर्चाबंदी खूब मजबूत की गई थी। राजा जयसिंह ने अब अपनी कार्यवाही शुरू कर दी। वे शिवाजी के किले जीतने में लगे। एक किले पर हमला किया। उस पर कब्जा होते ही दूसरे पर धावा बोल दिया। मराठे सामने आकर युद्ध नहीं करते उनकी इस चतुराई को मुगल सैनिक अच्छी तरह समझते थे।

इस तरह मिर्जा राजा जयसिंह ने शिवाजी के कई किले हस्तगत कर लिए, किंतु शिवाजी ने चूँ नहीं की। वे मौन रहे और अवसर की प्रतीक्षा करने लगे कि कब मौका मिले और मुगल सेना के साथ छापामार युद्ध किया जाए। लेकिन यह अवसर हाथ नहीं आया। इस बार मुगल सेना बहुत बढ़ी-चढ़ी थी। उसके पास काफी तादाद में तोपें थीं। विवश होकर शिवाजी के सैनिकों को मुगलों के सामने आकर युद्ध करना पड़ा। इन युद्धों में शिवाजी ने देखा कि मुगल सेना में मुसलमान नाममात्र के हैं बाकी सब हिंदू ही हैं। उधर मराठे भी हिंदू थे। दोनों ओर के हिंदुओं का ही रक्तपात हो रहा था। यह देखकर शिवाजी को दुःख हुआ। वे सोचने लगे कि मिर्जा राजा जयसिंह एक हिंदू होकर भी मुसलमान शासक के लिए हिंदुओं का खून बहा रहे हैं। अतः उन्होंने जयसिंह को एक पत्र लिखा।

पत्र में शिवाजी ने राजा जयसिंह को यही लिखा था कि मैं चाहता हूँ कि आप मुझसे संधि कर लें। व्यर्थ के लिए अपने भाई हिंदुओं का खून न बहाएँ। आप चाहें तो मुगल सेना को छोड़ दें, मैं आपका साथ दूँगा। यह मेरा वचन है।

यद्यपि शिवाजी का यही पत्र उनकी राजनीतिज्ञता का एक आदर्श था, लेकिन राजा जयसिंह का उस पर तनिक भी प्रभाव नहीं पड़ा। वह शिवाजी के किले पर धावा करता रहा। शाइस्ता खाँ की तरह उसकी भी चाह बढ़ गई थी। वह किलों पर किले जीत रहा था।

शिवाजी के पास अब कोई चारा नहीं था। वे बड़े-बड़े मराठा सरदारों से मिलते। उनका संगठन करते कि मुगल सेना के युद्ध की अगर यही स्थिति रही तो मराठे हार जाएँगे और दक्षिण में हिंदू राज्य दर्शन के लिए भी नहीं रह जाएँगे, वे सब नष्ट हो जाएँगे।

राजा जयसिंह आगे बढ़ता रहा। पुरन्दर के किले को जीतने के लिए उसने वज्रगढ़ के दुर्ग पर अधिकार कर लिया। यहाँ से पुरंदर का किला जीतना बहुत आसान था।

पुरंदर के किले का सेनापति सरदार मुरार बाजीप्रभु था। उसने राजा जयसिंह की सेना से टक्कर ली। खूब जमकर युद्ध हुआ। बाजीप्रभु ने इस युद्ध में ऐसी वीरता दिखलाई जो सराहनीय थी।

युद्ध करता हुआ बाजीप्रभु सेना के बीच में आ गया। वहाँ वह बुरी तरह दुश्मन के सैनिकों के बीच घिर गया। वह मुगल सेनापति दिलेरखाँ के सामने आकर युद्ध करने लगा और उससे लड़ता हुआ मृत्यु को प्राप्त हो गया।

बाजीप्रभु की मृत्यु से शिवाजी को बड़ा दुख हुआ। वे निराश हो गए और सोचने लगे कि इस तरह मराठा सेना मुगल सेना से कभी नहीं जीत सकती। उन्हें बड़ी निराशा हुई तब उन्होंने राजा जयसिंह के पास एक दूसरा संधि-प्रस्ताव भेजा, किंतु राजा जयसिंह ने कुछ अपनी शर्तें रखीं जो अमान्य सी थीं, लेकिन फिर भी वे शिवाजी को माननी पड़ीं।

इस प्रकार मुगल सेनापति मिर्जा राजा जयसिंह से शिवाजी की संधि हो गई और नरसंहारक युद्ध दोनों तरफ से बंद हो गया।

शिवाजी को कुचलने के लिए राजा जयसिंह ने बीजापुर के सुल्तान से संधि कर पुरन्दर के किले को अधिकार में करने की अपने योजना के प्रथम चरण में 24 अप्रैल, 1665 ई. को व्रजगढ़ के किले पर अधिकार कर लिया। पुरन्दर के किले की रक्षा करते हुए शिवाजी का अत्यन्त वीर सेनानायक मुरार जी बाजी मारा गया। पुरन्दर के किले को बचा पाने में अपने को असमर्थ जानकर शिवाजी ने महाराजा जयसिंह से संधि की पेशकश की। दोनों लोगों संधि की शर्तों पर सहमत हो गये और 22 जून, 1665 ई. को पुरन्दर की सन्धि सम्पन्न हुई।

सन्धि की शर्तें—इतिहास प्रसिद्ध इस सन्धि की प्रमुख शर्तें निम्नलिखित थीं—

1. शिवाजी को मुगलों को अपने 23 किले, जिनकी आमदनी 4 लाख हूण प्रति वर्ष थी, देने थे।
2. सामान्य आय वाले, लगभग एक लाख हूण वार्षिक की आमदनी वाले, 12 किले शिवाजी को अपने पास रखने थे।
3. शिवाजी ने मुगल सम्राट औरंगजेब की सेवा में अपने पुत्र शम्भाजी को भेजने की बात मान ली एवं मुगल दरबार ने शम्भाजी को 5000 का मनसब एवं उचित जागीर देना स्वीकार किया।
4. मुगल सेना के द्वारा बीजापुर पर सैन्य अभियान के दौरान बालाघाट की जागीरें प्राप्त होती, जिसके लिए शिवाजी को मुगल दरबार को 40 लाख हूण देना था।

मुगल दरबार में बुलाना और कैद किया जाना

शिवाजी को आगरा बुलाया गया जहाँ उन्हें लगा कि उन्हें उचित सम्मान नहीं मिल रहा है। इसके खिलाफ उन्होंने अपना रोश भरे दरबार में दिखाया और औंरंगजेब पर विश्वासघात का आरोप लगाया। औरंगजेब इससे क्षुब्ध हुआ और उसने शिवाजी को नजरबंद कर दिया और उन पर 5000 सेनिकों के पहरे लगा दिए कुछ ही दिनों बाद अगस्त 1666 को, राजा शिवाजी को मार डालने का इरादा औंरगजेब का था। लेकिन अपने अजोड़ साहस और युक्ति के साथ शिवाजी और सम्भाजी दोनों इससे भागने में सफल रहे अगस्त 1666, सम्भाजी को मथुरा में एक विश्वासी ब्राह्मण के यहाँ छोड़ शिवाजी बनारस, गया, पुरी होते हुए सकुशल राजगढ़ पहुँच गए। इससे मराठों को नवजीवन सा मिल गया। औरंगजेब ने जयसिंह पर शक करके उसकी हत्या विष देकर करवा डाली। जसवंत सिंह के द्वारा पहल करने के बाद सन् 1668 में शिवाजी ने मुगलों के साथ दूसरी बार संधि की। औरंगजेब ने शिवाजी को राजा की मान्यता दी। शिवाजी के पुत्र शम्भाजी को 5000 की मनसबदारी मिली और शिवाजी को पूना, चाकन और सूपा का जिला लौटा दिया गया। पर, सिंहगढ़ और पुरन्दर पर मुगलों का अधिपत्य बना रहा।

इस महान सफलता के पश्चात जयसिंह शिवाजी को बड़ी-बड़ी आशाएँ दिलाकर आगरा में सम्राट से मुलाकात करने हेतु सहमत व राजी करने में कामयाब

हो गया। शिवाजी ने अपनी संधि में यह प्रस्ताव रखा था कि उनके जो किले मुगल सेना ने जीत लिए हैं वे वापस नहीं लेंगे। इसके अलावा वे मुगलों को नुकसान नहीं पहुँचाएँगे। समय पड़ने पर उनकी सहायता करेंगे, लेकिन मिर्जा राजा जयसिंह ने यहाँ चतुराई से काम लिया। उसे भय था कि उस पर भी कहीं औरंगजेब राजा यशवन्त सिंह की तरह नाराज न हो जाए तो उसकी सारी प्रतिष्ठा धूल में मिल जाएगी। इसीलिए उसने अपना संधि प्रस्ताव शिवाजी के पास भेजा जो इस प्रकार था कि शिवाजी को मुगलों को तेईस किले देने पड़ेंगे और शिवाजी मुगल बादशाह औरंगजेब को बीजापुर के किले जीतने में मदद देंगे। इस सुलहनामा पर शिवाजी ने अपने हस्ताक्षर कर दिए और इस तरह वे मुगलों के शत्रु न रहकर मित्र बन गए।

अपनी सुरक्षा का पूर्ण आश्वासन प्राप्त कर शिवाजी आगरा के दरबार में औरंगजेब से मिलने के लिए तैयार हो गये। वह 9 मई, 1666 ई को अपने पुत्र शम्भाजी एवं 4000 मराठा सैनिकों के साथ मुगल दरबार में उपस्थित हुए, परन्तु औरंगजेब द्वारा उचित सम्मान न प्राप्त करने पर शिवाजी ने भरे हुए दरबार में औरंगजेब को विश्वासघाती कहा, जिसके परिणामस्वरूप औरंगजेब ने शिवाजी एवं उनके पुत्र को जयपुर भवन में कैद कर दिया। वहाँ से शिवाजी 13 अगस्त, 1666 ई. को फलों की टोकरी में छिपकर फरार हो गये और 22 सितम्बर, 1666 ई. को रायगढ़ पहुँचे। कुछ दिन बाद शिवाजी ने मुगल सम्राट औरंगजेब को पत्र लिखकर कहा कि यदि सम्राट उसे (शिवाजी) क्षमा कर दें तो वह अपने पुत्र शम्भाजी को पुनः मुगल सेवा में भेज सकते हैं। औरंगजेब ने शिवाजी की इन शर्तों को स्वीकार कर उसे 'राजा' की उपाधि प्रदान की। जसवंत सिंह की मध्यस्थता से 9 मार्च, 1668 ई. को पुनः शिवाजी और मुगलों के बीच सन्धि हुई। इस संधि के बाद औरंगजेब ने शिवाजी को बरार की जागीर दी तथा उनके पुत्र शम्भाजी को पुनः उसका मनसब 5000 प्रदान कर दिया।

बादशाह आलमगीर को जब यह सूचना मिली कि राजा जयसिंह ने शिवाजी के साथ संधि कर ली है और उस संधि के अनुसार शिवाजी ने अपने तेईस कि मुगलों को दे दिए और उन्होंने यह वचन भी दिया है कि भविष्य में वे मुगलों के सहायक सिद्ध होंगे। वे बीजापुर रियासत के किले छीनने में मुगल सेना की सहायता करेंगे तो औरंगजेब बहुत खुश हुआ। उसने दिल्ली दरबार से अपना एक फरमान मिर्जा राजा जयसिंह के पास भेजा कि वे शिवाजी को मुगल दरबार में आने के लिए निमंत्रित करें। दरबार में आने पर शिवाजी का उचित सम्मान किया जाएगा।

राजा जयसिंह ने शिवाजी से भेंट की और उनसे यह आग्रह किया कि वे मुगल दरबार में आकर बादशाह औरंगजेब से मिलें। वहाँ उनका सम्मान ही नहीं होगा, बल्कि ऊँचा पद भी मिलेगा।

शिवाजी ने पहले बहुत सोच-विचार किया। फिर वे मुगल दरबार में जाने के लिए राजी हो गए और राजा जयसिंह को इसकी स्वीकृति दे दी।

शिवाजी अपने साथ चुने हुए दस सेनापति लेकर आगरे की ओर चल दिए। उनके साथ उनके पुत्र शम्भू जी भी थे। साकोबाई अब मुगलों की कैद से छूट गई थी। वे पुनः शिवाजी के पास आकर प्रतापगढ़ के किले में रहने लगीं।

इस तरह सब ओर से निश्चित होकर शिवाजी औरंगजेब से मिलने के लिए चल पड़े। उन दिनों बादशाह आलमगीर का दरबार दिल्ली की बजाय आगरे के किले में लगाता था। शिवाजी आ रहे थे। उनको प्रभावित करने के लिए दरबार को खूब अच्छी तरह सजाया गया था। इसमें विशेष सज-धज हुई थी। शिवाजी उसको देखकर एक बार भौंचक्के रह गए। उन्हें यह आशा नहीं थी कि मुगल दरबार इतना आलीशान होगा। उसकी सजधज निराली होगी।

शिवाजी ने औरंगजेब को डेढ़ हजार सुनहरी मोहरें और छः हजार निशरा भेंट के रूप में दी। औरंगजेब ने उनकी यह भेंट सहर्ष स्वीकार कर ली और उन्हें पाँच हजारी मनसबदारों में बैठने के लिए इशारा कर दिया।

22 मई, 1666 ई. को दीवाने-आम में शिवाजी का सम्राट से परिचय कराया गया और उसे लाइन में खड़ा करा दिया, जिसमें पाँचहजारी मनसबदार खड़े हुए थे। शिवाजी ने इस व्यवहार को अपना घोर अपमान समझा। वे जानते थे कि उन्हें कोई ऊँचे से ऊँचा पद दिया जाएगा। जब वे अपने इस अपमान को सहन नहीं कर पाए तो उन्होंने इसका विरोध किया। उन्हें क्रोध आया। उनकी भौंहों में बल पड़ गए। वे अपने पुत्र शम्भू जी तथा सेनापतियों से बोले कि अभी और इसी समय यहाँ से चल दो। मैं दरबार में इसलिए नहीं आया कि मुझे पाँचहजारी मनसब दिया जाए और उन्हीं पाँचहजारी सरदारों के बीच में मुझे बैठाया जाए।

शिवाजी वहाँ से जाने के लिए उद्यत हुए, लेकिन वे आगे नहीं बढ़ पाए रोक लिए गए।

औरंगजेब की आज्ञानुसार शिवाजी को बंदी बना लिया गया। उनके साथ उनके पुत्र शम्भू जी भी कैद हो गए। शिवाजी फड़फड़ा कर रह गए। वे कुछ नहीं कर पाए। विवश हो गए।

औरंगजेब अपनी योजना में सफल हो गया। उसे अधिक प्रयत्न नहीं करना पड़ा औन न उसकी सेना ही हैरान हुई। शिकार अपने आप ही जाल में आकर फँस गया। शिवाजी को आगरा फुसला कर न बुलाया गया होता तो वे मुगल दरबार में कभी नहीं आते और न भारत के इतिहास में यह एक नया अध्याय जुड़ता कि मुगल बादशाह औरंगजेब ने शिवाजी को कैद कर लिया।

होनहार बलवान होता है, इसीलिए शिवाजी ने किसी तरह सन्तोष कर लिया। वे अपनी भूल पर अत्यधिक पछता रहे थे कि उन्होंने मिर्जा राजा जयसिंह की बात क्यों मानी? वे मुगल दरबार में क्यों आए? उन्हें यहाँ नहीं आना चाहिए था। आकर सबसे बड़ी भूल की।

शिवाजी के साथ उनके पुत्र शम्भू जी भी बंदीगृह में डाल दिए गए और वे दसों सेनापति भी कैद कर लिए गए जो शिवाजी के साथ आए थे। इस तरह शिवाजी तो एक नए संकट में पड़ गए, किंतु औरंगजेब का कलेजा ठंडा हो गया। वह जो चाहता था उसे मिल गया। शिवाजी को कैद करके उसने एक बड़ी समस्या हल कर ली। दक्षिण की ओर से वह बेफिक्र हो गया। क्योंकि शिवाजी को कैद से छोड़ने का उसका तनिक भी मन नहीं था।

सन्धि का उल्लंघन

1667-1669 ई. के बीच के तीन वर्षों का उपयोग शिवाजी ने विजित प्रदेशों को सुदृढ़ करने और प्रशासन के कार्यों में बिताया। 1670 ई. में शिवाजी ने पुरन्दर की संधि का उल्लंघन करते हुए मुगलों को दिये गये 23 किलों में से अधिकांश को पुनः जीत लिया। तानाजी मालसुरे द्वारा जीता गया कोंडाना, जिसका फरवरी, 1670 ई. में शिवाजी ने नाम बदलकर सिंहगढ़ रखा दिया था, सर्वाधिक महत्त्वपूर्ण किला था।

13 अक्टूबर, 1670 ई. को शिवाजी ने तीव्रगति से सूरत पर आक्रमण कर दूसरी बार इस बन्दरगाह नगर को लूटा। शिवाजी ने अपनी इस महत्त्वपूर्ण सफलता के बाद दक्षिण की मुगल रियासतों से ही नहीं, बल्कि उनके अधीन राज्यों से भी चौथ एवं सरदेशमुखी लेना आरम्भ कर दिया। 15 फरवरी, 1671 ई. को सलेहर दुर्ग पर भी शिवाजी ने कब्जा कर लिया। शिवाजी के विजय अभियान को रोकने के लिए औरंगजेब ने महावत खाँ एवं बहादुर खाँ को भेजा। इन दोनों की असफलता के बाद औरंगजेब ने बहादुर खाँ एवं दिलेर खाँ को भेजा। इस तरह 1670-1674 ई. के मध्य हुए सभी मुगल आक्रमणों में शिवाजी को ही सफलता मिली और उन्होंने सलेहर,

मुलेहर, जवाहर एवं रामनगर आदि किलों पर अधिकार कर लिया। 1672 ई. में शिवाजी ने पन्हाला दुर्ग को बीजापुर से छीन लिया। मराठों ने पाली और सतारा के दुर्गों को भी जीत लिया।

बंदीगृह से भागना

औरंगजेब ने शिवाजी को आगरा के किले में कैद कर लिया था उन्होंने सपने में भी नहीं सोचा था कि उनके साथ यह दुर्घटना होगी और वे आगरा जाकर फिर दक्षिण नहीं लौट पाएँगे। उन्होंने बन्दीगृह से निकलने की एक युक्ति सोची। बादशाह आलमगीर के पास उन्होंने अपना यह प्रस्ताव भेजा कि वह उनको कैद से रिहा कर दे। वे बीजापुर रियासत के किले जीतने में उसकी सहायता करेंगे। वे बादशाह के साथ विश्वासघात कभी नहीं करेंगे। उनको और उनके पुत्र शम्भू जी को छोड़ दिया जाए। इसके अलावा उनके सेनापतियों को मुक्त कर दिया जाए। उनका दावा है कि वे मुगल दरबार के साथ कभी दगा नहीं करेंगे।

औरंगजेब शिवाजी का यह प्रस्ताव सुन कर हँस दिया। वह जानता था कि शिवाजी में कितनी चालाकी भरी है। उसने उनका प्रस्ताव नामंजूर कर दिया और साफ-साफ कह दिया कि जितना शिवाजी समझते हैं मैं उतना मूर्ख नहीं हूँ। मैं सब चाल समझता हूँ कि कैद से छूटने के बाद शिवाजी मेरे साथ कैसा व्यवहार करेंगे। वे मेरे दुश्मन हैं, लेकिन मैं उनकी नस-नस पहचानता हूँ।

मुझे उनकी मदद की जरूरत नहीं। मुगलों की ताकत कम नहीं। उनकी पूरे हिंदुस्तान में तूती बोलती है। शिवाजी मुगल बादशाह का यह जवाब सुनकर खामोश हो गए। वे सोचने लगे कि अब उन्हें क्या करना चाहिए? वे शेर थे, शेर और अब कैद में आकर विवश होकर रह गए थे।

इधर शिवाजी बस चिंता में थे कि वे कैद से किस तरह छूटेंगे। उधर सम्राट औरंगजेब आलमगीर यह सोच रहा था कि ज्यादा अच्छा तो यह होता कि शिवाजी को आगरे से हटा दिया जाए। वह आदमी बहुत खतरनाक है। वह किसी भी समय कोई चाल खेल सकता है उसका कोई ठिकाना नहीं। दिल्ली के सभी कैदखाने में उसको रखना ठीक नहीं। मेरी समझ से उसे किसी दूर के कैदखाने में डाल दिया जाए, ताकि वहाँ से वह अगर कोई चाल भी खेले, तो भाग कर जल्दी दक्षिण पहुँच न सके। क्यों न उसे अफगानिस्तान में कैद कर दूँ। मेरी समझ में यह बहुत अच्छा रहेगा।

औरंगजेब ने यह तय कर लिया कि वह शिवाजी को अफगानिस्तान के कैद में रख देगा। इसके बाद बेफिक्र होकर दक्षिण जाएगा और वहाँ शिवाजी के किले ही नहीं बीजापुर भी विजय करेगा। बादशाह आदिलशाह को भी शिवाजी की तरह बंदी बनाएगा।

अभी बादशाह ने यह सोचा ही था कि तब तक उसे यह समाचार मिला कि शिवाजी बन्दीगृह में बीमार पड़े हैं। उनके इलाज की उचित व्यवस्था की जाए। बादशाह औरंगजेब ने यह प्रार्थना मंजूर कर ली और इस तरह बन्दीगृह में वैद्य और हकीम शिवाजी की दवा के लिए भेजे गए।

कुछ दिनों तक यही क्रम चलता रहा। अगर शिवाजी बीमार होते तो उनका इलाज किया जाता। उन्होंने तो बहाना किया था ताकि बादशाह उनके साथ कहीं कोई दूसरी चाल न खेले। इसीलिए उसको उलझाए रखने के लिए उन्होंने यह युक्ति अपनाई थी। हकीम तथा वैद्य भी इस बात को नहीं भाँप पाए कि वास्तव में शिवाजी बीमार हैं। अगर उन्हें ज्वर होता, खाँसी अथवा जुकाम तो किसी से छिपा नहीं रहता। उन्होंने मर्ज ही ऐसा बतलाया था कि जिसकी सच्चाई और झूठ का कोई सबूत नहीं था। जब वैद्य आता और उनकी नाड़ी देखता तो वे बतलाते कि उनके पेट में इतनी असह्य पीड़ा है कि उसके कारण वे दिन-रात मछली की तरह तड़पते रहते हैं। वैद्य खाने के लिए दवा दे जाते। पेट पर सेंक करने को कहते। लेप बतलाते।

लेकिन शिवाजी कुछ भी नहीं करते। न दवा खाते न लेप लगाते। उल्टे खूब जोर से हँसते, जब वैद्य चला जाता।

इत्मीनान के लिए बादशाह औरंगजेब ने शिवाजी के पास इलाज के लिए अपना हकीम भेजा। हकीम भी नब्ज देखकर यह पता नहीं लगा पाया कि वाकई में शिवाजी बीमार हैं या यह सब बहाना है। उसने भी एक काढ़ा लिखा और कह दिया कि गर्म पानी एक बोतल में भर कर पेट में सेंकाई करो। उसके जाने के बाद भी शिवाजी को हँसी आ जाती कि अच्छा बेवकूफ बनाया।

इस तरह नित्य नियम से सुबह-शाम शिवाजी को देखने के लिए राज्य-वैद्य और शाही हकीम आता। बादशाह जब पूछता तो उसे बताया जाता कि शिवाजी की हालत में अभी सुधार नहीं हुआ। पता नहीं उनके पेट का दर्द कैसा है जो जाता ही नहीं।

इस तरह जब कुछ दिन बीत गए तो एक दिन शिवाजी ने औरंगजेब को यह खबर भेज दी कि अब वे अच्छे हो गए हैं और इस खुशी में फल तथा मिठाइयाँ बाँटना चाहते हैं। बादशाह ने यह सुना तो बहुत खुश हुआ। उसने शिवाजी की यह विनय

स्वीकार कर ली कि वे खुशी से दान कर सकते हैं। फल और मिठाइयाँ बाँटने की इजाजत उन्हें दे दी गई।

बस फिर क्या था, शिवाजी नित्य ही फल और मिठाइयों का दान करने लगे। औरंगजेब उनके इस कार्य से खुश था। उसे प्रसन्नता इस बात की थी कि उसका दुश्मन नेकदिल है।

शिवाजी नित्य ही पन्द्रह-बीस बड़े-बड़े टोकरे किले से बाहर भेजते। इनमें मिठाइयाँ होतीं और फल। यह सामान गरीबों और ब्राह्मणों में बाँट दिया जाता। कई दिन हो गए। यह कार्य चलता रहा। जब वह निश्चिंत हो गए और यह जान लिया कि दो-तीन दिन के बाद फिर अब टोकरें की तलाशी नहीं होती है तो अपने सेनापतियों और शम्भू जी से यह राय मिलाई कि वे सब टोकरों में बैठकर वहाँ से निकल जाएँ। बादशाह को इसका पता तब चलेगा जब वे कैद से बाहर हो जाएँगे।

शिवाजी की यह राय सबको बहुत पसंद आई और वे बंदीगृह से मुक्त होने की प्रतीक्षा करने लगे।

शिवाजी एक दिन मिठाई के टोकरे में बैठकर कैदखाने में बाहर निकल गए। उनके साथ उनके पुत्र शम्भू जी थे, और वे दसों सेनापति जो उनके साथ दक्षिण से औरंगजेब के दरबार में आए थे।

जब शिवाजी बन्दीगृह से काफी दूर निकल गए तो औरंगजेब को पता चला कि वे कैदखाने में नहीं हैं। उसे बहुत अफसोस हुआ कि सख्त पाबन्दी होने के बाद भी शिवाजी कैद से निकल भागे। वाकई में वह आदमी बहुत होशियार है।

एक ओर तो औरंगजेब को दुःख हुआ दूसरी ओर उसे गुस्सा भी कम नहीं आया कि हाथ आया शिकार इस तरह चला गया। शिवाजी ने उसे धोखा दिया। मराठे बहुत ज्यादा चालाक होते हैं। औरंगजेब इस बात को मान गया।

औरंगजेब बहुत दूर की सोचता था। उसने सोचा कि राजा जयसिंह से संधि की है। दोनों एक होकर मेरे खिलाफ षड्यंत्र रच सकते हैं। इसीलिए उसने फौरन ही अपना शाही फरमान जयसिंह के पास भेजा कि वे शीघ्र दरबार में आकर उपस्थित हों। दक्षिण में अब उनकी कोई जरूरत नहीं। वहाँ शाहजादा मुअज्जम है। वह सब सँभाल लेगा। औरंगजेब जानता था कि जयसिंह को अभी यह नहीं मालूम है कि शिवाजी कैदखाने से छूट गए हैं।

बादशाह ने शिवाजी के लिए सोच लिया था कि अब वह जल्दी नहीं तनिक ठहर कर शिवाजी पर हमला करेगा और इसके लिए वह और किसी को नहीं शाहजादा

मुअज्जम को नियुक्त करेगा और अगर जरूरत पड़ी तो वह दक्षिण के मोर्चे पर खुद जाएगा और शिवाजी से जंग करेगा।

राजा जयसिंह शाही आज्ञा पाते ही आगरा की ओर चल दिए। उधर बादशाह औरंगजेब ने उनके पुत्र रामसिंह का दरबार आना-जाना बंद कर दिया। उनके दरबार प्रवेश पर रोक लगा दी। उसे यह संदेह हो गया था कि वे बाप-बेटे दोनों कहीं शिवाजी से मिल तो नहीं गए हैं।

भारतवर्ष में देशी और विदेशी अनेक शासन हो गए, लेकिन इतना शक्की मिजाज का कोई भी नहीं था जितना कि औरंगजेब। उसके लिए तो कहा जाता है कि वह अपने रोयें का भी विश्वास नहीं करता है। बाप के साथ उसने निर्दयता का व्यवहार किया तो बन्दीगृह में डाल दिया। इतना जालिम था वह बादशाह कि उसने आगरे के किले में जाने वाला जमुना का पानी बंद कर दिया। औरंगजेब ने भाइयों का खून बड़ी बेरहमी से किया। उसकी हुकूमत खूनी हुकूमत कहलाती थी। प्रजा उसका नाम सुनते ही काँप जाती।

शिवाजी रायगढ़ के किले में पहुँचे और वहीं रहने लगे। राजा जयसिंह वहाँ से जा चुके थे। वे कुछ निश्चिंत हुए और सोचने लगे कि अब वे यवनों के किले बड़ी तेजी से जीतेंगे, चाहे वह बीजापुर रियासत के हों अथवा मुगल बादशाह के। अपनी ताकत बढ़ाने के लिए उन्हें ऐसा करना पड़ेगा। अगर वे ऐसा नहीं करते हैं तो उनकी शक्ति क्षीण हो जाएगी। दुश्मन उन पर हावी हो जाएँगे। उस समय उनके दो बड़े ही शत्रु थे। बीजापुर रियासत का सुलतान आदिलशाह और हिंदुस्तान का बादशाह औरंगजेब आलमगीर। वे अपने इन दोनों दुश्मनों की ओर से पूर्णतया सतर्क थे। वे जानते थे कि वे इन दोनों को आँखों में शूल की तरह खटक रहे हैं।

इस तरह शिवाजी ने हमले शुरू कर दिए। और वे मुगलों के लिए जीतने लगे। शाहजादे मुअज्जम की सेना उनके मुकाबले में कई बार आई, लेकिन वह मराठों के सम्मुख टिक नहीं सकी। तितर-बितर होकर छिन्न-भिन्न हो जाती। उसके पैर उखड़ जाते और वह भाग जाती, जब मराठे मारते। छापामार युद्ध ही उनकी सबसे बड़ी शक्ति थी।

अब शिवाजी यवनों के कट्टर दुश्मन बन गए थे। वे रायगढ़ के किले में थे। एक दिन माता जीजाबाई ने उनसे कहा कि यह सामने जो सिंहागढ़ का किला दिखलाई दे रहा है, यह हमारे पूर्वजों का है। इस पर मुसलमानों ने अधिकार कर रखा है। इस किले पर मराठों का अधिकार होना चाहिए। मेरी यह इच्छा है।

माँ की आज्ञा पाते ही शिवाजी ने सिंहागढ़ किले पर हमला कर दिया। यह किला मुगलों के अधीन था। यहाँ का प्रबंधक यवन था। जब मराठे चढ़ आए और किले के भीतर घुसकर धावा बोल दिया तो सैनिक घबड़ा गए। वे इधर-उधर भागने लगे। फिर भी खूब जमकर किले के अंदर युद्ध हुआ। इस युद्ध में शिवाजी के बचपन के मित्र तानाजी मालसुरे प्रधान सेनापति थे। उन्होंने बड़ी वीरता के साथ युद्ध किया।

तानाजी मालसुरे पर शिवाजी को गर्व था। वे एक वीर योद्धा ही नहीं कुशल सेनापति भी थे। शिवाजी की बात वे इतनी मानते थे कि लोग आश्चर्य करते थे। मित्रता का कर्तव्य वे भली-भाँति पहचानते थे। वे जानते थे कि दोस्ती करना जितना आसान है, उसका निर्वाह उतना ही कठिन है। उनका कहना था कि मित्रता वही, जिसका निर्वाह आखिर तक हो जाए। तभी तो जिस समय पुत्र की बारात घर से जा रही थी। उसी समय शिवाजी का संदेशा पहुँचा कि सिंहगढ़ के किले पर धावा करने के लिए चलना है। ताना जी ने ब्याह रोक दिया। उनके लड़के की बारात नहीं गई। उन्होंने शिवाजी के साथ सिंहगढ़ को कूच कर दिया।

विजय मराठों की हुई। सिंहगढ़ का दुर्ग शिवाजी के कब्जे में आ गया, लेकिन तानाजी मालसुरे युद्ध करते हुए वीरगति को प्राप्त हो गए। शिवाजी को उनके निधन से बहुत दुःख हुआ। वे बच्चों की तरह खूब रोए। फूट-फूटकर। उनका बालसखा उनसे हमेशा-हमेशा के लिए बिछुड़ गया। वे कहने लगे–" गढ़ आला पण सिंह गेला।"

अर्थात् किला तो आ गया, लेकिन शेर चला गया। ताना जी मालसुरे सिंह की तरह शक्तिवान और बलशाली थे।

मराठा शक्ति का पुनर्संगठन

शिवाजी के भाग निकलने का समाचार पाकर औरंगजेब भौंचक्का रह गया। उसने शिवाजी को पकड़ने के लिए सभी संभव साधनों का प्रयोग किया, लेकिन सभी साधन असफल हो गए। शिवाजी ने औरंगजेब से महाराष्ट्र में सन्धि कर ली जिसके आधार पर राजा ने उसे स्वतंत्र शासक स्वीकार कर लिया। तीन वर्ष तक शिवाजी ने मुग़ल सीमा पर कोई आक्रमण नहीं किया। जनवरी, 1670 ई. में शिवाजी और मुग़लों में फिर लड़ाई हो गई, जिसके कारण शिवाजी ने अपने राज्य के समस्त भागों और दुर्गों पर पुनः अधिकार कर लिया, जो उसने पुरंदर की 1665 ई. की संधि के

अनुसार मुग़लों को सौंप दिए थे। उसने 1670 ई. में सूरत में दूसरी बार लूटपाट की। इसके पश्चात शिवाजी ने औरंगाबाद तथा मुग़लों के खानदेश तथा बरार के प्रांतों पर आक्रमण किया और अनुभव-प्राप्त मुग़ल सेनानायकों की सेनाओं को भी अनेक बार परास्त किया। शिवाजी की इन साहसिक विजयों के कारण औरंगजेब अत्यंत चिंतित हुआ। उसने बहादुर खाँ को, जो बाद में खानेजहाँ के नाम से प्रसिद्ध हुआ, मराठों की बढ़ती हुई शक्ति को रोकने के लिए तथा शिवाजी का दमन करने के लिए दक्षिण का राज्यपाल नियुक्त किया। खानेजहाँ पाँच वर्ष तक राज्यपाल रहा, परंतु यह कार्य करने में सफल न हो सका। उधर शिवाजी एक के बाद दूसरी विजयें प्राप्त कर रहा था। उसने दक्षिण में मुग़ल साम्राज्य के नगरों से 'चौथ' भी वसूल की और रामनगर तथा जौहर पर विजय भी प्राप्त कर ली।

शिवाजी ने 16 जून, 1674 ई. को रायगढ़ में स्वतंत्र छत्रपति राजा के रूप में अपना राज्याभिषेक करवाया। इसके पश्चात उसने कर्नाटक और मैसूर के कतिपय क्षेत्रों पर विजय का पताका भी फहराया। 1678 ई. में बीजापुर के सुल्तान के स्थान पर शासन करने वाले सिद्दी मसूद ने शिवाजी से संधि कर ली। शिवाजी ने बीजापुर को मुग़ल प्रदेश पर आक्रमण करने के लिए संधि के अनुसार पूरा सहयोग दिया। परंतु शाइस्ता खाँ ने शिवाजी को लगभग अपने जाल में फाँस लिया और वह अपना लूट का सारा माल तथा 4,000 मनुष्यों को खोकर भाग निकलने में सफल हो सका। इस आक्रमण में शिवाजी का स्वास्थ्य बहुत खराब हो गया। लौटते समय वे बीमार हो गए और 14 अप्रैल, 1680 ई. को स्वर्ग सिधार गए। उनका सबसे बड़ा जीवित पुत्र शंभूजी बिना किसी विरोध के उनका उत्तराधिकारी बने।

अपने पिता शिवाजी की भांति शंभूजी ने भी दक्षिण में मुग़ल प्रदेश पर आक्रमण करने की नीति का अनुसरण किया। उने 1681 ई. के प्रारंभ काल में बुरहानपुर पर आक्रमण किया और वहाँ लूटपाट की। जून में उसे शाहजादा अकबर का दुर्गादास राठौर के साथ आगमन का समाचार प्राप्त हुआ। उसने अकबर को शरण दी और दिल्ली का राजसिंहासन प्राप्त करने के लिए उसे सैनिक सहायता देने का आश्वासन दिया। अकबर और शंभूजी की प्रस्तावित संधि के विस्तृत विवरणों को निश्चित करने के लिए बातचीत चल रही थी कि उसी समय औरंगजेब मेवाड़ नरेश जयसिंह से संधि कर लेने के बाद बुरहानपुर पहुँच गया। उसने अपने पुत्र आजम के नेतृत्व में एक शक्तिशाली सेना अकबर का पीछा करने के लिए भेजी और स्वयं जल्दी-जल्दी 23 नवंबर, 1681 ई. को बुरहानपुर जा पहुँचा। सम्राट ने शंभूजी पर जबरदस्त आक्रमण किया। उसने महाराष्ट्र पर

आक्रमण करने के लिए चार सैनिक टुकड़ियों को एक साथ आक्रमण करने के लिए चारों तरफ से भेजा सैय्यद हुसैनअली खाँ को उत्तरी कोंकण, शहाबुद्दीन खाँ को नासिक तथा रुहउल्ला खाँ और शाहजादा शाहआलम को अहमदनगर के जिले में भेजा गया, ताकि यदि मराठा लोग उस ओर कोई आक्रमण करें तो वे उन जिलों की रक्षा कर सकें।

शाहजादा आजम को मराठा लोगों की रसद बंद करने और बीजापुर सुल्तान से मराठों को कोई भी सहायता देने को मना करने के लिए बीजापुर भेजा गया। परंतु 1682 ई. में सम्राट को इससे भी कोई विशेष लाभ न हुआ और अप्रैल, 1683 ई. में समस्त सेनाओं को वापस बुला लेना पड़ा। सौभाग्यवश इसी समय शंभूजी ने पुर्तगाली प्रदेश पर आक्रमण किया और उसने मुग़लों से संधि कर ली। शाहजादा अकबर को शंभूजी की ओर से कोई विशेष सहयोग प्राप्त न होने के कारण निराशा हुई। उसने अपना निवास-स्थान पाली छोड़कर पुर्तगाली प्रदेशों में जाकर और वहाँ से जहाज में सवार होकर फारस के शाह की शरण लेने का निश्चय किया और फारस जाने के लिए एक जहाज खरीदा तथा फारस के लिए यात्रा करने ही वाला था, तभी दुर्गादास पर शंभूजी के प्रधानमंत्री कवि कलश ने उसको वैगुरला से वापस लौट आने के लिए राजी कर लिया। अकबर ने एक और वर्ष (1684 ई.) आलस्य में खो दिया, क्योंकि शंभूजी की ओर से पर्याप्त सहायता प्राप्त नहीं हो सकी। शंभूजी के दरबार के मराठा सरदार प्रधानमंत्री कवि कलश से बहुत स्पर्द्धा रखते थे। यह उत्तर भारत का कान्यकुब्ज ब्राह्मण था, अतः मराठे उसे विदेशी समझकर उससे घृणा करते थे। इस कारण शंभूजी अकबर की कोई सहायता न दे सका और अकबर अपने पिता पर कोई आक्रमण नहीं कर सका।

औरंगजेब ने रायगढ़ के दरबार में उत्पन्न हुए भेद-भाव का फायदा उठाकर सितंबर, 1683 ई. में पुनः आक्रमण करने की योजना बनाई। जंजीरा के सिद्दी को अकबर की क्रियाओं का पूर्ण ज्ञान रखने का निर्देश दिया गया। शाहआलम के नेतृत्व में एक शक्तिशाली सेना मराठा प्रदेश पर जोरदार आक्रमण करने के लिए दक्षिण कोंकण में भेजी गई। इसके साथ-साथ पूना, नासिक तथा अकालकोट में लोगों पर आतंक जमाने और उन्हें मराठा छत्रपति की सहायता न करने देने के लिए सेना के बड़े-बड़े दस्ते नियुक्त किए गए। सामंतवाणी में प्रवेश करके शाहआलम ने बिचोलिम पर अधिकार कर लिया और विश्वासघात द्वारा गोआ पर अधिकार प्राप्त करने की योजना बनाई। इससे पुर्तगाली लोग शाहजादा से रुष्ट हो गए और उन्होंने शाहजादे को अन्न देना बंद कर दिया। शाहआलम मराठा गाँवों को लूटते और उन्हें जलाते

हुए उत्तर की तरफ बढ़ता गया, लेकिन भीषण अकाल पड़ जाने से उसे गोवा लौट आना पड़ा। शाहआलम को रामघाट दर्रे में लौट आना पड़ा जहाँ पर उसकी लगभग एक-तिहाई सेना और माल ढोने वाले पशु महामारी के कारण अधिक संख्या में नष्ट हो गए। विवश होकर शाहजादे को मराठों के विरुद्ध बिना कोई सफलता प्राप्त किए ही अहमदनगर लौट आना पड़ा। परंतु अन्य स्थानों पर मुग़ल सेनाओं को महान सफलताएँ प्राप्त हुई।

मुग़लों ने मराठों को एक से अधिक बार परास्त किया और फरवरी, 1686 ई. में शाहजादे अकबर को निराश होकर राजापुर छोड़कर फारस के लिए रवाना होना पड़ा। जनवरी, 1688 ई. में अकबर फारस के राजदरबार में जा पहुँचा। मुबारक खाँ के नेतृत्व में दूसरी मुग़ल सेना ने रत्नागिरि से 22 मील दूर स्थित संगमेश्वर में जहाँ पर शंभूजी ने जाकर शरण ली थी तथा शराब पीने तथा आमोद-प्रमोद में मस्त था, शंभूजी के डेरे पर सहसा आक्रमण कर दिया। 11 फरवरी, 1689 ई. को शंभूजी अपने मंत्री कवि कलश तथा 25 अफसरों सहित कैद कर लिया गया। इन लोगों को नक्काल की तरह कपड़े पहनाकर एक लंबे जुलूस में बाजों के साथ बहादुरगढ़ में औरंगजेब के शिविर में लाया गया। औरंगजेब ने शंभूजी को इस शर्त पर कि वह अपने समस्त दुर्ग और पूरा खजाना सौंप दे, जीवनदान देने को कहा। लेकिन शम्भू जी ने इस शर्त को मानने से इन्कार कर दिया। उसने खुले दरबार में औरंगजेब और उसके पैगंबर को बुरा-भला कहा और उसकी पुत्री के साथ विवाह करने का प्रस्ताव रखा। इस कारण उसे घोर यातना दी गई। उसके अंगों को एक-एक करके 24 दिन तक लगातार काटा गया और अंत में 21 मार्च, 1689 ई. को उनकी मृत्यु हो गयी। इसी प्रकार कवि कलश को भी मौत के घाट उतार दिया गया।

5

स्वतंत्र राज्य की घोषणा

सन् 1670 में सूरत नगर को दूसरी बार शिवाजी ने लूटा। नगर से 132 लाख की सम्पत्ति शिवाजी के हाथ लगी और लौटते वक्त उन्होंने मुगल सेना को सूरत के पास फिर से हराया।

तानाजी मालसुरे की मृत्यु का शिवाजी को इतना दुःख हुआ कि वे एक महीने तक अधिकांशतः मौन ही रहे। उनका ध्यान किसी ओर भी नहीं गया। लेकिन वे निश्चित नहीं थे। उन्हें दोनों ओर से खतरा बना हुआ था। वे जानते थे कि बीजापुर का सुलतान आदिलशाह उन पर चढ़ा बैठा है। इसके अलावा औरंगजेब को उन्होंने धोखा दिया। उसकी कैद से निकल भागे। वह दुश्मन शिवाजी के लिए ऐसा था जैसा बारूद का गोला। इसीलिए यह जरूरी था कि उनकी सेना में निरंतर वृद्धि होती रहे। उनका खजाना भी कभी खाली न रहे। रसद इतनी भरपूर रहे कि कभी खत्म न हो। यही नहीं, हथियार और युद्ध-सामग्री भी इतनी हो कि अगर बीजापुर और दिल्ली दोनों ओर से एक साथ ही उन पर आक्रमण हो जाए तो दोनों सेनाओं का मुकाबला कर सकें।

शिवाजी, जब थोड़ा-सा अपना दुःख भूले तो माता जीजाबाई ने उन्हें समझाया कि लगातार युद्धों में खर्च होते रहने से खजाना बिल्कुल खाली हो गया है, अगर कुछ दिन यही हालत रही तो फिर राज-काज चलाना बिल्कुल कठिन हो जाएगा। तब शिवाजी की आँखें खुलीं और उनका ध्यान शहर ही ओर गया। वे जानते थे कि सूरत नगर में इतना धन है जिसकी लूट से एक बार मेरा खजाना

फिर भर जाएगा। राजकार्य चलाने के लिए सब कुछ करना पड़ता है। यह राज्य नीतिज्ञ सिद्धांत है।

शिवाजी ने देर नहीं की। जीजाबाई के चरण छूकर उनसे आशीर्वाद प्राप्त किया। फिर अपनी सेना लेकर सूरत नगर की ओर चल पड़े। शिवाजी ने सूरत शहर पर हमला किया तो जनता को नहीं सताया। उन्होंने केवल ऊँचे वर्ग के व्यापारियों की ही अपना लक्ष्य बनाया। उन्हें लूटा नहीं और न ही किसी की हत्या की। कर व्यापारियों से मोटी-मोटी रकमें वसूल कीं। इस तरह शिवाजी का राजकोष पुनः ज्यों का त्यों हो गया। वे हर जाने वाली विपत्ति का सामना करने के लिए कमर कसे तैयार रहते थे। उनकी सेना इतनी कुशल थी कि उन्हें उससे पूरा-पूरा संतोष था। वे जानते थे कि निडर मराठा सैनिक अपनी जान पर खेल जाने वाला है।

शिवाजी अब अधिकांशतः रायगढ़ में ही रहते। वे अपनी शक्ति बढ़ाने के प्रयत्न से पीछे नहीं थे। लाखों रुपये की संपत्ति सूरत में उनको मिली थी। उनका दिल-दूना था कि वे अब बहुत कुछ कर लेंगे।

शिवाजी ने गुलगाना शहर पर हमला किया। यहाँ उनका आशय लूट से नहीं था। वे चाहते थे कि कुछ प्रदेश तथा नगर ऐसे मिल जाएँ, जिनसे मराठा राज्य की आमदनी बढ़े। किसी भी राज्य की जब तक स्थायी आय नहीं होती है, तब तक उसका संचालन सुचारू रूप से कभी नहीं हो सकता। गुलगाना मुगलों के कब्जे में था। फिर स्वतंत्र हो गया। शिवाजी ने उसे अपने अधीन कर लिया। वहाँ के शासक से उन्होंने 'चौथ' वसूल की और भविष्य में भी उसने उनको चौथ देते रहने का वचन दिया।

शिवाजी ने गुलगाना की स्थिति से परम संतोष हुआ। अब उनका हौसला बढ़ गया और वे सोचने लगे कि किले जीतने की अपेक्षा यह अधिक अच्छा है कि हम चौथ वसूल करें और दूसरे प्रदेशों को अपने अधीन कर उन्हें अपना सहयोगी भी बना लें। इसमें एक पंथ दो काम होंगे और वे लाभ ही लाभ में रहेंगे।

यही सब सोच, शिवाजी ने बराबर पर हमला कर दिया। यहाँ का परिणाम भी संतोषजनक रहा। वहाँ का जागीरदार उनके कदमों पर गिर पड़ा। उसने शिवाजी को चौथ तो दी ही, साथ ही तमाम नजरें और भी भेंट दीं।

शिवाजी गुलगाना और बराबर को विजय कर जब रायगढ़ लौटे तो उन्होंने माता जीजाबाई के सामने सोने और चाँदी के ढेर लगा दिए। आरती का थाल पहले से ही सजा था। माता ने पहले पुत्र की आरती की, फिर उसकी बलैयाँ लेते हुए मुँह चूम लिया। यही क्षण था, यही स्वर्णावसर था कि उस वीर माता के चमकीले नेत्रों

में आँसू भर आए और उसके मन ने कहा कि अब मेरे पूत का राज्याभिषेक हो जाना चाहिए। वह एक वीर योद्धा ही नहीं, शिवाजी भोंसले नहीं, अब छत्रपति बनेगा और छत्रपति कहलाएगा।

जीजाबाई एक आदर्श माता थीं। वह अपने मन ही बात किसी से भी नहीं कहतीं, केवल पुत्र शिवाजी पर कभी-कभी अपनी इच्छा प्रकट कर देतीं, लेकिन यह राज उन्होंने गुप्त रखा। वे मन ही मन इसका आनन्द ले रही थीं कि अगर मेरे मन का रहस्य समय से पहले उद्घाटित हो गया तो उसका वह महत्त्व नहीं रहेगा जो होना चाहिए।

जीजाबाई शिवाजी के पास मंत्रणा के लिए बैठतीं। उस समय इस गर्व की अनुभूति होती कि जो प्रतिष्ठा पति से प्राप्त नहीं हो सकी, वह पद मुझे मेरा बेटा देगा। मैं राजमाता कहलाऊँगी। बस, अब विलंब नहीं, मैं अब जल्दी ही शिवाजी का राजतिलक कर दूँगी। शिवाजी महाराष्ट्र में सूरज की तरह चमक रहे थे। वहाँ की पवित्र धरती उनसे अपना हक माँग रही थीं। इस पर खून की बूँदें गिरी थीं और अत्याचार के आँसू बहे। वह धर्म माँगती थी और न्याय, ये दोनों ही मनुष्य को जिंदा रखते हैं और उसे आगे बढ़ने का बल देते हैं।

राजतिलक

सन् 1674 तक शिवाजी ने उन सारे प्रदेशों पर अधिकार कर लिया था जो पुरन्दर की संधि के अन्तर्गत उन्हें मुगलों को देने पड़े थे। पश्चिमी महाराष्ट्र में स्वतंत्र हिन्दू राष्ट्र की स्थापना के बाद शिवाजी ने अपना राज्याभिषेक करना चाहा, परन्तु ब्राम्हणों ने उनका घोर विरोध किया। शिवाजी के निजी सचिव बालाजी राव जी ने इसे एक चुनौती के रूप में लिया और उन्होंने काशी में गंगाभ नामक ब्राम्हण के पास तीन दूतों को भेजा, किन्तु गंगा ने प्रस्ताव ठुकरा दिया, क्योंकि शिवाजी क्षत्रिय नहीं थे उसने कहा कि क्षत्रियता का प्रमाण लाओ तभी वह राज्याभिषेक करेगा। बालाजी राव जी ने शिवाजी का सम्बन्ध मेवाड़ के सिसोदिया वंश से सम्बंद्ध के प्रमाण भेजे जिससे संतुष्ट होकर वह रायगढ़ आया, किन्तु यहाँ आने के बाद जब उसने पुनः जाँच पड़ताल की तो उसने प्रमाणों को गलत पाया और राज्याभिषेक से मना कर दिया। अंततः मजबूर होकर उसे एक लाख रुपये का प्रलोभन दिया गया, तब उसने राज्याभिषेक किया। राज्याभिषेक के बाद भी पूना के ब्राम्हणों ने शिवाजी को राजा मानने से मना कर दिया विवश होकर शिवाजी को अष्टप्रधान मंडल की स्थापना करनी पड़ी। विभिन्न राज्यों के दूतों, प्रतिनिधियों के अलावा विदेशी

व्यापारियों को भी इस समारोह में आमंत्रित किया गया। शिवाजी ने छत्रपति की उपाधि ग्रहण की। काशी के पण्डित विश्वेश्वर जी भट्ट को इसमें विशेष रूप से आमंत्रित किया गया था, पर उनके राज्याभिषेक के 12 दिन बाद ही उनकी माता का देहांत हो गया। इस कारण से 4 अक्टूबर, 1674 को दूसरी बार उनका राज्याभिषेक हुआ। दो बार हुए इस समारोह में लगभग 50 लाख रुपये खर्च हुए। इस समारोह में हिन्दू स्वराज की स्थापना का उद्घोष किया गया था। विजयनगर के पतन के बाद दक्षिण में यह पहला हिन्दू साम्राज्य था। एक स्वतंत्र शासक की तरह उन्होंने अपने नाम का सिक्का चलवाया। इसके बाद बीजापुर के सुल्तान ने कोंकण विजय के लिए अपने दो सेनाधीशों को शिवाजी के विरुद्ध भेजा पर वे असफल रहे।

रायगढ़ में ज्येष्ठ शुक्ल त्रयोदशी तदनुसार 6 जून, 1674 को हुआ छत्रपति शिवाजी महाराज का राज्याभिषेक हिंदू इतिहास की सबसे गौरवशाली गाथाओं में से एक है। सैकड़ों वर्ष विदेशियों के गुलाम रहने के पश्चात हिंदुओं को संभवतः महान विजयनगर साम्राज्य के बाद पहली बार अपना राज्य मिला था।

राजतिलक की प्रक्रिया और माता जीजाबाई की मृत्यु

शिवाजी का राज्याभिषेक काशी के विद्वान महापंडित तथा वेद-पुराण-उपनिशदों के ज्ञाता पंडित गंगा भट्ट द्वारा किया गया। शिवाजी के क्षत्रिय वंश से सम्बंधित न होने के कारण उस समय के अधिकतर ब्राह्मण उनका राजतिलक करने में हिचकिचा रहे थे। पंडित गंगा भट्ट ने शिवाजी की वंशावली के विस्तृत अध्ययन के बाद यह सिद्ध किया के उनका भोंसले वंश मूलतः मेवाड़ के वीरश्रेष्ठ सिसोदिया राजवंश की ही एक शाखा है। यह माना जाता था कि मेवाड़ के सिसोदिया क्षत्रिय कुल परंपरा के शुद्धतम कुलों में से थे।

क्योंकि उन दिनों राज्याभिषेक से सम्बंधित कोई भी अबाध परंपरा देश के किसी हिस्से में विद्यमान नहीं थी, इसलिए विद्वानों के एक समूह ने उस समय के संस्कृत ग्रंथों तथा स्मृतियों का गहन अध्ययन किया, ताकि राज्याभिषेक का सर्वोचित तरीका प्रयोग में लाया जा सके। इसी के साथ-साथ भारत के दो सबसे प्राचीन राजपूत घरानों मेवाड़ और आम्बेर से भी जानकारियां जुटाई गईं, ताकि उत्तम रीति से राजतिलक किया जा सके।

प्रातःकाल शिवाजी ने सर्वप्रथम शिवाजी महाराज ने प्रमुख मंदिरों में दर्शन-पूजन किया। उन्होंने तिलक से पूर्व लगातार कई दिनों तक माँ तुलजा भवानी और महादेव की पूजा-अर्चना की।

6 जून, 1674 को रायगढ़ के किले में मुख्य समारोह का आयोजन किया गया। उनके सिंहासन के दोनों ओर रत्न जड़ित तख्तों पर राजसी वैभव तथा हिंदू शौर्य के प्रतीक स्वरूप स्वर्णमंडित हाथी तथा घोड़े रखे हुए थे। बायीं ओर न्यायादेवी की सुन्दर मूर्ति विराजमान थी।

जैसे ही शिवाजी महाराज ने आसन ग्रहण किया, उपस्थित संतों-महंतों ने ऊंचे स्वर में वेदमंत्रों का उच्चारण प्रारंभ कर दिया तथा शिवाजी ने भी उन सब विभूतियों को प्रणाम किया। सभामंडप शिवाजी महाराज की जय के नारों से गुंजायमान हो रहा था। वातावरण में मधुर संगीत की लहरियां गूँज उठीं तथा सेना ने उनके सम्मान में तोपों से सलामी दी। वहाँ उपस्थित पंडित गंगा भट्ट सिंहासन की ओर बढ़े तथा उन्होंने शिवाजी के सिंहासन के ऊपर रत्न-माणिक्य जड़ित छत्र लगा कर उन्हें 'राजा शिव छत्रपति' की उपाधि से सुशोभित किया।

इस महान घटना का भारत के इतिहास में एक अभूतपूर्व स्थान है। उन दिनों, इस प्रकार के और सभी आयोजनों से पूर्व मुगल बादशाहों से अनुमति ली जाती थी, परन्तु शिवाजी महाराज ने इस समारोह का आयोजन मुगल साम्राज्य को चुनौती देते हुए किया। उनके द्वारा धारण की गयी 'छत्रपति' की उपाधि इस चुनौती का जीवमान प्रतीक थी। वे अब अपनी प्रजा के हितरक्षक के रूप में अधिक सक्षम थे तथा उनके द्वारा किए गए सभी समझोते तथा संधियां भी अब पूर्व की तुलना में अधिक विश्वसनीय और संप्रभुता संपन्न थे।

शिवाजी महाराज द्वारा स्वतंत्र राज्य की स्थापना तथा संप्रभु शासक के रूप में उनके राज्याभिषेक ने मुगलों तथा अन्य बर्बर विधर्मी शासकों द्वारा शताब्दियों से पीड़ित, शोषित, अपमानित प्रत्येक हिंदू का हृदय गर्व से भर दिया। यह दिन भारत के इतिहास में अमर है क्योंकि यह स्मरण करता है हमारे चिरस्थायी गौरव, संप्रभुता और अतुलनीय शौर्य की संस्कृति का।

रायगढ़ के किले में ही अब शिवाजी ने अपना स्थायी निवास बना लिया था। यह किला सुदृढ़ था और यहाँ से राज्य के कार्य का संचालन आसानी से होता था। माता जीजाबाई ने अपने विश्वस्त सेनापतियों पर यह विदित कर दिया कि अब शिवाजी का राज्याभिषेक होगा। उनको अब छत्रपति की पदवी दी जाएगी।

इस प्रकार सर्वत्र मराठा प्रदेश में यह घोषणा कर दी गई कि 6 जून, 1674 को शिवाजी का राजतिलक होगा। शिवाजी की कीर्ति चारों ओर कस्तूरी की तहर फैल रही थी। माता जीजाबाई फूली नहीं समातीं। वे शिवाजी पर बलि-बलि जातीं।

चिर प्रतीक्षा के बाद आज वह दिन आया था, जबकि हिंदू जाति को फिर उसकी प्रतिष्ठा देने वाले, हिंदू जनता में जीवन भरने वाले शिवाजी का राजतिलक होने वाला था। किले को खूब सजाया गया। शिवाजी को तोपों की सलामी दी गई। उन्हें रत्नजड़ित पगड़ी पहनाई गयी। राज पुरोहितों ने राज्याभिषेक किया। उस समय बाहर नौबत बज रही थी और दरबार में शहनाई। माता जीजाबाई दोनों हाथों से बाँट रही थीं। उन्हें इस बात की तनिक भी चिंता नहीं थी कि खजाना बिल्कुल खाली हो गया है। चारों ओर खुशियों की लहर दौड़ गई। दिन में घर-घर में मंगल गीत गाए गए और रात को जश्न मनाया गया और खूब रोशनी हुई।

अब शिवाजी छत्रपति हो गए थे। वह दिन हिंदू-पद पादशाही के नाम से पुकारा गया जो आज भी मनाया जाता है और जनता जनार्दन हिंदू धर्म के रक्षक, देशभक्त शिवाजी के गीत गाती है।

कई दिनों तक राजतिलक का समारोह चलता रहा। कोई कंगला भूखा नहीं रह गया। कोई नंगा और कोई दुःखी नहीं रहा। शिवाजी के दरबार से सभी को दान मिला था। पुरोहितों और पंडितों की तो चाँदी थी। शिवाजी को तनिक भी गुमान नहीं था कि सारी जनता ने उन्हें छत्रपति मान लिया है। उन्हें खुशी थी तो केवल इस बात की कि उनकी माता जीजाबाई की यह बहुत दिनों से इच्छा थी जो अब जाकर पूरी हुई। वे जितना देश से प्रेम करते, उससे कहीं अधिक अपनी माँ से।

उस समय शिवाजी की पाँचों पत्नियाँ रायगढ़ में उपस्थित थीं। पुत्र शम्भू जी, राजाराम और बेटियाँ राजकुमारी बाई, आम्बिका तथा सकूबाई भी रायगढ़ में ही रही थीं। सारा परिवार उनके साथ था। वे संतुष्ट थे और कुछ-कुछ निश्चित, क्योंकि बादशाह औरंगजेब ने फिर उन पर चढ़ाई नहीं की और न बीजापुर दरबार ही उनके खिलाफ कोई कदम उठाया।

सुख के साथ दुःख का भी जुड़ा है। अगर दुख न हो तो सुख का महत्त्व ही समाप्त हो जाए। अभी राज्याभिषेक को दस दिन ही हुए थे कि अचानक राजमाता जीजाबाई को ज्वर आ गया। राजवैद्य ने उनका अच्छे से अच्छा इलाज किया, लेकिन ज्वर उतरा नहीं, वह तीव्र और तीव्र होता चला गया। राजतिलक के बारहवें दिन जीजाबाई की हालत बहुत बिगड़ गई। वे प्रलाप में ऊटपटाँग बकने लगीं। ज्वर की तेजी में तनिक भी कमी नहीं हुई।

और फिर 18 जून, सन् 1674 प्रातःकाल उनका देहांत हो गया। मानों शिवाजी का राजतिलक करने तक के लिए ही वे जी रही थीं। उनकी एक बहुत बड़ी इच्छा पूरी हो गई, तभी तो हँसी-खुशी मृत्यु हो प्राप्त हो गईं। पूरे रायगढ़ में शोक की लहर दौड़ गई।

शिवाजी माता के वियोग में पागल हो गए। वे सिर धनु-धन कर रोए, हाथ मींजे और बहुत पछताए, लेकिन जिसे मृत्यु ने अपने गले से लगा लिया था वह फिर वापस कैसे आ सकता था।

माता की मृत्यु के बाद शिवाजी ने कई महीने तक राजकाज की ओर विशेष ध्यान नहीं दिया, फिर जब धीरे-धीरे उनका दुःख कम हुआ तो वे उसका संचालन करने लगे। वे पादशाह के नाम से पुकारे जाते। उन्हें छत्रपति कहा जाता। इसी बीच एक दिन किसी गुप्त शत्रु ने उन्हें धोखे से विष दे दिया। उस समय वे अपनी द्वितीय पत्नी के महल में थे। वे मरते-मरते बचे। बड़ी दौड़-धूप हुई। राजवैद्य ने एड़ी से चोटी तक का जोर लगा दिया तब जाकर कहीं वे बच पाए।

शिवाजी के पुत्र शम्भू जी का यह कहना था कि किसी दुश्मन ने नहीं, उनके पिता को जहर उनकी दूसरी माता शोभराबाई ने दिया है। वे इस बात से जलती थीं कि शिवाजी उन्हें अधिक प्यार नहीं करेंगे, क्योंकि शम्भू जी बड़े थे और उत्तराधिकार का हक उनका ही था।

यद्यपि शम्भू जी के पास इसका कोई प्रमाण नहीं था कि शोभराबाई ने अपने पति शिवाजी को विष दिया है, लेकिन फिर भी उन्होंने उसकी हत्या कर दी। शिवाजी को जब यह मालूम हुआ कि शम्भू जी ने अपनी विमाता की गला घोंट कर हत्या कर दी है तो वे उन पर बहुत नाराज हुए। शोभराबाई की मृत्यु का उन्हें दुःख था। इस तरह उस राजघराने में राजतिलक के बाद पहले राजमाता जीजाबाई की मृत्यु हुई, फिर शिवाजी की द्वितीय पत्नी शोभराबाई का निधन हुआ। शिवाजी इस समय 47 वर्ष के थे। उन्होंने दोनों पुत्रों का ब्याह कर दिया था। तीनों कन्याएँ भी विवाहित थीं। वे अब घर-गृहस्थी के बजाय राजपाट की ओर ध्यान देने लगे थे।

शिवाजी ने देखा कि राजतिलक में दान और अधिक खर्च के कारण उनका खजाना खाली हो गया है। इसके लिए उनका ध्यान कर्नाटक शहर पर गया। यह नगर बहुत ही सम्पन्न था। वहाँ के अधिकांश लोग अमीर थे। व्यापारियों का भी यह एक अच्छा गढ़ था। अतः शिवाजी ने कर्नाटक पर हमला कर दिया। इस शहर के धनिकों को उन्होंने लूटा। वहाँ से उन्हें पर्याप्त मात्रा में धन मिला।

शिवाजी ने आकर अपना खजाना भरा और फिर दूसरी युक्ति सोचने लगे कि खजाने में इतना अधिक धन आ जाए कि बार-बार उसके लिए हैरान न होना पड़े। अतः उन्होंने हैदाराबाद पर हमला कर दिया। वहाँ का शासक हसन कुतुबशाह था। उसने हथियार डाल दिए और शिवाजी के चरणों पर आकर माथा टेक दिया। जब उसने आत्मसमर्पण कर दिया तो शिवाजी ने उससे चौथ वसूल की और उसे अपने अधीन कर लिया। इसके बाद शिवाजी ने निल्लौर पर आक्रमण किया। वहाँ भी उनके पल्ले बहुत-सा धन पड़ा और निल्लौर उनके अधीन हो गया।

इस तरह शिवाजी ने कर्नाटक, हैदराबाद और निल्लौर पर कब्जा ही नहीं किया, इन शहरों को अपने अधीन भी कर लिया और यह सब प्रदेश उन्हें चौथ देने लगे। वे हिंदू पादशाही के नाम पर चौथ लेते, और छोटे-बड़े सभी उन्हें छत्रपति कहते।

शिवाजी ने मैसूर के राज्य पर भी आक्रमण कर दिया। इस प्रदेश को भी उनकी जीतने की इच्छा नहीं थी। अतः उसे भी अपने अधीन कर उससे चौथ वसूल की। अब मैसूर का राज्य भी उनके मातहत हो गया था।

अब तक शिवाजी को अपने जीवन में अवकाश नहीं मिला था। वे निरंतर युद्ध करते-करते ऊब गए थे। 1678 में वे महाराष्ट्र लौट आए और रायगढ़ के किले में ही रहने लगे। उनकी शक्ति पहले की अपेक्षा अब कुछ क्षीण हो चली थी। शरीर में वह ताजगी नहीं रही जो पहले थी। राज्य में कोई-न-कोई झंझट लगा ही रहता। वे अपने दोनों पुत्रों शम्भू जी और राजाराम की ओर देखते तो पाते कि दोनों के कंधे अभी कमजोर हैं। उन पर अधिक भार नहीं डाला जा सकता।

पहले की अपेक्षा अब शिवाजी अधिक चिंतित रहने लगे। इसका कारण माँ और पत्नी की मृत्यु नहीं और न राजकाज ही, वे दुःखी थे तो केवल इसलिए कि उनके राज्य के उत्तराधिकारी पुत्र शम्भू जी अयोग्य थे। उनमें राज्य चलाने की क्षमता नहीं थी। वे आराम-तलब थे।

दक्षिण में दिग्विजय

सन् 1677-78 में शिवाजी का ध्यान कर्नाटक की ओर गया। बम्बई के दक्षिण मे कोंकण, तुंगभद्रा नदी के पश्चिम में बेलगाँव तथा धारवाड़ का क्षेत्र, मैसूर, वैलारी, त्रिचूर तथा जिंजी पर अधिकार करने के बाद 4 अप्रैल, 1680 को शिवाजी का देहांत हो गया।

कर्नाटक अभियान

राज्याभिषेक के बाद शिवाजी का अन्तिम महत्त्वपूर्ण अभियान कर्नाटक का अभियान (1676 ई.) था। गोलकुण्डा के मदन्ना एवं अकन्ना के सहयोग से शिवाजी ने बीजापुर और कर्नाटक पर आक्रमण करना चाहा, परन्तु आक्रमण के पूर्व ही शिवाजी एवं कुतुबशाह के बीच संधि सम्पन्न हुई, जिसकी शर्तें इस प्रकार थीं—

1. शिवाजी को कुतुबशाह ने प्रति वर्ष एक लाख हूण देना स्वीकार किया।
2. दोनों ने कर्नाटक की सम्पत्ति को आपस में बांटने पर सहमति जताई।

शिवाजी ने जिंजी एवं वेल्लोर जैसे महत्त्वपूर्ण क्षेत्रों पर कब्जा कर लिया। जिंजी को उन्होंने अपने राज्य की राजधानी बनाया। शिवाजी का संघर्ष जंजीरा टापू के अधिपति अबीसीनियाई सिद्दकियों से भी हुआ। सिद्दकियों पर अधिकार करने के लिए उन्होंने नौसेना का भी निर्माण किया था, परन्तु वह पुर्तगालियों से गोवा तथा सिद्दकियों से चौल और जंजीरा नहीं छीन सके। सिद्दकी पहले अहमदनगर के अधिपत्य को मानते थे, परन्तु 1638 ई. के बाद वे बीजापुर की अधीनता में आ गए। शिवाजी के लिए जंजीरा को जीतना अपने कोंकण प्रदेश की रक्षा के लिए आवश्यक

था। 1669 ई. में उन्होंने दरिया सारंग के नेतृत्व में अपने जल बेड़े को जंजीरा पर आक्रमण करने के लिए भेजा।

मृत्यु और उत्तराधिकार

तीन सप्ताह की बीमारी के बाद शिवाजी की मृत्यु अप्रैल, 1680 में हुई। उस समय शिवाजी के उत्तराधिकार शम्भाजी को मिला। शिवाजी के ज्येष्ठ पुत्र शम्भाजी थे और दूसी पत्नी से राजाराम नाम एक दूसरा पुत्र था। उस समय राजाराम की उम्र मात्र 10 वर्ष थी अतः मराठों ने शम्भाजी को राजा मान लिया। उस समय औरंगजेब ने राजा शिवाजी का देहान्त देखकर पूरे भारत पर राज्य करने की अभिलाशा से अपनी 5,00,000 सेना लेकर दक्षिण भारत जीतने निकला। औरंगजेब ने दक्षिण में आते ही अदिलशाही 2 दिनो में और कुतुबशही 1 ही दिनो मे खत्म कर दी, पर राजा सम्भाजी के नेतृत्व में मराठों ने 9 साल युद्ध करते हुये अपनी स्वतन्त्रता बरकरार रखी। औरंगजेब के पुत्र शहजादा अकबर ने औरंगजेब के खिलाफ विद्रोह कर दिया। शम्भाजी ने उसको अपने यहाँ शरण दी। औरंगजेब ने अब फिर जोरदार तरीके से शम्भाजी के खिलाफ आक्रमण करना शुरू किया। उसने अंततः 1689 में संभाजी थी पत्नी के सगे भाई की मुखबरी से शम्भाजी को बन्दी बना लिया। औरंगजेब ने राजा शम्भाजी को बदसलूकी और बुरा हाल कर के मार दिया। अपने राजा को औरंगजेब द्वारा बदसलूकी और बुरे हाल में मरा हुआ देखा तो सभी मराठा साम्राज्य क्रोधित हुआ। उन्होंने अपनी पूरी ताकत से राजाराम के नेत्रुत्व में मुगलों से संघर्ष जारी रखा। 1700 ई. में राजाराम की मृत्यु हो गई। उसके बाद राजाराम की पत्नी ताराबाई ने 4 वर्षीय पुत्र शिवाजी द्वितीय की संरक्षिका बनकर राज करती रहीं। आखिरकार 25 साल मराठा स्वराज्य के युद्ध लड़ते थके हुये औरंगजेब भी उसी छत्रपती शिवाजी के स्वराज्य में दफन हुये

बीजापुर साम्राज्य का पतन (1686 ई.)

मराठों के मध्य युद्ध कमान को संभालते हुए जब औरंगजेब निर्देशन दे रहे थे तभी उन्हें यह महसूस हुआ कि बीजापुर और गोलकुंडा के शिया राज्यों को पूर्णतया अधीन किए बिना मराठों को पराजित करना सर्वथा असंभव-सा है। बीजापुर और गोलकुंडा के राज्य मराठा नरेश शंभूजी को प्रत्यक्ष अथवा परोक्ष रूप से सहायता पहुँचाते रहते थे। अंत में कुछ काल तक शांत रहने के पश्चात सम्राट ने बीजापुर राज्य पर सुनिश्चित आक्रमण करने की योजना बनाई। शाहजहाँ खाँ के मंत्रीकाल

में यह राजा अत्यंत निर्बल हो गया था। शाहजादा आजम के नेतृत्व में बीजापुर शहर पर अप्रैल, 1685 ई. में घेरा डाल दिया गया। दुर्ग की सेना पर मुग़ल सेना के 15 मास के घेरे का कोई विशेष प्रभाव नहीं पड़ा, क्योंकि दुर्ग पर पूरी तरह से घेरा नहीं पड़ा था तथा शंभूजी, गोलकुंडा का सुल्तान और बीजापुर का भूतपूर्व मंत्री मसूद दुर्ग में सैनिक सहायता और रसद भिजवाते रहा। मसूद अदौनी का स्वतंत्र शासक बन बैठा था। शाही सेनाओं को रसद की बहुत कमी थी, परंतु गाजीउद्दीन फिरोजजंग ने शीघ्र ही उन्हें रसद पहुँचाई। फिर भी वे दुर्ग को विजित न कर सके। इस कारण 13 जुलाई, 1686 ई. को स्वयं औरंगजेब ने बीजापुर की ओर प्रस्थान किया। उसके व्यक्तिगत निर्देश में इस बार घेरा और भी मजबूत कर दिया गया। सम्राट स्वयं सब कामों की देखभाल करता और मौके पर उपस्थित होकर अपनी सेना को प्रोत्साहन देता था। बीजापुर के सैनिकों ने रसद की कमी के कारण निराश होकर 22 सितंबर, 1686 ई. को समर्पण कर दिया। आदिलशाही-वंश का अंतिम नरेश सुल्तान सिकंदर औरंगजेब से मिला। सम्राट ने पूरे हर्षोल्लास के साथ उसका स्वागत किया। परंतु उसका राज्य छीनकर उसे 'खान' का पद देकर मनसबदार बना दिया। उसे 1 लाख रुपए वार्षिक पेंशन भी दी गई। सम्राट औरंगजेब ने 29 दिसंबर को बीजापुर के खाली नगर में प्रवेश करके आदिलशाही महल की दीवारों पर लिखे सभी शिया लेखों और चित्रों को नष्ट कर दिया। सम्राट ने बीजापुर को मुग़ल-साम्राज्य में संयुक्त कर लिया और सुल्तान सिकंदर के सरदारों को अपनी सेवा में रख लिया।

गोलकुंडा का पतन (1687 ई.)

अब औरंगजेब ने बीजापुर पर अधिकार जमाने के लिए तैयारियां शुरू कर दी, जो लगभग 30 वर्ष तक स्वतंत्र रूप से स्थापित था। बीजापुर का सुल्तान नियमानुसार निश्चित 'कर' दे दिया करता था। कुतुबशाही-वंश के अंतिम शासक राजा अबुलहसन ने प्रशासन अपने ब्राह्मण मंत्री मदन्ना के हाथ सौंप दिया था और स्वयं अपना अधिकांश समय नाचने-गाने वाली नर्तकियों के साथ व्यतीत कर देता था। गोलकुंडा में हिंदुओं के प्रभाव का प्राबल्य तथा उस राज्य के मराठा नरेश शंभूजी के साथ मैत्री-संबंध औरंगजेब को विशेष अप्रिय लगे। युद्ध का तात्कालिक कारण सुल्तान का वह पत्र था, जो उसने शाही शिविर में रहने वाले अपने दूत को लिखा था। सुल्तान कुतुबशाह ने उस पत्र में औरंगजेब को "सिंकदर आदिलशाह जैसे अनाथ असहाय बच्चे पर आक्रमण करने पर नीच प्रवृत्ति के कायर मनुष्य" शब्दों से संबोधित किया था। उसने आगे चलकर बीजापुर की सहायता करने के लिए एक शक्तिशाली सेना

भेजने का आवश्वासन भी दिया था। सम्राट इस पत्र का बुरा मान गया। उसने जुलाई, 1685 ई. में शाहआलम को हैदराबाद पर विजय हासिल करने के लिए भेजा, लेकिन गोलकुंडा की सेना ने मलदेव नामक स्थान पर शाहआलम का मार्ग अवरुद्ध कर दिया। शाहआलम को कोई सफलता नहीं मिली। परंतु मुग़लों ने गोलकुंडा की सेना के सेनापति मीर मुहम्मद इब्राहीम को घूस दे दी और मीर मुहम्मद सुल्तान को छोड़कर अक्टूबर में औरंगजेब से जा मिला। इस कारण सुल्तान को हैदराबाद छोड़कर गोलकुंडा के दुर्ग में जाकर शरण लेनी पड़ी। शाहआलम ने हैदराबाद पर अधिकार कर लिया। अपने को असहाय पाकर सुल्तान ने समर्पण कर दिया और कुछ प्रमुख शर्तों पर उसे क्षमा कर दिया गया—(अ) दो लाख हून वार्षिक कर के अलावा वह 1 करोड़ 20 लाख रुपए मुग़लों को दे, (ब) मदन्ना और अकन्ना को राज्य की नौकरी से निकाल दे, तथा (स) मलखेद और सेहराम मुग़लों को सौंप दे। सुल्तान अबुलहसन कुछ समय तक मदन्ना को पदच्युत करने में हिचकिचाया। इस कारण मुसलमान सामंतों तथा दो विधवा रानियों ने मिलकर मदन्ना और अकन्ना को शहर की गलियों में मरवा डाला तथा उनके परिवारों और घरों को लूटकर नष्ट कर दिया। इसके पश्चात गोलकुंडा की समस्त हिंदू जनता पर आक्रमण किया गया। इससे संतुष्ट होकर मुग़लों ने गोलकुंडा प्रदेश को खाली कर दिया।

औरंगजेब की नीति के आधार पर गोलकुंडा का स्वतंत्र रहना एक पाप था। इस कारण बीजापुर को मुग़ल-साम्राज्य में संयुक्त करने के पश्चात उसने राजा अबुलहसन के विरुद्ध पुनः युद्ध प्रारंभ कर दिया। सम्राट स्वयं 7 फरवरी, 1687 ई. को गोलकुंडा की चहारदीवारी के निकट पहुँच गया। उसने सुल्तान की सेना को जो चहारदीवारी के बाहर व्यूह बनाकर खड़ी हुई थी, परास्त किया और दुर्ग का घेरा डाल दिया। शाहजादा शाहआलम ने सुल्तान द्वारा भेजे गए उपहार स्वीकार कर लिए और उसके अनुनय करने पर सम्राट द्वारा क्षमा कराने को तैयार हो गया। इस गुप्त विचार विनिमय का पर्दाफाश होने की वजह से शाहजादा शाहआलम व उसके समस्त परिवार को जहांगीर ने बन्दी बना लिया और उसकी सम्पूर्ण सम्पत्ति पर अपना अधिकार जमा लिया। सम्राट के कुछ सामंत, विशेषकर शिया लोग, अन्य मुसलमान नरेशों के साथ युद्ध करने के विरोध में थे। विशाल तोपों और गोला-बारूद से सुसज्जित गोलकुंडा के दुर्ग की दीवारों से गोले-बारूद की निरंतर वर्षा होने के बावजूद सम्राट ने सामंतों की बातों पर ध्यान न देकर दुर्ग पर शक्तिशाली घेरा डाल दिया। परंतु निरंतर वर्षा होने और रसद की कमी के कारण शाही सेना के कार्य में बड़ी भारी बाधा आ पड़ी। दुर्ग की सेना ने मुग़लों की कठिनाइयों से लाभ उठाकर 15 जून की रात्रि को मुग़लों

के तोपखाने के अग्रभाग पर सहसा आक्रमण कर दिया और शाही तोपखाने के प्रधान गैरत खाँ तथा 13 अन्य उच्च अधिकारियों को बंदी बना लिया। 29 जून को मुग़ल सेना ने अपने तोपखाने पर पुनः अधिकार कर लिया। औरंगजेब ने दुर्ग के कोने के बुर्जों के नीचे तीन सुरंगें खोदकर उनमें बारूद भर देने की आज्ञा दी। पहली सुरंग में 30 जून को आग लगाई गई, परंतु इसका रुख गलत हो जाने के कारण 1,100 शाही सैनिक मारे गए। इस बार दुर्ग की सेना ने बाहर निकलकर मुग़लों की खंदकों और चौकियों पर अधिकार कर लिया। परंतु बाद में उन्हें परास्त करके पुनः दुर्ग में खदेड़ दिया गया। दूसरी सुरंग में आग लगाने पर भी पहले जैसा भयानक परिणाम निकला। दुर्ग की सेना ने पुनः किले से निकलकर आक्रमण किया। इसके बाद दोनों दलों में घमासान युद्ध प्रारंभ हो गया जिसमें मुगलों को काफी नुकसान सहना पड़ा तथा पानी की बाढ़ आ जाने के कारण शाही सेना को लौटना पड़ा।

इस प्रकार मुग़ल सेना दुर्ग पर अधिकार न कर सकी और घेरा चलता रहा। बार-बार असफल होने और वर्षा तथा अकाल के कारण शाही सेना का नैतिक चरित्र अत्यंत नीचा हो गया। भुखमरी के कारण सहस्रों शाही सैनिक मर गए। उधर गोलकुंडा के सैनिक भी उन्हें चैन नहीं लेने देते थे। परंतु औरंगजेब दृढ़ निश्चय के साथ, जो उसके चरित्र का अंग था, दुर्ग का घेरा डाले रहा। उसने गोलकुंडा को मुगल-साम्राज्य में संयुक्त होने का एक घोषणा-पत्र प्रकाशित किया और वहाँ के लोगों से माँग की कि वे अपने भूतपूर्व नरेश को जो दुर्ग में घिरा हुआ था, किसी प्रकार की सहायता न दें।

जब औरंगजेब को इस युद्ध में सफलता नहीं मिली तो उसने सुल्तान के एक अफ़ग़ान नौकर अब्दुल गनी को घूस देकर दुर्ग पर अधिकार कर लिया। अब्दुल गनी ने अपने मालिक के साथ विश्वासघात करके 2 अक्टूबर, 1687 ई. को सुबह लगभग तीन बजे दुर्ग का पीछे और आगे का दरबाजा खोल दिया, जिससे रुहउल्ला खाँ ने दुर्ग में प्रवेश किया। दुर्ग में प्रवेश करने वाली मुग़ल सेना का मुकाबला केवल गोलकुंडा के सरदार अब्दुल रज्जाक लारी ने किया, परंतु शीघ्र ही उसे दबाकर लगभग कुचल दिया गया। उसके शरीर पर 70 घाव लगे थे। रुहउल्ला ने सुल्तान अबुलहसन के महल में प्रवेश किया। सुल्तान शांतिपूर्वक अपने भाग्य का सामना करने के लिए तैयार हो गया। जलपान करके और अपने परिवार के सदस्यों को ढाढस बँधाकर उसने अपने महल से प्रस्थान किया। शाहजादा आजम ने सुल्तान का औरंगजेब से परिचय कराया। सम्राट ने सुल्तान को ब्राह्मणों को प्रोत्साहित करने तथा हब्शियों को निरुत्साहित करके उनके धर्म और जाति का अपमान करने का आरोप लगाकर दंड

देना उचित ठहराया। उसे बंदी बनाकर गोलकुंडा के दुर्ग में भेज दिया गया और 50,000 रुपए प्रतिवर्ष पेंशन दी गई। सम्राट को गोलकुंडा से बहुमूल्य वस्तुएँ हीरे, जवाहरात, आभूषण, सोना, चाँदी, बर्तन तथा सोने-चाँदी के बने हुए फर्नीचर के अलावा 4 करोड़ रुपए नकद प्राप्त हुए। उसने बीजापुर और गोलकुंडा के संपूर्ण प्रदेश और दुर्गों पर अधिकार प्राप्त करने के लिए आवश्यक कदम उठाये और सागर, अदौनी, कारनूल, रायचूर, सेरा और बंगलौर, बाँकापुर, बेतगाँम, वांडीवाश तथा कांजीवरम् पर अधिकार कर लिया।

मराठों का स्वतंत्रता-युद्ध (1689-1707 ई.)

जैसाकि पूर्व में स्पष्ट किया जा चुका है कि गोलकुंडा तथा बीजापुर पर अधिकार न जमा पाने के पश्चात् औरंगजेब ने मराठा नरेश शंभूजी के विरुद्ध अपनी चेष्टाओं को द्विगुणित कर दिया और उसे बंदी बनाकर मार्च, 1689 ई. में मृत्युदंड दिया। मराठों की राजधानी रायगढ़ भी शीघ्र ही पराजित हुई। नवीन मराठा नरेश राजाराम, जो स्वर्गीय शंभूजी का छोटा भाई था, साधु का वेश बनाकर 15 अप्रैल को बचकर भाग निकला और 11 नवंबर को जिंजी के दुर्ग में पहुँच गया। रायगढ़ 29 अक्टूबर को पराजित हुआ और शंभूजी के परिवार के सदस्य उसके सात वर्षीय पुत्र साहू सहित, बंदी बना लिए गए। अब (1689 ई. के अंत में) औरंगजेब दक्षिण भारत सहित समस्त भारत का सम्राट था, परंतु उसकी विजय अल्पजीवी थी। कुछ ही वर्षों बाद मराठों ने न केवल उसके प्रभुत्व को ललकारा वरन् उसके प्रदेश और शिविरों पर असंख्यों हमले करके उसकी स्थिति नाजुक कर दी, जिंजी के दुर्ग में राजाराम को घेरने के लिए सम्राट ने एक सेना भेजी, परंतु 18 जनवरी, 1698 ई. से पहले उस दुर्ग पर मुग़लों का अधिकार नहीं हो सका। राजाराम को आक्रमण की चेतावनी समय पर मिल गई थी, इससे वह बचकर वैलोर भाग गया। शंभूजी की मृत्यु के बाद औरंगजेब ने मराठा शक्ति को विचार-विनियम का प्रमुख आधार बनाया। 1690 ई. और 1691 ई. में वह बीजापुर और गोलकुंडा राज्यों पर अधिकार प्राप्त करने में लगा रहा, परंतु शीघ्र ही जब उसे जन-विद्रोह का सामना करना पड़ा, तो स्थिति की वास्तविकता का ज्ञान हुआ। मराठा नरेश की मृत्यु के पश्चात रामचंद्र बावदेकर, शंकरजी मल्हार, परशुराम त्रिंबक और प्रहलाद नीराजी जैसे मराठा नेताओं ने मुग़लों के विरुद्ध अनेक रणस्थानों पर योग्य और साहसी सेनानायकों के नेतृत्व में विस्तृत युद्ध करने की योजना बनाई। रामचंद्र बावेदकर महाराष्ट्र के सभी सरदारों सेनानायकों के ऊपर पूर्ण अधिकारों सहित तानाशाह बन बैठा। उसने मुग़लों के विरुद्ध

युद्ध-संचालन के लिए धनाजी जादव और शांताजी घोरपरे नामक दो योग्य नायकों को नियुक्त किया। ये दोनों सेनानायक समस्त दक्षिणी प्रायद्वीप में एक रणस्थल से दूसरे रणस्थल को आते-जाते रहते थे और गुरिल्ला-युद्ध द्वारा इन लोगों ने शाही सेना को भारी हानि पहुँचाई और मुग़लों में अत्यंत घबराहट फैला दी।

इतिहासकार जदुनाथ सरकार का कथन है कि—"मराठों में नरेश तथा केंद्रीय सरकार के न रहने के कारण औरंगजेब की कठिनाइयाँ और भी बढ़ गयीं क्योंकि अब प्रत्येक तुच्छ मराठा, कप्तान भी अपने-अपने क्षेत्र में मुग़ल प्रदेशों पर आक्रमण करके उन्हें लूटता था। मराठा लोग अब केवल लुटेरे या स्थानीय विद्रोहियों की जाति नहीं रह गए थे, बल्कि अब दक्षिणी राजनीति में उनका बड़ा भारी हाथ था। ये लोग संपूर्ण भारतीय प्रायद्वीप में प्रोत्साहित हवा की भाँति चलायमान और दिल्ली-साम्राज्य के शत्रुओं के मित्र थे। यह समस्त दक्षिण में तथा मालवा, गोंडवाना और बुंदेलखंड तक में जन शांति तथा प्रशासन को भंग करते रहते थे। चूँकि हर स्थान पर शाही सेना अधिक संख्या में नहीं रखी जा सकती थी, इस कारण कुछ स्थानों पर मुग़लों को मुँह की भी खानी पड़ती थी। शंभूजी की मृत्यु, मुग़लों के मराठों की राजधानी पर घेरा डालने तथा नवीन मराठा नरेश राजाराम के जिंजी भाग जाने से मराठों का संगठन एक वर्ष के लिए अस्त-व्यस्त हो गया। परंतु सम्राट को पराजित किए हुए गोलकुंडा और बीजापुर राज्यों के प्रदेशों पर अधिकार करने में व्यस्त देखकर उन लोगों ने अपने को पुनः सँभाला। उन्होंने मुग़लों के विरुद्ध दो मोर्चे संगठित किए। खास महाराष्ट्र का मोर्चा रामचंद्र बावदेकर के नेतृत्व में था, जिसे एक तानाशाह के पूरे अधिकार दे दिए गए थे। दूसरा पूर्वी मोर्चा कर्नाटक का था, जो प्रहलाद नीराजी के नेतृत्व में था। इसे भी एक पूर्ण तानाशाह के अधिकार प्राप्त थे।

युद्ध संबंधी कार्य धनाजी जादव और शांताजी घोरपरे के हाथ में था, जो "प्रायः युद्ध के एक मोर्चे से दूसरे मोर्चे तक बराबर आते-जाते रहते थे और रास्ते के मुग़ल प्रदेशों को भारी हानि पहुँचाकर उनमें अव्यवस्था फैला देते थे।" मुसलमानों द्वारा पूर्वी कर्नाटक को सत्रहवीं सदी के मध्य काल में जीत लिया गया था। अब उसके दो भाग कर दिए गए, जो हैदराबादी और बीजापुरी प्रदेश कहलाते थे। 1677 ई. में शिवाजी ने भी जिंजी और उनके अड़ोस-पड़ोस के प्रदेशों पर विजय प्राप्त कर ली थी। इस प्रकार अब कर्नाटक तीन स्वतंत्र भागों में विभक्त हो गया। शिवाजी के दामाद हीराजी ने जो कर्नाटक के मराठा प्रदेश का अधिकारी था, पालर नदी के उत्तरी भाग के हैदराबादी कर्नाटक का अधिकतर भाग विजित

कर लिया। सितंबर 1689 ई. में हीराजी के मृत्योपरांत राजाराम ने जिंजी प्रदेश पर अधिकार कर लिया।

परंतु 1690 ई. में सितंबर के मध्य में जुल्फिकार खाँ ने उसे वहाँ घेर लिया। जिंजी का दुर्ग लगभग अजेय माना जाता था, अतः दुर्ग का घेरा 18 जनवरी, 1698 ई. तक पड़ा रहा। इस दिन दुर्ग पर भीषण आक्रमण किया गया और राजाराम को भागकर विशालगढ़ जाना पड़ा। वास्तव में इस बीच में मुग़लों और मराठों दोनों को ही भारी हानि उठानी पड़ी थी। इसमें मराठों की अपेक्षा मुग़लों को अधिक क्षति पहुँची थी। विवश होकर जुल्फिकार खाँ को एक से अधिक बार घेरा उठाना भी पड़ा था। अतः अंत में उसने राजाराम के साथ गुप्त संधि कर ली थी। जिंजी की पराजय के पश्चात अब युद्ध महाराष्ट्र के पश्चिमी खंड में होने लगा। महाराष्ट्र खास में युद्ध ढीला-ढाला चलता रहा। मराठों ने 4 जून, 1690 ई. को शरजा खाँ पर विजय प्राप्त की और उसे उसके पूरे परिवार और संपूर्ण शिविर सहित सतारा के निकट बंदी बना लिया। इस युद्ध में शरजा खाँ के 1,500 सैनिक काम आये। यह मराठों की पहली सफलता थी। मराठों ने शीघ्र ही प्रतापगढ़, रोहिरा, रायगढ़ और तोरन पर भी पुनः अधिकार कर लिया। 1692 ई. में उन्होंने पन्हाला पर भी पुनः अधिकार कर लिया। शांताजी और धनाजी घबराई हुई मुग़ल सेना पर आक्रमण करके उन्हें तंग करते रहते थे। शांताजी तो शाही प्रदेश मलखेद से चौथ वसूल करने तक में सफल हो गया।

मुगल शासक औरंगजेब कासिम खाँ को शांताजी को आगे बढ़ने से रोकने के लिए भेजा परंतु शांताजी ने द्रुतगति से मुग़ल सेनाध्यक्ष कासिम खाँ पर सहसा आक्रमण करके उसे करारी हार दी और उसके शिविर को लूट लिया। कासिम खाँ ने आत्महत्या कर ली और उसकी बची हुई सेना ने शांताजी को अपनी मुक्ति के लिए 20 लाख रुपए देने का वायदा किया। जनवरी 1696 ई. में शांताजी ने हिम्मत खाँ नामक एक अन्य मुग़ल सेनाध्यक्ष को पराजित कर दिया और उसकी हत्या कर दी तथा उसका समान भी लूट लिया परंतु दुर्भाग्यवश शांताजी घोरपरे और धनाजी जादव दोनों योद्धा प्रधान सेनापति का पद प्राप्त करना चाहते थे। इस कारण इन दोनों में अब झगड़ा हो गया, जिसका अंत एक युद्ध के रूप में हुआ। इस युद्ध में शांताजी मारा गया। शांताजी असाधारण योग्यता और टक्कर का सेनाध्यक्ष होने के साथ-साथ तेज मिजाज और अनाज्ञापालक सरदार था। अतः राजाराम भी उससे बहुत अप्रसन्न था। मराठों के इस गृहयुद्ध के कारण मुग़लों को अस्थाई तौर पर लगभग एक वर्ष के लिए विश्राम मिल गया, परंतु 1697 तथा 1698 ई. में युद्ध पुनः चलता

रहा और राजाराम, जो भागकर विशालगढ़ चला गया था, परेंदा के निकट बंदी होते-होते बच गया। 12 मार्च, 1700 ई. को सिंहगढ़ में राजाराम का देहावसान हो गया। राजसिंहासन प्राप्त करने के लिए शिवाजी तृतीय और शंभूजी द्वितीय में छोटी-सी लड़ाई हुई। अपनी माता ताराबाई की योग्यता और प्रभाव के कारण शिवाजी तृतीय को महाराष्ट्र का राजा बना दिया गया। मराठों में पद प्राप्त करने के इस कलह के बावजूद मुग़ल सेना महाराष्ट्र में कोई विशिष्ट सफलता प्राप्त करने में सफल नहीं हुई और केवल उत्तरी कोंकण में कल्यान तथा अन्य कुछ स्थानों पर अधिकार कर सकी। अंत में औरंगजेब समझ गया कि मराठों की शक्ति को नष्ट करना असंभव है। इस कारण मई, 1695 ई. में उसने शाहजादे शाहआलम को पंजाब, सिंध और अफ़ग़ानिस्तान का गवर्नर बनाकर भेजा और बाद में उसको उत्तरी भारत के कार्यों की देखभाल करने को कहा। मराठों के साथ युद्ध जारी रखने के लिए अब सम्राट ने स्वयं अपना शिविर महाराष्ट्र के मध्य में ब्रह्मपुरी में लगाया, परंतु उसे भी सफलता न मिल सकी। मराठों की गुरिल्ला युद्ध-प्रणाली के कारण विवश होकर उसे भी महाराष्ट्र और कनारा में अपनी रक्षा के लिए बराबर रक्षात्मक युद्ध ही करना पड़ा। शाही सरदार अब बहुत थके हुए थे और साथ ही भयभीत थे। उनमें से अनेक सरदारों ने मराठों के साथ गुप्त संबंध स्थापित कर रखा था और मुग़ल प्रदेश में प्राप्त लूट के माल का उनके साथ बँटवारा करते थे।

इतिहासकार सर जदुनाथ सरकार के शब्दों में– "मुग़ल प्रशासन का वास्तव में नाश हो चुका था, परंतु सम्राट की उपस्थिति के कारण भ्रमात्मक ढंग से प्रशासन की गाड़ी खिंच रही थी।" इन परिस्थितियों में औरंगजेब ने स्वयं भी मराठा दुर्गों पर घेरा डालने की भ्रमात्मक (मायावाली) नीति को अपनाया लेकिन इसमें भी उसे कोई सफलता हाथ नहीं लगी, क्योंकि जब वह एक दुर्ग को विजय करता तो दूसरा उसके अधिकार से निकल जाता था। यह क्रम उसके जीवन भर चलता रहा। इतिहासकार सर जदुनाथ सरकार ने अपने स्पष्ट शब्दों में कहा कि "उसका शेष जीवन उसी पीड़ित कहानी का दुहराव-मात्र है। अधिक पैसा, समय और काफी सैनिकों को खोकर सम्राट किसी पहाड़ी दुर्ग पर अपना अधिकार करता पर मराठे मुग़लों की दुर्बल सेना पर आक्रमण करके कुछ महीनों बाद उस पर पुनः अधिकार कर लेते थे। साल या दो साल बाद सम्राट उस दुर्ग पर पुनः घेरा डाल देता था। बाढ़ आई हुई नदियों, कीचड़ से भरी हुई सड़कों और टूटे-फूटे पहाड़ी रास्तों को पार करने में सम्राट के सैनिकों और शिविर के कर्मचारियों को अकथ कठिनाइयों का सामना करना पड़ा। मजदूर भाग गए तथा सामान ढोने वाले पशु अधिक

परिश्रम और भूख के कारण मर गए। मुग़लों को अन्न की तो सदा ही कमी रही, इसके साथ-साथ उन्हें मराठा और बेरद 'चोर' (जैसा वह कहा करता था) से भी सदा भय बना रहता था। उसके सेनानायकों की आपस की जलन के कारण उसके उद्देश्य की पूर्ति न हो सकी। पाँच कम प्रसिद्ध दुर्गों तथा सतारा, पारली, पन्हाला, खेलना (विशालगढ़), कोंधना (सिंहगढ़), रायगढ़, तोरन और बाजिन्गेरा के आठ अन्य दुर्गों के युद्धों में सम्राट साढ़े पाँच साल (1699-1705 ई.) तक लगा रहा। इसके बाद 88 साल का बूढ़ा जर्जर-शरीर सम्राट सदा के लिए चैन की नींद सोने के लिए अवकाश-सा प्राप्त करने लगा।"

औरंगजेब का स्वास्थ्य लगातार कठिन परिश्रम करने से गिरता गया और जब उसने बाजिन्गेरा दुर्ग पर विजय प्राप्त की तो उसके बाद वह सख्त बीमार पड़ गया। इससे उसकी सेना में बड़ी खलबली मच गई, क्योंकि वे सोचने लगे कि न जाने शत्रु के देश में उनके भाग्य का क्या निर्णय होगा; किंतु सम्राट स्वस्थ हो गया और उसने धीरे-धीरे अहमदनगर के लिए यात्रा आरंभ कर दी। 31 जनवरी, 1706 ई. को वह अहमदनगर पहुँच गया। उसने 25 वर्ष तक दक्षिण में लड़ाई जारी रखी थी जिससे दक्षिण भारत की दशा बहुत बुरी हो गई थी। उसने दक्षिण में जो नीति अपनाई वह बिल्कुल असफल रही और उसकी इस नीति से मराठे और भी निर्भीक हो गए। जब औरंगजेब अहमदनगर की यात्रा कर रहा था तब मराठा सैनिकों ने उसका पीछा किया। उन्होंने उसकी खाद्य सामग्री एवं युद्ध सामग्री पर प्रतिबन्ध लगा दी। उन्होंने उसके संरक्षकों पर हमला करके उसके शिविर पर भी हमला करने की धमकी दी। "जब मुग़ल सेना ने उन पर हमला किया तब वे कुछ पीछे हटकर तितर-बितर हो गए किंतु हमलावर ज्यों ही अपनी मुख्य सेना से जा मिले त्यों ही मराठे एक जगह पुनः इस तरह संगठित हो गए जैसे पतवार से अलग किया हुआ पानी फिर मिल जाता है।" मराठे केवल लूट-पाट करने वाले घुड़सवार ही नहीं थे, बल्कि युद्ध की सभी सामग्री से सुसज्जित थे। उनके पास तोपखाना और नियमित सेना की सभी सामग्री थी। सम्राट के अहमदनगर पहुँचने पर मराठों ने उसके जत्थे को घेरा डाल दिया। मराठों तथा सम्राट के बीच मई 1706 में घनघोर युद्ध हुआ उसके बाद उसे भगा दिया गया। इस समय तक वे आसपास के मुग़ल प्रांतों जैसे—गुजरात, खानदेश और मालवा तक में घुसकर हमला करने लगे थे। धनाजी जादव ने बरार और खानदेश पर हमला किया और अन्य मराठों ने एक शाही रक्षक-सेना को रास्ते में लूट लिया जो औरंगाबाद से अहमदनगर जा रही थी। इन कठिनाइयों और विपत्तियों में फँसा हुआ औरंगजेब 3 मार्च, 1707 ई. को स्वर्ग

सिधार गया। वह दौलताबाद से चार मील पश्चिम में शेखजैन उल-हक के मजार के पास दफना दिया गया।

औरंगजेब की दक्षिण नीति बिल्कुल असफल रही। मराठों के कुचले जाने के बजाए इस नीति ने उन्हें एक राष्ट्र के रूप में संगठित होकर सम्राट पर हमला करने के लिए बाध्य कर दिया था। औरंगजेब के अंतिम वर्ष बहुत कष्ट प्रद थे। उसने इस अंतिम अवस्था में अपने वंश व साम्राज्य की चिंता करता था। यद्यपि औरंगजेब अत्यंत इच्छुक था कि साम्राज्य के प्रश्न को लेकर उसके पुत्रों में कोई लड़ाई न हो किंतु शाहजादा आजम ने अपने भाई कामबख्श का खात्मा करके स्वयं राजगद्दी हथियाने के लिए एक षड्यंत्र रच लिया। औरंगजेब ने अपनी मृत्यु के कुछ दिन पहले ही उसे मालवा का राज्यपाल नियुक्त किया था। किंतु वह अपने पिता की मृत्यु का समाचार सुनकर मार्ग से ही लौट आया और अपने भाइयों के साथ युद्ध करने की तैयारी में लग गया। शाहआलम और कामबख्श स्वयं सिंहासन लेना चाहते थे जिसका आदर्श स्वयं औरंगजेब उनके सामने रख चुका था।

6

शासन व्यवस्था

शिवाजी को एक कुशल और प्रबुद्ध सम्राट के रूप में जाना जाता है। हालाँकि उनको अपने बचपन में पारम्परिक शिक्षा कुछ खास नहीं मिली थी, पर वे भारतीय इतिहास और राजनीति से अच्छी तरह वाकिफ थे। उन्होंने शुक्राचार्य तथा कौटिल्य को आदर्श मानकर कूटनीति का सहारा लेना कई बार उचित समझा था। शासन की समूची बागडोर राजा के हाथ में ही थी। पर उसके प्रशासकीय कार्यों में मदद के लिए आठ मंत्रियों की एक परिषद थी जिन्हें अष्टप्रधान कहा जाता था। इसमें मंत्रियों के प्रधान को पेशवा कहते थे जो राजा के बाद सबसे प्रमुख हस्ती था। अमात्य वित्त और राजस्व के कार्यों को देखता था तो मंत्री राजा की व्यक्तिगत दैनन्दिनी का खयाल रखता था। सचिव दफतरी काम करते थे जिसमें शाही मुहर लगाना और सन्धि पत्रों का आलेख तैयार करना शामिल होते थे। सुमन्त विदेश मंत्री था। सेना के प्रधान को सेनापति कहते थे। दान और धार्मिक मामलों के प्रमुख को पण्डितराव कहते थे। न्यायाधीश न्यायिक मामलों का प्रधान था।

मराठा साम्राज्य तीन या चार विभागों में विभक्त था। प्रत्येक प्रान्त में एक सूबेदार था जिसे प्रान्तपति कहा जाता था। प्रत्येक सूबेदार के पास भी एक अष्टप्रधान समिति होती थी। कुछ प्रान्त केवल करदाता थे और प्रसासन के मामले में स्वतंत्र थे। न्यायव्यवस्था प्राचीन पद्धति पर आधारित थी। शुक्राचार्य, कौटिल्य और हिन्दू धर्म शास्त्रों को आधार मानकर निर्णय दिया जाता था। गाँव के पटेल फौजदारी मुकदमों की जाँच करते थे। राज्य की आय का साधन भूमिकर था पर चौथ और

सरदेशमुखी से भी राजस्व वसूला जाता था। चौथ पड़ोसी राज्यों की सुरक्षा की गारंटी के लिए वसूले जाने वाला कर था। शिवाजी अपने को मराठों का सरदेशमुख कहते थे और इसी हैसियत से सरदेशमुखी कर वसूला जाता था।

दक्षिण की तत्कालीन राजनीतिक स्थिति भी एक सशक्त मराठा आंदोलन के उदय में सहायक हुई। अहमद नगर राज्य के बिखराव और अकबर की मृत्यु के पश्चात दक्षिण में मुगल साम्राज्य के विस्तार की धीमी गति ने महत्त्वाकांक्षी सैन्य अभियानों को प्रोत्साहित किया। यह भी उल्लेखनीय है कि इस समय तक मराठे अनुभवी लड़ाके जाति के रूप में ख्याति प्राप्त कर चुके थे। दक्षिणी सल्तनतों एवं मुगलों, दोनों ही पक्षों की ओर से वे सफलतापूर्वक युद्ध कर चुके थे। उनके पास आवश्यक सैन्य प्रशिक्षण और अनुभव तो था ही, जब समय आया तो उन्होंने इसका उपयोग राज्य की स्थापना के लिए किया। यह कहना तो कठिन है कि मराठों के उत्थान में उपर्युक्त तथ्य कहाँ तक उत्तरदायी थे और इसमें अपना स्वतंत्र राज्य स्थापित करने की दृढ़ इच्छा शक्ति का कितना हाथ था। फिर भी, यदि शिवाजी की नीतियों के सामाजिक पहलुओं और उनका साथ देने वाले लोगों की सामाजिक स्थिति का विश्लेषण किया जाए तो स्थिति बहुत सीमा तक स्पष्ट हो सकती है।

यद्यपि मराठे पहले ही अपनी स्वतंत्र पहचान बनाने के प्रति सचेत होने लगे थे, फिर भी उन्हें संगठित करने और उनमें एक राजनीतिक लक्ष्य के प्रति चेतना जगाने का कार्य शिवाजी ने ही किया। शिवाजी की प्रगति का लेखा मराठों के उत्थान को प्रतिबिंबित करता है। 1645-47 के बीच 18 वर्ष की अवस्था में उन्होंने पूना के निकट अनेक पहाड़ी किलों पर विजय प्राप्त की। जैसे—रायगढ़, कोडंना और तोरना। फिर 1656 में उन्होंने शक्तिशाली मराठा प्रमुख चंद्रराव मोरे पर विजय प्राप्त की और जावली पर अधिकार कर लिया, जिसने उन्हें उस क्षेत्र का निर्विवाद स्वामी बना दिया और सतारा एवं कोंकण विजय का मार्ग प्रशस्त कर दिया। शिवाजी की इन विस्तारवादी गतिविधियों से बीजापुर का सुल्तान शंकित हो उठा किंतु उसके मंत्रियों ने सलाह दी कि वह फिलहाल चुपचाप स्थिति पर निगाह रखे। किंतु जब शिवाजी ने कल्याण पर अधिकार कर लिया और कोंकण पर धावा बोल दिया तो सुल्तान आपा खो बैठा और उसने शाहूजी को कैद करके उनकी जागीर छीन ली। इससे शिवाजी झुकने के लिए विवश हो गए और उन्होंने वचन दिया कि वे और हमले नहीं करेंगे। किंतु उन्होंने बड़ी चतुराई से मुगल शाहजादा मुराद, जो मुगल सूबेदार था, से मित्रता स्थापित की और मुगलों की सेवा में जाने की बात कही। इससे

बीजापुर के सुल्तान की चिंता बढ़ गई और उसने शाहूजी को मुक्त कर दिया। शाहूजी ने वादा किया कि उसका पुत्र अपनी विस्तारवादी गतिविधियाँ छोड़ देगा। अतः अगले छः वर्षों तक शिवाजी धीरे-धीरे अपनी शक्ति सुदृढ़ करते रहे। इसके अतिरिक्त मुगलों के भय से मुक्त बीजापुर मराठा गतिविधियों का दमन करने में सक्षम था। इस कारण भी शिवाजी को शांति बनाए रखने के लिए विवश होना पड़ा। किंतु जब औरंगजेब उत्तर चला गया तो शिवाजी ने अपनी विजयों का सिलसिला फिर आरंभ कर दिया जिसकी कीमत बीजापुर को चुकानी पड़ी।

शिवाजी का प्रशासन

सेनानायक के रूप में शिवाजी की महानता निर्विवाद रही है, किंतु नागरिक प्रशासक के रूप में उनकी क्षमता आज भी स्पष्ट रूप से स्वीकार नहीं की जाती। यूरोपीय इतिहासकारों में दृष्टि में मराठा प्रभुत्व, जो लूट पर आधारित था, को किसी भी प्रकार का कर लेने का अधिकार नहीं था। कुछ अन्य इतिहासकारों की मान्यता है कि शिवाजी के प्रशासन के पीछे कोई आधारभूत सिद्धांत नहीं था और इसी कारण प्रशासन के क्षेत्र में उनका कोई स्थायी योगदान नहीं रहा। शिवाजी की प्रशासनिक व्यवस्था काफी सीमा तक दक्षिणी राज्यों और मुगलों की प्रशासनिक व्यवस्था से प्रभावित थी। शिवाजी की मृत्यु के समय उनका पुर्तगालियों के अधिकार क्षेत्र के अतिरिक्त लगभग समस्त (मराठा) देश में फैला हुआ था। पुर्तगालियों का आधिपत्य उत्तर में रामनगर से बंबई जिले में गंगावती नदी के तट पर करवार तक था। शिवाजी की पूर्वी सीमा उत्तर में बागलना को छूती थी और फिर दक्षिण की ओर नासिक एवं पूना जिलों के बीच से होती हुई एक अनिश्चित सीमा रेखा के साथ समस्त सतारा और कोल्हापुर के जिले के अधिकांश भाग को अपने में समेट लेती थी। इस सीमा के भीतर आने वाले क्षेत्र को लेखों में शिवाजी का 'स्वराज' कहा गया है। पश्चिमी कर्नाटक के क्षेत्र कुछ देर बाद सम्मिलित हुए। स्वराज का यह क्षेत्र तीन मुख्य भागों में विभाजित था और प्रत्येक भाग की देखभाल के लिए एक व्यक्ति को नियुक्त किया गया था—

1. पूना से लेकर सल्हर तक का क्षेत्र कोंकण का क्षेत्र, जिसमें उत्तरी कोंकण भी सम्मिलित था, पेशवा मोरोपंत पिंगले के नियंत्रण में था।
2. उत्तरी कनारा तक दक्षिणी कोंकण का क्षेत्र अन्नाजी दत्तो के अधीन था।
3. दक्षिणी देश के जिले, जिनमें सतारा से लेकर धारवाड़ और कोफाल का क्षेत्र था, दक्षिणी पूर्वी क्षेत्र के अंतर्गत आते थे और दत्ताजी पंत के नियंत्रण में थे।

इन तीन सूबों को पुनः परगनों और तालुकों में विभाजित किया गया था। परगनों के तरफ और मौजे आते थे। हाल ही में जीते गए आषनी, जिन्जी, बैलोर, अन्सी एवं अन्य जिले, जिन्हें समयाभाव के कारण प्रशासनिक व्यवस्था के अंतर्गत नहीं लाया जा सका था, अधिग्रहण सेना की देखरेख में थे।

केंद्र में आठ मंत्रियों की परिषद् होती थी जिसे अष्ट प्रधान कहते थे जिसे किसी भी अर्थ में मंत्रिमडल नहीं कहा जा सकता था। शिवाजी अपने प्रधानमंत्री स्वयं थे और प्रशासन की बागडोर अपने ही हाथों में रखते थे। अष्ट प्रधान केवल उनके सचिवों के रूप में कार्य करते थे, वे न तो आगे बढ़कर कोई कार्य कर सकते थे और न ही नीति निर्धारण कर सकते थे। उनका कार्य शुद्ध रूप से सलाहकार का था। जब कभी उनकी इच्छा होती तो वे उनकी सलाह पर ध्यान देते भी थे अन्यथा उनका कार्य शिवाजी के निर्दशों का पालन करना और उनके अपने विभागों की निगरानी करना मात्र होता था। संभव है कि शिवाजी पौरोहित्य एवं लेखा विभागों के काम-काज में दखल न देते हों किंतु इसका कारण उनकी प्रशासनिक अनुभवहीनता ही रही होगी। पेशवा का कार्य लोक हित का ध्यान रखना था। पंत आमात्य, आय-व्यय की लेखा परीक्षा करता था। मंत्री या वकनीस या विवरणकार राजा का रोजनामचा रखता था। सुमंत या विदेश सचिव विदेशी मामलों की देखभाल करता था। पंत सचिव पर राजा के पत्राचार का दायित्व था। पंडितराव, विद्वानों और धार्मिक कार्यों के लिए दिए जाने वाले अनुदानों का दायित्व निभाता था। सेनापति एवं न्यायधीश अपना-अपना कार्य करते थे। वे क्रमशः सेना एवं न्याय विभाग के कार्यों की देखते थे।

स्वतंत्र प्रभुसत्ता

सन् 1674 की ग्रीष्म ऋतु में शिवाजी ने धूमधाम से सिंहासन पर बैठकर स्वतंत्र प्रभुसत्ता की नींव रखी। दबी-कुचली हिन्दू जनता ने सहर्ष उन्हें नेता स्वीकार कर लिया। अपने आठ मंत्रियों की परिषद के जरिये उन्होंने छह वर्ष तक शासन किया। वह एक धर्मनिष्ठ हिन्दू थे जो अपनी धर्मरक्षक भूमिका पर गर्व करते थे। लेकिन उन्होंने जबरदस्ती मुसलमान बनाए गए अपने दो रिश्तेदारों को हिन्दू धर्म में वापस लेने का आदेश देकर परंपरा तोड़ी। हालांकि ईसाई और मुसलमान बल प्रयोग के जरिये बहुसंख्य जनता पर अपना मत थोपते थे। शिवाजी ने इन दोनों संप्रदायों के आराधना स्थलों की रक्षा की। उनकी सेवा में कई मुसलमान भी शामिल थे। उनके सिंहासन पर बैठने के बाद सबसे उल्लेखनीय अभियान दक्षिण भारत का

रहा, जिसमें मुसलमानों के साथ कूटनीतिक समझौता कर उन्होंने मुगलों को समूचे उपमहाद्वीप में सत्ता स्थापित करने से रोक दिया।

केन्द्रीय शासन

पुणे के विद्‌यमान पेशवा के मन्त्रालय द्वारा राज्य की प्रशासन व्यवस्था पर नजर रखी जाती थी। इसी केन्द्रीय राज्य व्यवस्था को मराठा पादशाही भी कहा जाता है। पेशवा का दफ्तर मराठा राज्य का सर्वोच्च कार्यालय था। वह पेशवाओं की शासन सत्ता स्थापित करने का प्रमुख साधन था। अष्टप्रधानों का महत्व कम हो गया था, और पेशवा द्वारा नियुक्त पदाधिकारी ही राजा के प्रमुख कार्यकर्ता के रूप में कार्य करने लगे। पेशवा मंत्रालय 'हजूर दफतर' कहलाता था। इसके कई विभाग थे, इसका कार्य क्षेत्र बड़ा विस्तृत था। फड़नवीस अब हजूर दफ्तर का प्रमुख कार्यकर्ता बन गया। उसकी स्थिति बहुत कुछ आधुनिक चीफ सेकटेरी के समान थी। वह पेशवा का मुख्य कर्मचारी था। पेशवा दफ्तर में प्रत्येक प्रकार के राजकीय प्रपत्रों की प्रतिलिपि संग्रहित करके रखी जाती थी। इस प्रकार के कर्मचारी लगभग 200 की संख्या में थे। ये कर्मचारी लिपिक के रूप में कार्य करते थे और उन्हें आख्यान कहा जाता था।

जागीरदारी प्रथा का पुनः प्रचलन—शिवाजी ने जागीरदारी प्रथा बन्द कर दी थी परन्तु पेशवा शासकाल में इसे पुनः चालू किया गया और लगभग। प्रत्येक सैनिक नेता जागीदार भी हो गया। वह अपनी जागीर की आय में से केन्द्रीय सरकार को यथासंभव कुछ भी नहीं देना चाहता था। उस समय से मराठा शासन की आर्थिक कठिनाइयाँ बढ़ने लगीं और विघटनकारी शक्तियाँ प्रबल होती चली गईं।

आय-व्यय के साधन और भूमि कर वसूली

एस. आर. शर्मा के अनुसार—जहाँ तक केन्द्रीय सरकार का संबंध है, बाहर के प्रदेशों से जो कुछ मिलता था, वह चौथ या सरदेशमुखी के रूप में ही मिलता था। इनमें से प्रथम, पूरी मालगुजारी का एक चौथाई भाग और द्वितीय दसवां हिस्सा मिलता थी। बाकी बालाजी विश्वनाथ की व्यवस्था के अनुसार अन्य अधिकारियों में बँट जाती थी।

जिन-जिन क्षेत्रों पर मराठों ने अपना प्रभाव पूर्णतः स्थापित कर लिया था वहाँ पर मालगुजारी, चुंगी कर, व्यवसाय कर, एकाधिकार, टकसालें, अदालती, जुर्माने, विभिन्न महसूल आदि से आय प्राप्त की जाती थी।

ग्राम समुदाय

प्रशासनिक व्यवस्था की प्राथमिक इकाई ग्राम समुदाय था। प्रत्येक ग्राम का मुखिया पाटिल होता था। उसके पास और भी कई पद होते थे जैसे—राजस्व अधिकारी अपने ग्राम क्षेत्र का न्यायाधीश, प्रबन्धक था एवं ग्रामीण जनता व पेशवा के मध्य संपर्क अधिकारी इत्यादि।

पाटिल के बाद कुलकर्णी होता था जो ग्राम का मुन्शी और तहरील (पत्र व्यवहार) रखने वाला था। इसके अलावा चोधोले, पौधार, महार आदि होते थे।

मुद्रा एवं टकसाल

'होन' जो साढ़े तीन माथे का सोना का सिक्का होता है, का प्रयोग सेना के विभिन्न अफसरों को वेतन देने के लिये होता था। मोहर एक अन्य सोने का सिक्का होता था। तांबे का सिक्का भी होता था। पैसे के अंश के रूप में कौड़ियों का प्रयोग किया जाता था।

टकसालों के अभाव में सुनारों एवं सावकारों के द्वारा तैयार किये जाते थे। अतः उन्हें ढालन का काम विभिन्न स्थानों पर किया जाता था। सिक्कों पर बनाने वालों या स्थान का तय होता था। आगे चलकर 1744 में बालाजी बाजीराव ने टकसालों तथा सिक्कों के संबंध में कुछ नियम बनाये।

राजस्व प्रशासन

शिवाजी ने भू-राजस्व एवं प्रशासन के क्षेत्र में अनेक कदम उठाए। इस क्षेत्र की व्यवस्था पहले बहुत अच्छी नहीं थीं क्योंकि यह पहले कभी किसी राज्य का अभिन्न अंग नहीं रहा था। बीजापुर के सुल्तान, मुगल और यहाँ तक कि स्वयं मराठा सरदार भी अतिरिक्त उत्पादन को एक साथ ही लेते थे जो इजारेदारी या राजस्व कृषि की कुख्यात प्रथा जैसी ही व्यवस्था थी। मलिक अम्बर की राजस्व व्यवस्था में शिवाजी को आदर्श व्यवस्था दिखाई दी किंतु उन्होंने उसका अंधानुकरण नहीं किया। मलिक अम्बर तो माप की इकाइयों का मानकीकरण करने में असफल रहा था किंतु शिवाजी ने एक सही मानक इकाई स्थिर कर दी थी। उन्होंने रस्सी के माप के स्थान पर काठी और मानक छड़ी का प्रयोग आरंभ करवाया। बीस छड़ियों का एक बीघा होता था और 120 बीघों का एक चवार होता था।

शिवाजी के निर्देशानुसार सन् 1679 ई. में अन्नाजी दत्तो ने एक विस्तृत भू-सर्वेक्षण करवाया जिसके परिणामस्वरूप एक नया राजस्व निर्धारण हुआ। अगले

ही वर्ष शिवाजी की मृत्यु हो गई, इससे यह तर्क निरर्थक जान पड़ता है कि उन्होंने भूरास्व विभाग से बिचौलियों का अस्तित्व समाप्त कर दिया था और राजस्व उनके अधिकारी ही एकत्र करते थे। कुल उपज का 33% राजस्व के रूप में लिया जाता था जिसे बाद में बढ़ाकर 40% कर दिया गया था। राजस्व नगद या वस्तु के रूप में चुकाया जा सकता था। कृषकों को नियमित रूप से बीज और पशु खरीदने के लिए ऋण दिया जाता था जिसे दो या चार वार्षिक किश्तों में वसूल किया जाता था। अकाल या फसल खराब होने की आपात स्थिति में उदारतापूर्वक अनुदान एवं सहायता प्रदान की जाती थी। नए इलाके बसाने को प्रोत्साहन देने के लिए किसानों को लगानमुक्त भूमि प्रदान की जाती थी।

यद्यपि निश्चित रूप से यह कहना कठिन है कि शिवाजी ने जमींदारी प्रथा को समाप्त कर दिया था, फिर भी उनके द्वारा भूमि एवं उपज के सर्वेक्षण और भूस्वामी बिचौलियों की स्वतंत्र गतिविधियों पर नियंत्रण लगाए जाने से ऐसी संभावना के संकेत मिलते हैं। उन्होंने बार-बार किए जाने वाले भू-हस्तांतरण पर प्रतिबंध लगाने का प्रयास भी किया, यद्यपि इसे पूरी तरह समाप्त करना उनके लिए संभव नहीं था। इन सबको देखते हुए कहा जा सकता है कि इस नई व्यवस्था से किसान प्रसन्न हुए होंगे और उन्होंने इसका स्वागत किया होगा क्योंकि बीजापुरी सुल्तानों के अत्याचारी मराठा देशमुखों की व्यवस्था की तुलना में यह बहुत अच्छी थी। शिवाजी के शासनकाल में राज्य की आय के दो और स्रोत थे—सरदेशमुखी और चौथ। उनका कहना था कि देश के वंशानुगत (और सबसे बड़े भी) होने के नाते और लोगों के हितों की रक्षा करने के बदले उन्हें सरदेशमुखी लेने का अधिकार है। चौथ के संबंध में इतिहासकार एक मत नहीं हैं।

रानाडे के अनुसार यह सेना के लिए दिया जाने वाला अंशमात्र नहीं था जिसमें कोई नैतिक और कानूनी बाध्यता न होती, अपितु बाह्य शक्ति के आक्रमण से सुरक्षा प्रदान करने के बदले लिया जाने वाला कर था। सरदेसाई इसे शत्रुता रखने वाले अथवा विजित क्षेत्रों से वसूल किया जाने वाला कर मानते हैं। जदुनाथ सरकार के अनुसार यह मराठा आक्रमण से बचने की एवज में वसूले जाने वाले शुल्क से अधिक कुछ नहीं था। अतः इसे एक प्रकार का भयदोहन (दबावपूर्वक ऐंठना) ही कहा जाना चाहिए। यह कहना भी अनुचित न होगा कि दक्षिण के सुल्तानों और मुगलों ने मराठों को अपने इलाकों से ये दोनों कर वसूल करने का अधिकार दिया था जिसने इस उदीयमान राज्य को बड़ी सीमा तक वैधता प्रदान की थी। मराठा राज्य के संबंध में सतीशचंद्र के इस कथन से सहमत हुआ जा सकता है कि मराठा राज्य के अध्ययन

से ज्ञात होता है कि मराठा आंदोलन, जो मुगल साम्राज्य के केंद्रीकरण के विरुद्ध क्षेत्रीय प्रतिक्रिया के रूप में आरंभ हुआ था, की परिणति शिवाजी द्वारा दक्षिण-मुगल प्रशासनिक व्यवस्था के मूलभूत सिद्धांतों को अपनाए जाने में हुई।

पेशवा शासन के दौरान राजस्व प्राप्त करने के कई स्रोत थे जिनका विवरण निम्न प्रकार दिया गया है—

1. चौथ और देशमुखी—चौथ के रूप में जो धन प्राप्त होता था उसका 25% राजा का हिस्सा होता था जो बोबली या बाबसी कहलाता था। 65% भाग जागीरदारों व मराठा सरदारों के द्वारा सेना पर व्यय के लिये निश्चित था और जो मोकासा कहलाता था, 3% नागौड़ा कहलाता था जो लोगों को उनकी सेवा, योग्यता के बदले में पारितोषिक के रूप में प्रदान किया जाता था। विजित प्रदेशों व क्षेत्रों की आय का 3-4 भाग जागीर के रूप में मराठा सरदारों को दिया जाता था। सरदेशमुखी का विभक्तिकरण चौथ के समान ही होता था।

2. भूमि कर—आय की प्राप्ति के साधनों में भूमि कर भी उल्लेखनीय था। इससे काफी धन प्राप्त हो जाता था। लगान जमीन की पैमाइश से निर्धारित होती थी। भूमि को उर्वरा, बंजर और पड़त में बांटा गया था। कृषि उपयोगी भूमि को पाटस्थल (नहरों द्वारा सींची गई) और मोटस्थल (मोटों द्वारा सींची गई) में विभक्त किया जाता था। बंजर भूमि को कृषि योग्य बनाने वालों को तकावी देकर तथा करों में छूट देकर अथवा सुविधा देकर प्रोत्साहित किया जाता था। जो जमीन परती पड़ी थी, उन्हें भी सुधारने के प्रयास किये गये। पेशवाओं के काल में लगान की दर एक समान नहीं होती थी। पैदावार की घट-बढ़ के अनुसार लगान की दरों में वृद्धि अथवा कमी की जाती थी। भू-राजस्व वसूल करने की एक प्रक्रिया होती थी। मालगुजारी प्रायः 4 या 3 किश्तों में दी जाती थी।

3. कुछ और - स्वराज्य तथा अन्य स्थानों में जहाँ पर मराठों द्वारा नियमानुसार व्यवस्थित सरकार स्थापित कर ली जाती थी, वहाँ मालगुजारी, चुंगी कर, व्यवसाय कर, एकाधिकार, टकसालें, अदालती जुर्माने, विभिन्न प्रकार के महसूल आदि स्रोतों से आय की प्राप्ति होती थी। इसके अलावा कुछ छोटे-छोटे करों द्वारा भी राज्य को पर्याप्त आमदनी होती थी, यथा—

1. गृह कर, जो गाँव के अधिकारियों और ब्राह्मणों को छोड़कर सब पर लगाया जाता था।
2. नाप तौल के बाट (बट्टे) इत्यादि परख का वार्षिक कर।
3. पशुओं को घास चराने का कर।

4. उत्तराधिकार कर।
5. घर बेचने पर जो कर लिया जाता था, वह 17 प्रतिशत होता था।

4. चुंगी या वस्तुओं पर कर—चुंगी कर दो प्रकार के होते थे—मोहतरफा और जकात। इनके बारे में संक्षिप्त जानकारी निम्न प्रकार है—

(i) पोलियो पर पालकी कर, सुनार, लुहार, मोची व अन्य फुटकर व्यवसायियों पर दुकान कर, तेन की घानियों, कुम्हार के चक्कों व नौकाओं पर कर शामिल थे,

(ii) जकात कर क्रय एवं विक्रय से संबन्धित था। यह दो प्रकार का होता था जो निम्नलिखित हैं—
   1. **थाल वारित**—यह कर व्यापारिक सामान को लादने के स्थान पर वसूल किया जाता था।
   2. **थाल मोद**—यह कर वस्तु की बिक्री के स्थान पर वसूल किया जाता था। छाप्पा कर तथा मवेशियों पर भी कर लगाया जाता था। नियमानुसार प्रत्येक व्यापारी को अपनी वस्तुएँ कर व चुंगी के लिये प्रस्तुत करनी होती थी।

इनके अतिरिक्त जंगलों में लकड़ी काटने पर तथा शहद, घास और बाँस की बिक्री पर कर लगाया जाता था। न्याय विभाग से जो आय होती थी। दीवानी मुकदमे में 25%, 300 रू. की सम्पत्ति के विभाजन पर 10% तथा फौजदारी मुकदमों में आर्थिक दंड वसूल किया जाता था।

सेना

शिवाजी ने अपनी एक स्थायी सेना बनाई थी और वर्षाकाल के दौरान सैनिकों को वहाँ रहने का स्थान भी उपलब्ध कराया जाता था। शिवाजी की मृत्यु के समय उनकी सेना में 30-40 हजार नियमित और स्थायी रूप से नियुक्त घुड़सवार, एक लाख पदाति और 1260 हाथी थे। उनके तोपखानों के संबंध में ठीक-ठीक जानकारी उपलब्ध नहीं है, किंतु इतना ज्ञात है कि उन्होंने सूरत और अन्य स्थानों पर आक्रमण करते समय तोपखाने का उपयोग किया था। नागरिक प्रशासन की भाँति ही सैन्य-प्रशासन में भी समुचित संस्तर बने हुए थे। घुड़सवार सेना दो श्रेणियों में विभाजित थी—

1. बारगीर व घुड़सवार सैनिक थे जिन्हें राज्य की ओर से घोड़े और शस्त्र दिए जाते थे।
2. सिल्हदार जिन्हें व्यवस्था आप करनी पड़ती थी।

घुड़सवार सेना की सबसे छोटी इकाई में 25 जवान होते थे, जिनके ऊपर एक हवलदार होता था। पाँच हवलदारों का एक जुमला होता था जिसके ऊपर एक जुमलादार होता था। दस जुमलादारों की एक हजारी होती थी और पाँच हजारियों के ऊपर एक पंजहजारी होता था। वह सरनोबत के अंतर्गत आता था। प्रत्येक 25 टुकड़ियों के लिए राज्य की ओर से एक नाविक और भिश्ती दिया जाता था। मराठा सैन्य व्यवस्था के विशिष्ट लक्षण थे किले। विवरणकारों के अनुसार शिवाजी के पास 250 किले थे जिनकी मरम्मत पर वे बड़ी रकम खर्च करते थे। प्रत्येक किले को तिहरे नियंत्रण में रखा जाता था जिसमें एक ब्राह्मण, एक मरा, एक कुनढ़ी होता था। ब्राह्मण नागरिक और राजस्व प्रशासन देखता था, शेष दो सैन्य संचालन और रसद के पहलुओं को देखते थे। यह आम धारणा है कि शिवाजी के सैनिकों को वेतन नगद दिया जाता था, किंतु उस समय की परिस्थितियों और क्षेत्र की सामान्य स्थिति को देखते हुए यह व्यवस्था भी एक आदर्श थी जिसे शिवाजी साकार करना चाहते थे। सिपाहियों, हवलदारों इत्यादि का वेतन या तो खजाने से दिया जाता था या ग्रामीण क्षेत्रों की बारत (आज्ञा) द्वारा जिनका भुगतान कारकून करते थे, किंतु निश्चित रकम के लिए भूमि या गाँव देने की पहले से चली आ रही प्रथा को भी पूर्णतः समाप्त नहीं किया गया था।

आगे चलकर पेशवा काल में सैन्य प्रशासन पर विशेष ध्यान दिया गया था। सेना कई भागों में बँटी थी। पैदल, घुड़सवार, ऐखण्डे (तृतीय श्रेणी के), पेन्ढारी (लूट मार करने वाले), लोपखाना, जहाजी बेड़ा, किले। इनमें घुड़सवार सेना दो प्रकार की थी एक खासगी पगा जो राजा की निजी सेना होती थी और दूसरी शिलेदार जो किराये की होती थी।

पेशवाओं के शासन काल में मराठा सेना का स्वरूप अराष्ट्रीय हो गया था। इससे मराठा सैनिकों में देश प्रेम, राष्ट्र प्रेम, और देश के लिये मर मिटने की स्वभाविक प्रवृत्ति नष्ट हो गयी और जिस प्रकार अन्य विदेशी, विधर्मी सैनिक पैसों की खातिर लड़ते थे, वही भाड़े के टट्टू वाली वृत्ति उनमें घर कर गई।

छत्रपति शिवाजी की नौसेना

पृथ्वी तल पर 2/3 भाग जल व शेष भूमि है। इसी से जल का महत्व स्पष्ट होता है। मात्र यातायात ही नहीं, एक युद्धक्षेत्र से दूसरे तक, सेनाओं का स्थानांतर, जल से होकर ही होता है। 4000 मील लंबे भारतीय समुद्र तट को देखते हुए नौसेना का महत्व स्पष्ट है। मध्ययुगीन भारत में, शिवाजी पहले राजा थे, जिन्होंने नौसेना का महत्व देखकर उसका निर्माण किया।

इस विषय में उनकी दृष्टि इतनी पैनी थी कि उन्होंने आदेश दिए थे कि विदेशी साहूकार-व्यापारी उदाहरणार्थ—फिरंगी, फरांशिस, वलंदेज, डिंगमार (आधुनिक अंग्रेज, फ्रांसीसी, हॉलैंडवासी, डेनमार्कवासी) इत्यादि को समुद्र तट पर स्थान न दिया जाए। देना ही हो, तो तट से दूर, भूमि पर स्थान देकर, इन्हें कड़ी निगरानी में रखा जाए, क्योंकि तट पर रहकर ये अन्य से मिल राज्य के लिए खतरा बन सकते हैं व फिर इन्हें तट से हटाना मुश्किल होता है।

शिवाजीकालीन नीति-निर्देश सिद्धांत आज्ञापत्रों में हैं। इनका लेखक विवादास्पद है, परंतु रचना का गांभीर्य बताता है कि लेखक वरिष्ठ मंत्री के स्तर का होगा। एक मत तो यह भी है कि पूना से आगरा तक औरंगजेब के सामने उपस्थित होने हेतु यात्रा (मार्च 1666) में, भविष्य अनिश्चित जानकर, उन्होंने अपने लिपिकों को जो बिंदु बताए, उन्हीं का विकसित रूप यह श्रेष्ठ रचना है।

शिवाजी ने नौसेना निर्माण व उसके नित्य कार्य में यह ध्यान रखा था कि राज्यकार्य संपन्न होते समय प्रजा को रंचमात्र दुःख न हो। यह प्रशासकीय नीति उनकी दूरदर्शिता व लोककल्याण मनोवृत्ति का प्रतीक है। शिवाजी की नौसैनिक दूरदर्शिता अत्यंत श्रेष्ठ स्तर की थी।

रचयितानुसार नौसेना स्वतंत्र राजयोग ही है। कहा गया है, जैसे अश्वदल से भूमि पर राज्य वैसे नौसेना से जल पर राज्य/वर्चस्व होता है। नौसेना निर्माण हेतु कहा गया है कि गतिशील पोत मँझले आकार के हों, ताकि व्यय सीमा में रहे। तेज हवा से ही चलने वाले युद्धक पोत बनाना जरूरी नहीं है। स्पष्ट है शिवाजी महाराज का जोर छोटे व तेज गति वाले पोतों को बनाने पर था।

सबसे गंभीर निर्देश नौसेना के वेतन के लिए है। वह यह कि यह वेतन बंदरगाहों की पैदास्त (तटकर) में से न दें, क्योंकि इससे नौसेना व तटकर अधिकारी मिलकर व्यापारियों से अधिक कर वसूलेंगे व व्यापार को हानि होगी। दूसरा अहित यह होगा कि नौसेना नागरिक प्रशासन के संपर्क में होगी, जिसका प्रभाव नौसेना के अनुशासन पर होगा। अतः उसे स्थानीय प्रजा से दूर रखकर, वेतन सीधे राजकोष से दें।

नौसेना अधिकारियों में हर पाँच जहाजों पर एक अधिकारी सूबा रखें। इनके ऊपर एक अधिकारी सरसूबा हो। जहाजों पर छोटी-बड़ी तोपें, गोली-बारूद, हथगोले व वीर सिपाही रखें, जो इन साधनों का उपयोग संकट में कर सकें।

समुद्री द्वीपों व खाड़ियों के मुहाने पर सुदृढ़ जलदुर्ग बनाकर वर्षाकाल के कुछ पूर्व ही नौसेना की छावनी बनाएँ। हर वर्ष छावनी नए स्थान पर करें, क्योंकि सारी सावधानी के बाद भी, नौसेना से कुछ उपद्रव प्रजा को संभव है ही। अतः छावनी हर वर्ष नई बने और वह भी जहाँ जलदुर्ग हो, जिसके पीछे खाड़ी हो और खाड़ी का जल शाखाओं में बँटकर और जमीन के अंदर आए।

जलदुर्ग के भय से, शत्रु खाड़ी के अंदर घुसकर, जहाजों को हानि पहुँचाने की हिम्मत नहीं करेगा। नौसेना अधिकारी स्वयं परिवार सहित दो महीने छावनी में रहकर, नौसेना की निगरानी करें व आवश्यक वस्तुएँ शासन से माँगकर संग्रह कर लें। परंतु प्रदेश में से सीधे वस्तुएँ लेकर नुकसान हो, ऐसा न करें। अतिरिक्त वस्तुएँ बाहर से खरीदकर संग्रह कर लें क्योंकि विदेशी वस्तु मँगाई जाय वह तभी आती है, ऐसी मान्यता बन जाए, तो राज्य का प्रभाव, प्रतिष्ठा क्या रहेगी?

नौसेना के युद्धक जहाजों के निर्माण हेतु विदेशियों, विशेषतः पुर्तगालियों की सेवाएँ मराठों ने ली। काम अच्छा हो, इसलिए विदेशी तंत्रज्ञ को घर जैसा लगे व प्रेम रहे, ऐसी स्थिति होना आवश्यक बताकर नौसेना अधिकारियों को आदेश थे कि परदेशी व्यक्ति का लगाव बने ऐसे उसके साथ बरतें (परदेशी माणूस माया लेगे ऐसें बर्तावें)।

नौसेना हेतु सागौन की मजबूत, लंबी व मोटी लकियाँ आवेदन करके शासन से लें। अतिरिक्त लगे वह अन्य स्थान से मँगवाकर संग्रह कर लें। स्वराज्य (शिवाजी

का राज्य) के आम व कटहल ये वृक्ष भी नौसेना निर्माण हेतु काम के हैं, परंतु उन्हें हाथ भी न लगाएँ, क्योंकि ये वृक्ष प्रजा ने शिशु जैसे मानकर यत्न से बड़े किए हैं। उन्हें तोड़ने से प्रजा के दुःख का पार नहीं होगा।

अतः ऐसा न होने दें, क्योंकि किसी एक को दुःख देकर जो कार्य होता है, वह कार्य व उसका कर्ता स्वल्पकाल में ही नष्ट होता है व अंततः राज्यकर्ता पर ही दोष आता है—अतः प्रजा को दुःख देकर, वृक्ष न काटें। कदाचित कोई वृक्ष अतिजीर्ण होकर, मालिक के काम का न रहे, तो भी उसके मालिक को राजी करके, द्रव्य देकर, उसके संतोष से तोड़ ले जाएँ। ऐसे मामलों में जोर-जबर्दस्ती बिलकुल न करें।

उपरोक्त शब्दों से ज्ञात होता है कि शिवाजी ने नौसेना निर्माण व उसके नित्य कार्य में यह ध्यान रखा था कि राज्यकार्य संपन्न होते समय प्रजा को रंचमात्र दुःख न हो। यह प्रशासकीय नीति उनकी दूरदर्शिता व लोककल्याण मनोवृत्ति का प्रतीक है। शिवाजी की नौसैनिक दूरदर्शिता अत्यंत श्रेष्ठ स्तर की थी। उन्होंने महाराष्ट्र तट पर विजयदुर्ग, सिंधुदुर्ग, स्वर्णदुर्ग व पद्‌मदुर्ग जैसे महत्वपूर्ण जलदुर्गों का निर्माण करके अपने नौसैनिक प्रतिस्पर्धी विदेशियों जैसे—जंजीरा के सिद्दी, पुर्तगाली व विशेषतः अंग्रेजों को नियंत्रण में रखा जो (अंग्रेज), सिद्दियों को खुले व छुपे रूप से शिवाजी के विरुद्ध सहायता देते थे।

अंततः शिवाजी ने अंग्रेजों का राजापुर (महाराष्ट्र) स्थित केंद्र नष्ट कर दिया (1661)। शिवाजी की नौसैनिक परंपरा में ही मराठों ने आगे सशक्त नौसेना का निर्माण किया जिसके पराक्रमी नौसेनाध्यक्ष सेनापति (दर्यासारंग) कान्होजी आंग्रे थे, जिनकी समुद्र पर इतनी धाक थी कि अंग्रेज समुद्र पर मराठों से दूर ही रहते थे। वीर कान्होजी आंग्रे को सम्मानित करने हेतु भारतीय नौसेना का एक पोत, 'कान्होजी आंग्रे' भी है। यह स्थिति शिवाजी के बाद भी थी, जिसका श्रेय शिवाजी को है।

न्याय एवं दंड व्यवस्था

पेशवा शासन काल में दण्ड और न्याय व्यवस्था पर विशेष ध्यान दिया जाता था। पुणे में अपील का सबसे बड़ा न्यायालय था। उसकी अधीनता में अन्य छोटे-छोटे न्यायालय थे। इनके अतिरिक्त हुजूर पंचायतें, ब्रहा संभायें तथा जाति सभायें भी थीं। कमाविसदार मालगुजारी संबंधी कर्तव्यों के अतिरिक्त माल तथा फौजदारी का भी अधिकार रखता था। वकीलों के लिये कोई स्थान न था।

दीवानी सम्बन्धी मामलों को निपटाने के लिये सुलह व समझौता किया जाता था। इस उद्येश्य की प्राप्ति हेतु मध्यस्थ निश्चित कर उसे समझौता कराने का आदेश दिया जाता था। यदि उसका प्रयास असफल रहता तो उस मामले को पंचायत के सुपुर्द कर दिया जाता था। गाँवों में पंच पटेल नियुक्त करता था और शहरों में सेठ महाजन। पंचायत के फैसलों की अपील सामंतदार के पास होती थी जो प्रायः पंच फैसलों का ही अनुमोदन करता था। सर्वोच्च न्यायिक शक्ति पेशवा के हाथ में थी।

फौजदारी मामलों के लिये प्राचीन निमय अपनाये जाते थे। पंचायत का उपयोग कम होता था। ग्राम में फौजदारी न्याय हेतु मुख्य कर्ता पाटिल या पटेल होता था। जिले में मामलतदार और प्रांत में सर-सूबेदार और राजधानी में पेशवा न्यायाधीश का कार्य करता था। दंड प्रायः कठोर नहीं होते थे।

घोर अपराधियों को अंग-अंग का दंड दिया जाता था। कठिन परिक्षण दंड की व्यवस्था थी। राजद्रोह के अपराध में अपराधी को हाथी के पैरों तले कुचलवा दिया जाता था।

कारावास की व्यवस्था में भ्रष्टाचार का बोलबाला था। इसका स्वरूप प्रारम्भिक दशा में ही था। प्रायः अपराधी जेलर को रिश्वत दिया करते थे। किलेदार घूस के बदले में दुर्ग में बंद कैदियों को भागने का अवसर दे देते थे।

जनमत की प्रतिक्रिया के डर से न्याय प्रदान करने वाली संस्थायें अंतिम निर्णय देने में विलंब करती थीं, न्यायालयों के समझ निश्चित न्याय आधार नहीं होने से निर्णय अनिश्चित हुआ करते थे। पंचायतों के न्यायिक अधिकार बड़े सीमित थे और इस सब के अलावा सग्रंहित नियमित कानूनी प्रक्रिया तथा न्यायिक प्रक्रिया का सर्वथा अभाव था।

पुलिस व्यवस्था

पेशवा काल में पुलिस व्यवस्था कोई विशेष अच्छी नहीं थी। इसमें कई खामियाँ थीं। अनेक डाकुओं के सरदारों को पुलिस कार्य के लिये राज्य से वेतन मिलता था। वे अपराधियों को पकड़ने या उनका पता लगाने के स्थान पर स्वयं ही डाका डालकर तथा जनता को लूटकर उत्पात मचाया करते थे। निर्दोष प्रजा की रक्षार्थ पर्याप्त साधन न थे। अपराधों की संख्या बढ़ जाने पर उनके दमन के लिये सेना भेज दी जाती थी। यह सेना मार काट कर शस्त्रों से दमन करती थी और अपराधियों को पकड़ने या उनका पता लगाने का कोई प्रयत्न नहीं करती थी। ऐसी पुलिस व्यवस्था में बाजीराव द्वितीय के समय में कुछ सुधार देखने को मिलते हैं।

जिला प्रशासन

पेशवाओं के समय जिला प्रशासन का सर्वाधिक महत्त्व था। दूसरे शब्दों में यह भी कह सकते हैं कि जिला प्रशासन शासन व्यवस्था की नींव थी। मराठा राज्य विभिन्न परगनों में विभक्त थे। परगनों में कमाविशदार, हवलदार, चार सैनिक पदाधिकारी हुआ करते थे। मराठा राज्य के अन्य भाग सूबा कहलाते थे। सूबा के अलावा डिविजन भी होते थे।

मामलतदार

यह जिले का मुख्य पदाधिकारी होता था जो कुछ वर्षों के लिये ही नियुक्त होता था। वह जिले में पेशवा का प्रत्यक्ष प्रतिनिधि होता था। यह केन्द्रीय सरकार को जिले की आय-व्यय का वार्षिक हिसाब देता था। वह सरकारी भूमि-कर वसूली के लिये और उसे सरकारी खजाने में जमा करने के लिये उत्तरदायी था।

कमाविसदार

यह मामलतदार का सहायक होता था जो किसी प्रकार के छोटे क्षेत्र पर शासन करता था जो कि परगना कहलाता था। महाराष्ट्र (स्वराज्य) के प्रदेशों के कामविसदार पेशवा मंत्रालय के अधीन होते थे।

अन्य प्रमुख अधिकारी

मामलतदार पर एक प्रमुख प्रतिबंध दरखदारों का होता था। ये प्रायः वंश परंपरागत होते थे। ये सीधे पेशवा के अधीन होते थे तथा उसी कार्यालय में अपनी रिपोर्ट देते थे। ये अधिकारी संख्या में 8 होते थे यथा—दीवान अथवा मामलतदार का सहयोगी (डिप्टी), 2. मजूमदार, 3. फड़नवीस, 4. दफतरदार, 5. पोटनीज, 6. पोतदार, 7. सभासद और 8. चिटनीस। इनसे अपेक्षा की जाती थी कि ये एक दूसरे के कार्यों पर तथा मामलतदार पर भी नियंत्रण रखेंगे। मामलतदार इनमें से किसी को भी सेवा से हटा नहीं सकता था।

शासन सुधार

शिवाजी ने अपने शासन में अनेक सुधार किए। उन्होंने कुएँ खुदवाए, धर्मशाला बनवाई। अतिथि विश्राम-गृह और चिकित्सालय भी खोले। उनकी दृष्टि जिधर जाती, उधर ही सोना बरसने लगता, धरती की गोद भर जाती। माताएँ खुशहाल

थीं। उसके आँचल में दूध और आँखों में पानी था। पुरुषों की अपनी मर्यादा थी। हिंदू धर्म जीवित ही नहीं, जागरूक था और यवन उसे देख-रेख कर ठंडी आहें भर रहे थे। उस समय शिवाजी के दरबार में एक कवि आया। उसने अपनी कविता सुनाई। वह कविता क्या थी मानों अपने में जादू थी। यह कवि भूषण था।

उन्होंने कवि भूषण को स्वर्ण-मुद्राएँ इनाम में दीं। कुछ दिन में ही भूषण उनके राज-कवि कहलाने लगे और उन्हीं के दरबार में रहने लगे। शिवाजी विद्वानों का जितना अधिक आदर करते उतना और किसी का नहीं। वे विद्वान् थे और जानते थे कि अच्छे साहित्य से ही अच्छे साम्राज्य की सृष्टि होती है। जिस देश का साहित्य उन्नत दशा में नहीं होता। वह देश कभी तरक्की नहीं कर सकता। साहित्य का अपना अलग योग है। साहित्य ही मनुष्य का जीवन है और वही उसकी सफलता की कुंजी है।

प्रसिद्ध इतिहासकार डेनिस डिन्डेड ने शिवाजी का वर्णन करते हुए लिखा है कि ''शिवाजी का व्यक्तित्व ही उनका प्रभाव मनुष्य पर छोड़ता। जो भी उन्हें देखता, उसने प्रभावित हुए बिना नहीं रहता। उनकी चमकीली आँखें यह बतलातीं कि वे विलक्षण प्रतिभा वाले एक अलौकिक पुरुष हैं।

कवि भूषण शिवाजी के दरबार में जब से आए, फिर कभी नहीं गए। उन्होंने महत्त्वपूर्ण कविताएँ लिखीं। उसने शिवाजी की ख्याति और यश का बखान किया। उन्होंने हिन्दू धर्म-रक्षक के नाते शिवाजी को उस समय का ईश्वर माना, जबकि हिन्दू जनता यवनों के अत्याचार से बुरी तरह पीड़ित थी। सबसे पहला ग्रंथ भूषण ने जो लिखा उसका नाम 'शिवा-भवानी' था। इस पुस्तक पर शिवाजी ने उन्हें कई स्वर्ण मुद्राएँ दीं और उनका इतना सम्मान किया कि वे छत्रपति शिवाजी के सम्मान से झुक गए और उनका इतना आदर करने लगे मानों उनके ईश्वर यही हों।

कुछ दिन बाद भूषण ने दूसरे ग्रंथ की रचना की। इसमें बहुत अधिक समय लगा। इसका नाम उन्होंने रखा 'शिवराज-भूषण'। अब शिवाजी की दृष्टि में वे इतने ऊँचे उठ गए, जिसका नाम नहीं। उन्होंने उन्हें कई हजार रुपये का पुरस्कार दिया। इसके बाद फिर कोई दिन ऐसा नहीं जाता जिस दिन शिवाजी भूषण की कविता न सुनें।

कवि भूषण मानों उस समय के पैगम्बर थे। उनकी दृष्टि दिव्य थी और बुद्धि व्यापक। कवि और लेखक अगर चाहें तो वह किसी भी साम्राज्य का तख्ता पलट सकते हैं। भूषण की कविता जोशभरी थी। उसमें देशभक्ति थी। वे मुसलमान शासकों को निंदक थे। उन्हें अपनी हिंदू जनता से अत्यधिक प्रेम था।

शिवाजी जब दरबार में आकर बैठते और राजकाज की कार्यवाही शुरू होने लगती तो सबसे पहले वे कवि भूषण से एक कविता सुनते। उसके बाद दूसरा काम करते।

कवि भूषण की चर्चा दिल्ली दरबार में भी हो रही थी। बादशाह औरंगजेब को यह बतलाया गया कि कवि भूषण हिन्दुओं के कट्टर समर्थक हैं। वे अपनी कविता से महाराष्ट्र में जादू फैला रहे हैं। उसका असर रिआया पर ऐसा पड़ रहा है कि वह उनकी भक्त हो रही है। अगर प्रशंसा में कविता लिखता तो इससे मुगल सल्तनत का बहुत बड़ा हित होता।

लेकिन बादशाह औरंगजेब के दरबार के केवल उसी के लिए सम्मान का पद प्राप्त था जो कट्टर मुसलमान था। वह भी शिया नहीं सुन्नी। वह कवि, कविता और साहित्य की ओर अधिक ध्यान नहीं देता। लेकिन शिवाजी गुण के ग्राहक थे। उनकी दृष्टि पारखी थी। वे एक भूषण का ही नहीं, प्रत्येक कवि और लेखक का आदर करते। उनके दरबार में जो भी साहित्यकार पहुँच जाता, चाहे वह किसी भी भाषा को हो, खाली हाथ नहीं लौटता था। उसे वे धन संपदा ही नहीं देते। इतना सम्मान करते कि वह उनका आभार नहीं चुका पाता।

7

धार्मिक नीति

शिवाजी एक समर्पित कट्टर हिन्दु थे, पर वह धार्मिक सहिष्णुता के पक्षपाती भी थे। उनके साम्राज्य में मुसलमानों को धार्मिक स्वतंत्रता थी और मुसलमानों को धर्मपरिवर्तन के लिए विवश नहीं किया जाता था। कई मस्जिदों के निर्माण के लिए शिवाजी ने अनुदान दिया। हिन्दू पण्डितों की तरह मुसलमान सन्तों और फकीरों को भी सम्मान प्राप्त था। उनकी सेना में मुसलमानों की संख्या काफी थी, पर वे हिन्दू धर्म के संरक्षक थे। पारम्परिक हिन्दू मूल्यों तथा शिक्षा पर बल दिया जाता था। वह अपने अभियानों का आरंभ भी अक्सर दशहरा के मौके पर करते थे।

हिंदू राष्ट्रनीति के उन्नायक

शिवाजी महाराज हिंदू राष्ट्रनीति के उन्नायक थे। बाद में चलकर वीर सावरकर ने राजनीति का हिंदूकरण और हिंदुओं का सैनिकीकरण का जो मंत्र हिंदू राष्ट्रनीति (राजनीति नहीं) का मूल आधार घोषित किया, वह चिंतन वास्तव में उन्हें शिवाजी महाराज से मिला था। शिवाजी महाराज ने अपने राज्याभिषेक (6 जून 1674) के अवसर पर हिंदू पद पादशाही की घोषणा की थी। वह देश में हिंदू राजनीति को स्थापित कर देश से विदेशियों को खदेड़ देना चाहते थे। उनकी राजनीति का मूल आधार नीति, बुद्धि तथा मर्यादा-ये तीन बिंदु थे। रामायण, महाभारत तथा शुक्रनीतिसार का उन्होंने अच्छा अध्ययन किया था। इसलिए अपने

राज्य को उन्होंने इन्हीं तीनों महान ग्रंथों में उल्लेखित राजधर्म के आधार पर स्थापित करने का पुरुषार्थ किया। वह राष्ट्रनीति में मानवतावाद को ही राष्ट्रधर्म स्वीकार करते थे। शुक्र नीति में तथा रामायण व महाभारत में राजा के लिए 8 मंत्रियों की मंत्रिपरिषद का उल्लेख आता है। इसलिए शिवाजी महाराज ने भी अपने राज्य में 8 मंत्रियों का मंत्रिमंडल गठित किया था।

अष्टप्रधान

मंत्रिमंडल इस प्रकार का था—

1. पेशवा-मुख्य प्रधान या मंत्री
2. मुजुमदार-आमात्य
3. सुरनिस-सचिव
4. वाकनिक-मंत्री
5. सरनौबत-सेनापति
6. दुबीर-सुमंत
7. न्यायाधीश-प्राड़विवाक, जज

पंडित राव-धर्माधिकारी या दानाध्यक्ष। शेजवलकर का मानना है कि ये अष्टद्ध प्रधान की कल्पना शिवाजी ने 'शुक्रनीतिसार' से ही ली थी, क्योंकि उन्हें इस ग्रंथ का पता था। ऐसे ग्रंथों को आधार बनाकर ही हिंदू पद पादशाही की कल्पना की जा सकती है।

ऐतिहासिक तथ्यों की आलोचना

अंग्रेज इतिहासकारों व मुस्लिम इतिहासकारों ने शिवाजी को अपना सांझा शत्रु माना है। इसलिए उन्होंने शिवाजी को औरंगजेब की नजरों से देखते हुए पहाड़ी चूहा या एक लुटेरा सिद्ध करने का प्रयास किया है। अत्यंत दुख की बात ये रही है कि इन्हीं इतिहासकारों की नकल करते हुए कम्युनिस्ट और कांग्रेसी इतिहासकारों ने भी शिवाजी के साथ न्याय नहीं किया। छल, छद्म के द्वारा कलम व ईमान बेच देने वाले इतिहासकारों ने शिवाजी के द्वारा हिंदू राष्ट्रनीति के पुनरुत्थान के लिए जो कुछ महान कार्य किया गया उसे मराठा शक्ति का पुनरुत्थान कहा गया ना कि हिंदू शक्ति का पुनरुत्थान। ऐसे ही हमें पंजाब में सिख शक्ति का उत्थान होता दिखाया जाता है, जबकि हिंद की चादर कहे जाने वाले गुरुओं का मंतव्य उस समय हिंदुत्व की रक्षा के लिए स्वयं को और अपने शिष्यों (सिक्खों) को सौंप देना था। स्वार्थी

इतिहासकारों का मंतव्य तभी पूर्ण हो सकता था जब हमें टुकड़ों में (मराठा, राजपूत, गुर्जर, सिक्ख आदि) दिखाया जाता है। यदि ये लोग हिंदू समाज के लिए इन सारे प्रयासों को जागरण के रूप में पेश करते तो उनका यह कार्य तत्कालीन राजसत्ताओं के लिए कष्टकर हो सकता था।

शिवाजी की नीति

शिवाजी की नीति धर्मनिरपेक्ष राज्य की स्थापना करने की थी। खानखां जैसे इतिहासकार ने भी उनके लिए यह कहा है कि शिवाजी के राज्य में किसी अहिंदू महिला के साथ कभी कोई अभद्रता नहीं की गयी। उन्होंने एक बार कुरान की एक प्रति कहीं गिरी देखी तो अपने एक मुस्लिम सिपाही को बड़े प्यार से दे दी। याकूत नाम के एक पीर ने उन्हें अपनी दाढ़ी का बाल प्रेमवश दे दिया तो उसे उन्होंने ताबीज के रूप में बांह पर बांध लिया। साथ ही बदले में उस मुस्लिम फकीर को एक जमीन का टुकड़ा दे दिया। ऐसी ही स्थिति उनकी हिंदुओं के मंदिरों के प्रति थी। वह काल वोट की राजनीति का काल नहीं था, इसलिए कहीं कोई तुष्टिकरण नहीं था, कहीं उनके राज्य में किसी का अनुचित उत्पीड़न नहीं था। यही था वास्तविक धर्मनिरपेक्ष राज्य। आज की राजनीति तो इस राज्य का अर्थ ही नहीं समझ पायी है।

शिवाजी की इस नीति की प्रशंसा कई इतिहासकारों ने की है और ये माना है कि शिवाजी की इस प्रकार की नीति के कारण ही उनके खिलाफ कभी उनके किसी मुस्लिम सिपाही ने बगावत नहीं की।

शुद्धि पर बल दिया

शिवाजी का मुस्लिम प्रेम अपनी प्रजा के प्रति एक राजा द्वारा जैसा होना चाहिए, उस सीमा तक राष्ट्र धर्म के अनुरूप था। इसका अभिप्राय कोई तुष्टिकरण नहीं था। इसी आदर्श को कालांतर में सावरकर ने हिंदू राज्य में स्थापित करने पर बल दिया। शिवाजी इसके उपरांत भी हिंदू संगठन पर विशेष बल देते थे। इसलिए उन्होंने निम्बालकर जैसे प्रतिष्ठित हिंदू को मुसलमान बनने पर पुनः हिंदू बनाकर शुद्ध किया। साथ ही निम्बालकर के लड़के को अपनी लड़की ब्याह दी। नेताजी पालेकर को 8 वर्ष मुस्लिम बने हो गये थे। शिवाजी ने उन्हें भी शुद्ध कराया और पुनः हिंदू धर्म में लाए। ऐसे और भी कितने ही उदाहरण उनके विषय में दिये जा सकते हैं।

शिवाजी का बौद्धिक चातुर्य

राजा जय सिंह की विश्वासघात भरी बातों में फंसकर शिवाजी महाराज 1666 में आगरा स्थित औरंगजेब के लालकिले आ गये। उन्हें बहुत बड़े सम्मान का भरोसा जयसिंह की ओर से दिया गया था, लेकिन आगरा में ऐसा कुछ न पाकर शिवाजी को वास्तविकता को जानने में देर न लगी। औरंगजेब ने उन्हें पांच हजारी मनसबदारों की पंक्ति में बैठाने का निर्देश दिया जिसे देखकर शिवाजी बिगड़ गये।

इसके पश्चात उन्हें नजरबंद कर दिया गया, फिर औरंगजेब उन्हें मारने की योजना बनाने लगा। औरंगजेब के इस इरादे की सूचना राजा यशवंत सिंह के लड़के कुंवर रामसिंह ने शिवाजी को दे दी, तब शिवाजी ने बौद्धिक चातुर्य से काम लिया, पहले अपने को बीमार घोषित कराया, फिर एक दिन स्वस्थ होने की खुशी में फल और मिठाई बांटने की आज्ञा बादशाह से प्राप्त की। अमीर उमरावों व बड़े-बड़े पदाधिकारियों को मिठाई भिजवाना आरंभ किया गया। बड़े-बड़े टोकरों में मिठाई भर-भरकर बाहर जाने लगी। जब दरवाजों पर टोकरों की रोक-टोक समाप्त हो गयी तब चुपके से अपने बेटे शम्भाजी को पहले एक टोकरे में बैठाकर बाहर निकाल दिया फिर स्वयं निकल गये और अपने बिस्तर में अपने एक हमशक्ल साथी को लिटा दिया और स्वयं बैरागी गुसाईयों की एक टोली के साथ दाढ़ी मूंछ कटाकर उनके साथ काशी के लिए चल दिये। काशी में एक मुगल सेनापति ने उक्त मंडली रोक ली।

शिवाजी ने स्वयं को फिर फंसा देखकर यहां एक मुगल सैनिक से सांठगांठ की और उसे दो बेशकीमती हीरे देकर वहां से भी निकल भागे। ये था शिवाजी का बौद्धिक चातुर्य। ऐसा ही चातुर्य उन्होंने अफजल खां का वध करते समय 1659 में दिखाया था। कई इतिहासकारों ने उन पर यहां हत्या का आरोप लगाया है। लेकिन इस घटना का उल्लेख करते हुए मीर आलम लिखता है कि अफजलखां ने शिवाजी को बगलगीर करके मजबूती से पकड़ा और अपनी कटार से उस पर वार किया। शिवाजी ने पलटकर उस पर बाघनख और बिच से हमला किया। सरकार ने भी शिवाजी के कृत्य को आत्मरक्षा में उठाया गया कदम सिद्ध किया है। हिंदू राष्ट्रनीति का तकाजा भी यही है कि दुष्ट के साथ दुष्टता का व्यवहार करो।

शिवाजी की मर्यादा

किसी भी मस्जिद को किसी सैनिक अभियान में शिवाजी ने नष्ट नहीं किया। इस बात को मुस्लिम इतिहासकारों ने भी खुले दिल से सराहा है। गोलकुण्डा के

अभियान के समय शिवाजी को यह सूचना मिल गयी थी कि वहां का बादशाह शिवाजी के साथ संधि चाहता है, इसलिए उस राज्य में जाते ही शिवाजी ने अपनी सेना को आदेश दिया कि यहां लूटपाट न की जाए, अपितु सारा सामान पैसे देकर ही खरीदा जाए। बादशाह को यह बात प्रभावित कर गयी। जब दोनों (राजा और बादशाह) मिले तो शिवाजी ने बड़े प्यार से बादशाह को गले लगा लिया। शिवाजी ने गौहरबानो नाम की मुस्लिम महिला को उसके परिवार में ससम्मान पहुंचाया। उनके मर्यादित और संयमित आचरण के ऐसे अनेकों उदाहरण हैं। अपने बेटे सम्भाजी को भी एक लड़की से छींटाकशी करने के आरोप में सार्वजनिक रूप से दण्डित किया था।

शिवाजी क्योंकि कट्टर हिंदू थे अतः बादशाही के माध्यम से देश में 'हिंदू राज्य' स्थापित करना चाहते थे इसलिए उन्होंने हिंदू राष्ट्रनीति के तीनों आधार स्तंभों नीति, बुद्धि और मर्यादा पर अपने जीवन को और अपने राज्य को खड़ा करने का प्रयास किया।

मराठों के शासन काल में धर्म की स्थिति

मराठा इतिहास में पेशवाओं ने धर्म का पूरा-पूरा सम्मान किया। उनके शासनकाल के दौरान धर्म की स्थिति पर निम्न प्रकार प्रकाश डाला गया है—

1. धर्म के आडंबरों का खंडन—महाराष्ट्र धर्म आडम्बरों से मुक्त था। इसमें वास्तविकता को ही अपनाया जाता था। अर्थहीन धार्मिक आध्यात्मिक व्रतों, उपवासों, तीर्थयात्राओं, निरर्थक यातना एवं हृदयहीन धार्मिक कृत्यों एवं समारोहों का खंडन इस धर्म ने किया।

2. महाराष्ट्र धर्म की व्यापकता—महाराष्ट्र धर्म अत्यंत व्यापक था। समाज के समस्त हिंदू-मुसलमान, स्त्री-पुरुष, शिक्षित-प्रशिक्षित, ऊँच-नीच इससे प्रभावित हुए। संतों द्वारा प्रदान की गई उच्च आध्यात्मिकता का प्रभाव किसी एक वर्ग विशेष तक सीमित न रह कर समाज के समस्त अंगों तक पहुँ गया।

3. भक्ति का महत्व—महाराष्ट्र धर्म के अंतर्गत भक्ति को अत्यधिक महत्व दिया गया। महाराष्ट्र के संघ धार्मिक क्रियाओं के सरलीकरण की भावना से प्रेरित थे और कठोर यौगिक क्रियाओं की आलोचना करके उन्होंने भक्ति मार्ग का प्रतिपादन किया। इन भक्तों ने अपने आचरण एवं लेखनी से यह स्पष्ट किया कि ज्ञान, योग, स्वास्थ्य, संपदा और यहाँ तक कि मोक्ष भी स्वयं वांछनीय नहीं है। जीवमात्र के प्रति प्रेम की भावना ही महाराष्ट्र धर्म की प्रमुख विशेषता थी।

4. जातीय भेदभाव की संकीर्णताओं का खंडन—इस धर्म को मानने वाले संतों ने हिंदुओं की जातीय संकीर्णताओं का प्रबल विरोध किया। उन्होंने जन्म एवं सामाजिक स्थिति के ऊपर उठकर मनुष्य की आत्मा की प्रमुखता को प्रतिपादित किया। क्योंकि इस आंदोलन के लगभग 50 महान् संतों में आधे जातीय, शिक्षा और सामाजिक दृष्टि से पिछड़े वर्ग से हुए थे।

5. सौम्य एवं दयालु ईश्वर की कल्पना—यह एक अच्छी बात मानी जा सकती है कि महाराष्ट्र धर्म में सौम्य एवं दयालु ईश्वर की कल्पना की गई है। वहाँ के संतों ने भयानक बलि प्रथा एवं कर्म कांड की आलोचना की है। उन्होंने एक ऐसे ईश्वर की कल्पना की है जो कि अपने भक्तों पर सदैव दयालु रहता है, उन्हें प्रोत्साहन देता है।

6. मराठी भाषा एवं साहित्य का महत्व एवं विकास—चूँकि मराठों की भाषा मराठी थी अतः सन्तों ने उपदेश भी इसी भाषा में दिये हैं। इन संतों ने लोकप्रिय धार्मिक ग्रंथों यथा—रामायण, महाभारत, भगवद्गीता, पुराणों आदि का मराठी भाषा में अनुवाद किया। ऐसा कर उन्होंने धर्म की अमूल्य निधि हो, जो ब्राह्मण विद्वानों तक ही सीमित थी, जन-जन तक पहुँचाने का महत्वपूर्ण कार्य किया। इस प्रकार इन संतों ने मराठी भाषा एवं साहित्य के विकास में महान योगदान दिया।

7. बहुदेववाद तथा मूर्तिभंजन का विरोध—महाराष्ट्र धर्म के संतों ने अतिशय मूर्तिपूजा तथा अनेकों देवी-देवताओं की पूजा का भी खंडन किया। प्रत्येक संत का अपना अलग एक इष्ट देवता होता था जिसकी वह एकनिष्ट पूजा करता था। इन संतों की एकनिष्ट भक्ति के संबंध में यह प्रचलित है कि जब भी ये किसी दूसरे देवता के मंदिर को जाते तो वे उस मूर्ति को तब तक नहीं देखते थे जब तक वह उन्हें उसी रूप में नहीं दिखाई देती थी जिस रूप में वे उसकी पूजा करते थे किंतु एकेश्वरवाद में अटूट श्रद्धा ने उन्हें असहिष्णु तथा मूर्तिभंजक नहीं बनाया।

8. धार्मिक सहिष्णुता एवं उदारता—पेशवा काल की यह विशेषता कही जा सकती है कि महाराष्ट्र धर्म में सांप्रदायिकता का कोई स्थान नहीं था। वहाँ के संतों ने कभी भी सांप्रदायिकता के प्रभाव को अपने ऊपर छाने नहीं दिया। अस्तु, धार्मिक सहिष्णुता एवं उदारता इस धर्म की विशेषता थी। शेख मोहम्मद, तुकाराम, एकनाथ, रामदास आदि संत इसी उदात पवित्रता के प्रतीक थे। रानाडे के अनुसार अल्लाह एवं राम की अनिवार्य एकता की पारस्परिक मान्यता के आधार पर दोनों जातियों (संप्रदायों) में मेल-जोल स्थापित करने की भावना भी दिखलायी दे रही थी और शिवाजी के उत्थान के समय तक, मुस्लिम शासकों के कुछ उदाहरणों को छोड़कर, पारस्परिक मेल की प्रवृत्ति लगभग पूरी हो चुकी थी।

9. विवाह तथा पारिवारिक जीवन की प्रतिष्ठा—इस धर्म के तहत विवाह व पारिवारिक जीवन को पर्याप्त सम्मान दिया जाता था। इस धर्म के संतों ने विवाह कर तथा पारिवारिक जीवन व्यतीत कर इन दोनों संस्थाओं को उच्च प्रतिष्ठा प्रदान की तथा राष्ट्र में फैली इस गलतफहमी को दूर किया कि इनसे आध्यात्मिक उत्कर्ष में अनिवार्यतः बाधा पहुँचती है। एकनाथ जीवनभर अपनी पत्नी और बच्चों के साथ रहे और इसी प्रकार का पारिवारिक जीवन तुकाराम, नामदेव, बोधले बाबा, चौखामैला, दामाजी पंत, भानुदास आदि ने व्यतीत किया। ज्ञानदेव के पिता को, जिन्होंने अपने पत्नी की सहमति के बिना ही सन्यास ग्रहण कर लिया था, गुरू रामानंद द्वारा पत्नी के साथ पुनः पारिवारिक जीवन व्यतीत करने के लिये वापस घर भेज दिया गया। इन संतों द्वारा वैवाहिक तथा पारिवारिक जीवन को प्रतिष्ठा दिये जाने के कारण ही संन्यास या निवृत्ति की प्राचीन परंपरा को आघात पहुँचा।

महाराष्ट्र धर्म का प्रभाव

इतिहासकार महाराष्ट्र धर्म को मराठों का आदर्श मानते हैं। उनका कहना है कि इस धर्म का प्रभाव सभी क्षेत्रों पर पड़ा। यह प्रभाव मराठों के लिये हितकर भी रहा और बुरा भी। यहाँ हम प्रभाव की संक्षेप में चर्चा कर रहे हैं—

1. राजनीतिक क्षेत्र पर प्रभाव—महाराष्ट्र धर्म का राज्य की राजनीति पर काफी प्रभाव था। श्रीराम शर्मा ने महाराष्ट्र के प्रेरणा स्रोत संतों के राजनीतिक प्रभाव के संबंध में लिखा है। ये संत चाहे किसी भी विचारधारा या वर्ग के हों—इनकी शिक्षाओं का कुल प्रभाव था महाराष्ट्र धर्म का प्रचार, जिसका सुदूरगामी राजनीतिक परिणाम निकला। इसे भी विद्धान इतिहासकार मानते हैं कि 17 वीं सदी में मराठा स्वराज्य के आदर्श पर महाराष्ट्र धर्म का प्रभाव अत्यंत व्यापक रूप से पड़ा था। रानाडे ने तो यहाँ तक लिख दिया है कि राजनीतिक आंदोलन, धार्मिक आंदोलन की अभिव्यक्ति मात्र था। शिवाजी, शम्भाजी, राजाराम तथा शाहू के बाद भी महाराष्ट्र धर्म का पालन हुआ। शाह के बाद भी महाराष्ट्र धर्म के आदर्श ने मराठा राजनीति को अंत तक प्रभावित किया। सरदेसाई के मतानुसार, प्रथम बार पेशवाओं बालाजी विश्वनाथ, बाजीराव, बालाजीराव माधव राव ने महाराष्ट्र धर्म का पूरी तरह से पालन किया। इसी कारण पेशवाओं ने अपनी शक्ति विस्तार की भावना से कम तथा महाराष्ट्र धर्म भावना से अधिक प्रेरित होकर किया।

2. सामाजिक क्षेत्र पर प्रभाव—महाराष्ट्र धर्म में सामाजिक बुराइयों को दूर करने का काफी प्रयास किया गया। महाराष्ट्र धर्म के प्रणेता संतों ने एक ऐसे मराठा

समाज की रचना में योगदान दिया जो जाति-पाँति की संकीर्णताओं से पूर्णतया मुक्त था। मराठा धर्म के प्रभाव के फलस्वरूप शूद्रों ने भी ब्राह्मणों की भाँति ही पर्याप्त आत्मविश्वास के साथ सामाजिक जीवन के उत्थान का प्रयास किया। इसी के कारण महाराष्ट्र में वैवाहिक एवं पारस्परिक जीवन को महत्व प्रदान किया गया और स्त्रियों को भी सम्मान मिला तथा उनकी उन्नति संभव हो सकी। महाराष्ट्र धर्म की उदार भावना के फलस्वरूप ही हिंदू मुस्लिम समन्वय व मधुर संबंधों की प्रक्रिया को गति मिली व धीरी-धीरे यह सुदृढ़ होने लगा।

3. धार्मिक क्षेत्र पर प्रभाव—धार्मिक दोषों को दूर करने में सहयोगी था। इसी की देन है कि धर्म में व्याप्त संकीर्णताओं, बाह्य आडम्बरों एवं कर्मकांडों का महत्व कम हुआ, मूर्तिपूजा की अतिशय वादिता एवं बहुदेववाद पर नियंत्रण लगा और धर्म, अपने वास्तविक रूप में, उच्च धरातल पर पहुँच सका। योग के साथ ही भक्ति को भी अधिक महत्व प्राप्त हुआ। अब धर्म केवल ज्ञानियों की निधि न रहा, बल्कि वह जन-जन में व्याप्त हो गया। भक्तों द्वारा गाये जाने वाले भजनों का प्रभाव जनमानस पर अत्यंत व्यापक रूप से पड़ा।

4. साहित्यिक क्षेत्र पर प्रभाव—महाराष्ट्र धर्म ने मराठी भाषा और साहित्य के विकास में व्यापक योगदान दिया। इस धर्म की प्रेरणा के फलस्वरूप ही मराठा भाषा के साहित्य की विविध विधाओं का विकास हुआ। शिवाजी के शासन काल में राजदरबार में प्रयोग की जाने वाली शब्दाली तैयार की गई जो राज्य व्यवहार कोष के नाम से विख्यात है। ऐतिहासिक साहित्य के अंतर्गत शिवाजी पर सभासद का वर्णन, भाऊ साहब का बखर, होल्करों की कैफियत और पेशवाओं की 2 बखर आदि विशेष रूप से उल्लेखनीय ग्रंथ है। मराठा साहित्य के अंतर्गत चिटनिसों द्वारा लिखे गये यथा पारनीस द्वारा अनुदित पत्र भी उल्लेखनीय है। इस धर्म के प्रभाव स्वरूप मराठी भाषी में अरबी शब्दों का स्थान संस्कृत ने ले लिया।

5. कलात्मक क्षेत्र पर प्रभाव—मराठों ने अनेक मंदिरों पर नहाने के घाटों, तालाबों, कुओं आदि का निर्माण कराया। किले और महल भी बड़ी संख्या में बनवाये गये। नासिक में बना पेशवा का महल कला का सुंदर नमूना है। पाबला में बना मस्तानी का छोटा परंतु सुंदर मकबरा, नृसिहंपुर में बना लक्ष्मी नृसिंह का मंदिर, पिम्पलनेर में भीम नदी पर बना घाट मराठों की कला के उत्कृष्ट नमूने हैं। मराठों द्वारा ये सब किये जाने के पीछे कहीं न कहीं महाराष्ट्र धर्म का ही हाथ है।

महाराष्ट्र धर्म का दुष्प्रभाव—इस बात को स्वीकार किया जाता है कि मराठों की शक्ति विस्तार में धर्म ने विशेष रूप से बल दिया है परंतु इस धर्म के कुछ बुरे प्रभाव

भी सामने आये। इस संबंध में प्रसिद्ध मराठा इतिहासकार जी. एस. सरदेसाई ने लिखा है—"मैं यह बात स्पष्ट रूप से कहना चाहता हूँ कि शुरू में राष्ट्रीय हितों की रक्षा में महाराष्ट्र धर्म का आदर्श कितना भी उपयोगी क्यों न रहा हो, लेकिन मेरी दृष्टि में इसका प्रभाव पूर्णतः स्वास्थ्यवर्द्धक नहीं रहा। इसका प्रमुख दोष यह था कि मराठों के मन व मस्तिष्क को निष्क्रिय व अप्रगतिशील बना दिया। मराठों की विकसित शक्ति के दायित्व के लिये यह अत्यंत आवश्यक था कि उसके आदर्श आवश्यकतानुसार परिवर्तित होते रहें, किंतु छत्रपति अथवा पेशवाओं के द्वारा इस तरह का कोई परिवर्तन नहीं हुआ। इसका दुष्परिणाम यह हुआ कि मराठे विदेशी आक्रामक अंग्रेजों की आधुनिक शक्ति के सामने न टिक सके और उनकी सत्ता का पतन हो गया।

रानाडे के मतानुसार महाराष्ट्र में प्रवृत्त अनुपम धर्म सुधार आंदोलन की तुलना पश्चिमी यूरोप में धर्म सुधार आंदोलन से की जा सकती है। इनमें तुलनात्मक समानताएं इस प्रकार हैं—

1. जिस प्रकार यूरोप के धर्म सुधारकों ने धर्म के बाह्याडम्बरों जैसे पादरियों का अविवाहित रहना, स्त्रियों का अस्वाभाविक रूप से संसार को त्यागकर भिक्षुणी बन जाना आदि का विरोध किया, उसी प्रकार महाराष्ट्र के संतों ने आडम्बरपूर्ण त्याग और तपस्या का विरोध किया, जैसे—व्रत उपवास, तीर्थ यात्रायें आदि।
2. 11 वीं सदी के यूरोपीय धर्म सुधारकों ने जिस प्रकार पादरियों तथा धर्माचार्यों की निरंकुश सत्ता के विरुद्ध विद्रोह किया, उसी प्रकार पश्चिमी भारत के धर्म-सुधारकों ने ब्राह्मण जाति के एकाधिकार के रूप में स्थापित जातीय प्रभुत्व का विरोध तथा खंडन किया।
3. यूरोपीय धर्म सुधारकों का एक महत्वपूर्ण कार्य रोमन कैथोलिक चर्च में चल रही अतिशय मूर्तिपूजा का विरोध करना था। इस क्षेत्र में भी महाराष्ट्र के संतों का कार्य यूरोपीय धर्म सुधारकों के समान ही था, किंतु कालांतर में दोनों की कार्य विधि में अंतर आ गया। प्रोटेस्टेंट धर्मानुयायी धर्म के जोश में अत्यधिक असहिष्णु होकर मूर्तिभंजक बन गये, जबकि महाराष्ट्र के संतों में असहिष्णुता कभी नहीं आई।
4. एक महत्त्वपूर्ण उपलब्धि यह भी थी कि धर्म सुधारकों ने विजातीय अवगुणों से निपटने का संकल्प लिया। यूरोप में लेटिन भाषा के प्रभुत्व का खंडन कर बाइबिल को पहली बार लोगों की भाषा में अनूदित कर प्रस्तुत किया गया। ऐसा ही महत्वपूर्ण कार्य महाराष्ट्र के संतों ने संस्कृत के स्थान पर मराठी भाषा का प्रयोग करके किया।

शिवाजी के बाद के मराठों के काल के प्रमुख प्रणेता व संत

ज्ञानदेव

महाराष्ट्र के धर्म सुधार आन्दोलन में ज्ञानदेव ने महती भूमिका निभाई है। ये देवगिरी के रामदेवराव के सरंक्षण में रहे थे और इनकी मृत्यु अलाउद्यीन खिलजी के प्रथम आक्रमण के तुरंत पश्चात् हो गयी थी। इन्होंने कई चमत्कार किये। एक बार ललकारे जाने पर इन्होंने एक पाड़े से वेद की ऋचा उच्चारित करवा दी। एक स्त्री मुक्ताबाई को ईंधन के अभाव में अपनी पीठ पर रोटी सिकवाई। वटेश्वर के चांगदेव जब उनसे मिलने आये तो वे उनका स्वागत करने हेतु निर्जीव दीवार को ही वाहन बना कर चल पड़े। ज्ञानदेव ने पहली बार भगवत् गीता की मराठी भाषा में अनुवाद किया। ऐसा कर उन्होंने धर्म और दर्शन को ऊंचाई से उतार कर जन-जन के घर तक पहुँचाने का महत्वपूर्ण कार्य किया। इसके अतिरिक्त उन्होंने अंधविश्वास, कर्मकाण्ड तथा ब्राह्याडम्बरों से त्रस्त तत्कालीन धर्म के दुर्ग को अपने प्रयासों से ढहाने का भी कार्य किया। उन्होंने थोड़े लोगों के लाभार्थ अनुभवामृत लिखा और सभी के लिये अभंग लिखे। उज्जैन में मंगलनाथ का मंदिर इन्हीं की देन है। काशी में ये अग्रपूजा से विभूषित हुए। उन्होंने लोगों की निर्भयता, पवित्रता, दृढ़ता और त्याग के विचारों से अनुप्राणित किया।

नामदेव

महराष्ट्र के धर्म सुधार आन्दोलन में नामदेव ने महती भूमिका निभाई है। नामदेव ने मूर्ति पूजा की निस्सारता पर प्रकाश डालते हुए कहा, एक पत्थर का देवता तथा नकली भक्त परस्पर एक दूसरे को संतुष्ट नहीं कर सकते। इन देवताओं के तुर्कों ने टुकड़े कर दिये और इन्हें पानी में फैंक दिया, किंतु फिर भी नहीं चिल्लाये। वे तुलसी के पत्तों को तोड़कर मृत पत्थरों की पूजा करते थे। वे पत्थर को लाल सिंदूर से रंगते हैं, और स्त्री तथा बच्चे उसके सामने दण्डवत् लेट जाते हैं। लेग मिट्टी के सर्प की पूजा करते हैं और जीवित सर्प को मारने के लिये शस्त्र उठाते हैं। ये सब निरर्थक बाते हैं। मात्र ईश्वर का नाम लेना ही पर्याप्त नहीं है। उच्च चरित्र पर जोर देते हुए नामदेव ने कहा है कि अन्य स्त्रियों से संपर्क विनाश का निश्चित कारण है। रावण और भस्मासुर का विनाश इसी कारण हुआ था। संतों के गुणों के संबंध में नामदेव का कथन है कि वह आध्यात्मिक धोबी होता है जो ज्ञान के साबुन से लोगों के पापों को धोता है। इनके प्रयत्नों से अछूत जातियों को कुछ धार्मिक अधिकार प्राप्त हुए।

तुकाराम

ये महाराष्ट्र धर्म सुधारक आन्दोलनों के अग्रणी संत थे। ये महाराष्ट्र के सर्वाधिक लोकप्रिय संत थे। महाराष्ट्र में इनके व्यापक प्रभाव का मूल्यांकन करते हुए वैकनीकोल लिखता है। समस्त मराठा भक्तों में तुकाराम की लोकप्रियता और प्रभाव सर्वाधिक है। तुकाराम ज्ञान और जाति की दृष्टि से निम्न कोटि में ही थे। उनके विकास के संबंध में श्री एबोट लिखते हैं—जिस प्रकार वृक्ष का विकास होता है ठीक उसी प्रकार इनका विकास हुआ। महीमपति लिखते हैं—अपनी पत्नी और पड़ोसियों की सहानुभूति तथा उपेक्षा के वातावरण में जीवित रहकर भी उन्होंने बीमारों की सेवा की, भूखों को भोजन और प्यासों को पानी दिया। पशु भी उनके पास दया पाने के लिए जाते थे किंतु मानवीय सेवा के समस्त कार्यों में वे अकेले ही चले। उनका शिक्षक उनकी आत्मा ही थी। उन्होंने तो स्वयं को ईश्वर में इतना विलीन कर दिया था कि एबोट के अनुसार, ईश्वर ही उनका भोजन और पानी था। संत तुकाराम का मुख्य कार्य लोगों को जीवन के अनिवार्य दुःखों से उदार कर सुख के उस पर ने जाना था जो ज्ञान और सत्य के आलोक से अवलोकित है। वे कहते थे मैं तो अपनी अनेकों जिंदगियों में लोगों की जीवन के दुःख से उदारने का कार्य करता रहा हूँ मैं तैयार हूँ और मैंने आपको जीवन सागर के उस पार ले जाने का मार्ग ढूँढ़ लिया है। इधर आओ, इधर आओ। बड़े और छोटे, पुरूष और स्त्रियाँ, सब इधर आओ। कोई विचार मत करो, किसी तरह की चिंता मत करो। मैं आप सबको तट के उस पर ले जाऊँगा। ईश्वर की निश्चयात्मक भावना और ईश्वर के नाम पर मैं आपको ले चलूंगा।

रहस्यवादी संत के इस हार्दिक आह्वान का महाराष्ट्र के जन-जन पर प्रभाव पड़ा। इनके प्रयत्नों से अछूतों का उद्धार भी हुआ।

सावता माली

इनका महाराष्ट्र के धार्मिक सुधार आन्दोलनों में विशेष योगदान है। ये इस बात से प्रसन्न थे कि इनका जन्म ऊँची जाति में नहीं हुआ। यह अच्छा ही हुआ कि मैं नीची जाति से उत्पन्न हुआ और मैंने उच्चता प्राप्त नहीं की। यदि मैं ब्राहाण होता तो जीवन कर्मकांड का जाल बनकर रह जाता नीची जाति में पैदा होकर मैं तो केवल तेरी दया की भीख माँग सकता हूँ।

नरहरि

ये जाति से सुनार थे। इन्होंने अपने व्यवसाय में रहते हुए और आध्यात्मिक उत्कर्ष तथा ईश्वर प्राप्ति का मार्ग ढूँढ लिया।

चोखामेला

ये जाति से अछूत थे, किंतु अपने हृदय को अछूत नहीं मानते थे, अपितु इसमें विट्ठल का वास मानते थे। वे ईश्वर के परम भक्त थे और उनकी वाणी का प्रत्येक शब्द उनकी आध्यात्मिकता की उच्चता का द्योतक है। वे कहते थे—पुजारी मुझे बिना कसूर मंदिर में मारते हैं। वे मुझे गाली देकर कहते हैं कि मैंने ईश्वर को अपवित्र कर दिया है। सचमुच मैं तेरे द्वार का कुत्ता हूँ, मुझे दूसरे द्वारा पर मत भेज।

सेना नाई

इन्होंने महाराष्ट्र के धर्म सुधार आन्दोलन में विशेष रूप से भाग लिया था। इनकी गिनती विवेकी संतों में की जाती है।

भानुदास

इनका जन्म लगभग 1448 में गोदावरी प्रदेश के पायथान नामक स्थान में हुआ था। संभवतः ये ही विजयनगर से विट्ठल की मूर्ति लाये थे।

जनार्दन स्वामी

ये भानुदास के शिष्य थे जो दौलताबाद में जीवनपर्यन्त 1575 ई. तक किलेदार रहे। इन्होंने अपने जीवन में भौतिकता तथा आध्यात्मिकता का अद्भुत समन्वय स्थापित किया। इनकी समाधि दौलताबाद की एक गुफा में आज भी विद्यमान है।

एकनाथ

ये जनार्दन स्वामी के शिष्य थे और उनके साथ 6 वर्ष रहे। इनका जीवन काल 1533-99 ई. तक माना जाता है। इनका धैर्य और मानसिक संतुलन अनुकरणीय है। उनका उस मुसलमान के प्रति भी उदारतापूर्ण व्यवहार रहा जो बार-बार उनके नदी में स्नान करने के पश्चात् उन पर थूकता था। वैश्य का उद्धार, अछूत लड़के के साथ दयालुतापूर्ण व्यवहार आदि घटनायें उनकी उच्च आध्यात्मिकता की प्रतीक हैं। उन्होंने भावार्थ रामायण ग्रन्थ की रचना की तथा ज्ञानेश्वरी का संपादन किया, किंतु उनकी प्रसिद्धि का मुख्य कारण भावगत के 11वें अण्याय की मराठी टीका है। इनकी टीआकों की सशक्तता इतनी अधिक थी कि इसे एकनाथी भागवत के नाम से जाना जाने लगा। इस ग्रंथ की प्रशंसा करते हुए जे.ई. एबोट का कहना है, इस पुस्तक में निश्छलता, स्वार्थ आदि बुराइयों का खंडन मिलता है। यह विविध विषयों

का विस्तृत ग्रंथ है। एकनाथ ने इस ग्रंथ द्वारा मराठी भाषा को भी अत्यधिक समृद्ध किया।

कान्होपवा

यह एक जाति से बहिष्कृत पतित महिला थीं। आगे चलकर उच्च संत बनीं। परम पिता से प्रार्थना करते हुए उन्होंने लिखा—मैं तो जाति से बहिष्कृत हूँ तथा मुझे आचरण के नियम भी नहीं आते। मुझे तो सिर्फ मुझ पर समर्पित होकर पहुँचना आता है। तू तो अपने को पतितों का उद्धारक कहता है, फिर तू मुझे क्यों नहीं उठाता? मैंने तो अपने को तेरा कह दिया है यदि दूसरे मुझ अपना कहें तो इसमें गलती किसकी है?

रामदास

ये महाराष्ट्र के महान धर्म सुधारक संत थे। इन्होंने महाराष्ट्र की सुप्त आत्मा को जगाकर, वरकारी संप्रदाय (पवित्र तीर्थयात्री) की धरकारी (स्वतन्त्रता के सेनानी) संप्रदाय के रूप में परिणत किया। इन्हीं के प्रभाव से सहिष्णु मनोवृत्ति, जयिष्णु मनोवृत्ति में परिणत हो गयी। श्री रामदास ने नई उमंग और चेतना का संचार इन शब्दों में किया— हनुमान हमारे सहायक हैं, श्री रघुनाथ भगवान की हम पूजा करते हैं। श्री राम जैसे शक्ति पुंज हमारे गुरू हैं तो फिर कमी किस बात की है? जब रघुनंदन जैसे सर्वश्रेष्ठ हमारे मददगार हैं, तब हम दूसरों के पास क्यों जायें? रामदास की शिक्षाओं की मुख्य विशेषता कर्मव्यतावाद है। रामदास के ग्रन्थों में दासबोध की झलक दिखाई देती है। उनके ग्रन्थों में राजनीतिक वसीयत प्रमुख है। रामदास के कार्य का मूल्यांकन करते हुए श्री रानाडे लिखते हैं, महाराष्ट्र के समस्त संतों में सबसे ज्यादा रामदास ने ही लोगों का ध्यान कर्तव्यपालन की ओर आकर्षित किया। ये पहले ऐसे संत थे जिनकी शिक्षाओं से मराठा राज्य का एक शक्ति के रूप में निर्माण हुआ।

8

सामाजिक-आर्थिक स्थिति

भारतवर्ष में मराठा शक्ति के उत्कर्ष और विकास के लिये छत्रपति शिवाजी को श्रेय दिया जाता है, किंतु यह भी एक तथ्य है कि शिवाजी के प्रादुर्भाव के पूर्व ही उसकी भूमिका तैयार हो चुकी थी। जदुनाथ सरकार ने लिखा है कि प्रकृति ने मराठों में आत्म विश्वास, साहस, सहिष्णुता, सादगी, स्पष्टवादिता और सामाजिकता कूट-कूट कर भर दी थी। एलर्फिसटन ने लिखा है कि महाराष्ट्र की भौगोलिक परिस्थितियों के कारण मराठे बड़े ही चुस्त, परिश्रमी, कर्मण्य और संतोषी थे। यदि उनमें राजपूतों जैसी शान और घमंड नहीं है तो उन जैसी विलासिता और अदूरदर्शिता भी नहीं है।

सामंतवादी समाज

पेशवाकालीन मराठा समाज का संगठन सामंतवादी था। जागीर तथा वेतनदारी प्रथा का प्रचलन राजाराम के कार्यकाल से ही प्रभावी था। शाहू ने परिस्थितिवश मराठा सरदारों को उनकी सैनिक सेवाओं के बदले में उनकी उपलब्धियों और योग्यता के अनुसार बड़ी-बड़ी जागीरें प्रदान की थीं। प्रथम पेशवा स्वयं 21 महलों का स्वामी था। उसके प्रपोत्र पेशवा बालाजी बाजीराव को जागीर के रूप में कर्नाटक प्राप्त हुआ था। मराठा राज्य को अष्ट प्रधान परिषद् के सदस्य जागीरदार बन गये थे। शाहू ने रघुजी भोंसले को बंगाल तक का प्रदेश दे डाला था। इस प्रकार की व्यवस्था उसने गुजरात में दामोड़ परिवार के हितों की रक्षा में की थी। इस प्रकार मराठा समाज सामंतवादी स्वरूप धारण कर चुका था।

वर्ग भेद

वर्ग भेद का विभाजन आज कोई नई बात नहीं है। यह पहले से ही चला आ रहा है। मराठा सामंतवादी समाज में छत्रपति सर्वप्रधान था, उसके नीचे पेशवा और पेशवा के नीचे अनेक सामंत, सरदारों, जागीरदार तथा वतनदार होते थे। मराठा समाज में इन मराठा सामंतों को विशेष सम्मान व प्रतिष्ठा प्राप्त थी। इन लोगों के नीचे प्रमुख राज कर्मचारियों का वर्ग था जिसमें ग्राम के पाटिल से लेकर सूबेदार और सर सूबेदार शामिल थे। मराठा समाज में पाटिल जैसे सबसे छोटे राज्य कर्मचारी को भी सम्मान एवं प्रतिष्ठा प्राप्त थी। जन साधारण वर्ग जिसे निम्न वर्ग कहा जा सकता है, उसमें कहार, कोली, बढ़ई, दर्जी, लुहार आदि लोग थे। ये जातियाँ उच्च वर्ग व सांमतों का आदर करती थीं। उस समय मराठा समाज वर्गों तथा जातियों के आधार पर विभाजित था।

गुलामी की स्थिति

गुलामी प्रथा का प्रचलन पेशवा काल से ही था। गुलामों को दूर रख कर उन्हें भरपूर भोजन देते हुए कठोर काम कराया जाता था। गुलामों की खरीद फरोख्त भी होती थी तथा निम्न व आवारा तथा बदचलन औरतों को खरीदा व बेचा जाता था। समय-समय पर गुलामों को उनकी कुशल सेवा के लिये इनाम देकर संतुष्ट किया जात था और यदि सरदार प्रसन्न हो जाते थे तो वे स्वतंत्र भी कर दिये जाते थे। कुछ गुलामों को भूमि भी प्रदान कर दी जाती थी। मराठा शासनकाल में गुलामों से बेगारी के रूप में कार्य भी करवाया जाता था।

रूढ़िवाद व जातिवाद की प्रधानता

मराठा समाज में भी जाति-पाँति तथा भेदभाव पूर्ण रूप से विद्यमान था। उसमें जाति-पाँति के भेदभाव अधिकाधिक रूप में माने जाते थे। रूढ़िवादी विचारों व परंपराओं का उल्लंघन करने वाले प्रगतिशील व्यक्तियों के साथ असहिष्णुता का व्यवहार किया जाता था। धर्म परिवर्तन करने की प्रथा विद्यमान थीं। धर्म परिवर्तन करने पर उस व्यक्ति को उसकी पुरानी जाति से निकाल दिया जाता था। सारांश में मराठा समाज में ब्राह्मण धर्म की बड़ी प्रधानता थी। पेशवा राज्य में अछूतों को अपने पीछे झाड़ू बांधकर चलना पड़ता था। उनके साथ सही व्यवहार नहीं किया जाता था।

शिक्षा

मराठा शासन काल में शिक्षा पर विचार नहीं किया गया इसीलिए इसमें बहुत से अवरोध उत्पन्न हो गये। मराठों की प्राकृतिक दशा के कारण वे बाह्य जगत के संपर्क में नहीं आ पाये तथा अल्प ज्ञान तथा उपलब्ध भौतिक संसाधनों में ही संतुष्ट रहे। अपने सीधे सादे स्वभाव तथा रहन-सहन के कारण वे इस क्षेत्र में अनभिज्ञ रहे। उनके ये स्वाभाविक गुण समकालीन जातियों की तुलना में दोष बन गये व भौतिक प्रगति तथा शिक्षा के क्षेत्र में काफी पिछड़ गये। राज्य द्वारा शिक्षा पर समुचित ध्यान नहीं दिया गया। इस समय की निम्नलिखित विशेषताएं रहीं—

कार्य विभाजन—जाति के आधार पर लोगों को कार्य दिया गया था। उस समय भी जाति-पाँति का भेदभाव विद्यमान था। वर्ण व्यवस्था परक मराठा समाज में सामाजिक कार्य विभाजन परंपरा मूलक था। ब्राह्मण पढ़ने लिखने का काम करते थे। विभिन्न कार्यों में पारंगत लोगों को उनके कार्य तथा योग्यता के अनुरूप कार्य बांटे जाते थे। समाज में मुसलमान फकीर, औलिया आदि का भी समुचित आदर था।

मराठा समाज में स्त्री का स्थान—मराठा समाज में स्त्रियों को सम्मान दिया जाता था। उन्हें प्राचीन संस्कृति के अनुसार गृह लक्ष्मी का सम्मान प्राप्त था। स्त्रियाँ धर्म में अगाध विश्वास रखती थीं। स्त्रियाँ पतिव्रत धर्म का पालन करती थीं। सर्व साधारण परिवार की स्त्रियाँ घर का काम काज करती थीं जैसे प्रातःकाल पानी भरने जाना, घर में अनाज पीसना, घर की सफाई करना, दूध दुहना, दही बिलोना आदि गृह कृत्य मराठा स्त्री के अत्यधिक रुचि एचं आनंद के कार्य हुआ करते थे। कुलीन परिवार में विदुषी स्त्रियाँ हुआ करती थीं। उनमें पर्दे की प्रथा नहीं थी। ताराबाई, येसूबाई, गोपीबाई, आनन्दीबाई, उमा बाई आदि स्त्रियों के कुछ ऐसे उदाहरण हैं जिससे यह स्पष्ट होता है कि कुलीन एवं उच्च वर्ग की स्त्रियाँ राजनीति में भी सक्रिय भाग लेती थीं। ताराबाई का तो सारा जीवन राजनीतिक संघर्ष में व्यतीत हुआ था। ऐसे बहुत से नाम हैं जो मराठा समाज का नाम रोशन किए हैं।

सामाजिक कुप्रथाओं का बोलबाला—मराठा समाज में सामाजिक कुप्रथाओं का बोलबाला था। उस समय कम आयु में ही लोगों का विवाह हो जाता था। इसे बाल विवाह प्रथा के नाम से जाना जाता है। पेशवाओं और उच्च वर्गीय लोगों व सामंतों में बहु पत्नी प्रथा प्रचलित थी। मराठा समाज में विशेषतः उच्चवर्गीय परिवारों में सती प्रथा प्रचलित थी, परंतु यह अनिवार्य नहीं थी। स्त्रियों को राजैनतिक कारणों व लाचारी की दशा में प्रायः सती होने पर मजबूर होना पड़ता था। मराठा समाज में

अनेक रूढ़ियाँ और अंधविश्वास प्रचलित थे। मराठा समाज में बाल विवाह की प्रथा प्रचलित थी। कोई स्त्री बाल्य काल में यदि विधवा हो जाती थी तो वह दूसरा विवाह नहीं कर सकती थी। उस समय भी धर्म, प्रधानता विद्यमान थी।

मेले आदि—समय-समय पर विशेष अवसरों पर मेले का आयोजन हुआ करता था। मेले के समय आयोजन का प्रबंध सरकार करती थी तथा पुलिस पर सुरक्षा व्यवस्था की जिम्मेदारी होती थी। निजी डाक का भी प्रबंध था। (सरकारी के अतिरिक्त) किलों की संख्या अधिक थी। ज्यादातर लोग किलों की सेवा में ही रत रहते थे। किलों की व्यवस्था अच्छी थी।

धार्मिक सहिष्णुता—मराठा समाज में धार्मिक सहिष्णुता का बोलबाला था। लोग एक दूसरे के धर्म का पूर्ण आदर करते थे। जस्टिस रानाडे के अनुसार विवाह समारोह में मुसलमान अन्य मराठों के साथ वधू के लिये पिता के घर होने वाले सहभोजों में साथ-साथ भोजन करने बैठते थे।

आर्थिक स्थिति

पेशवा कालीन मराठों की आर्थिक दशा ठीक नहीं थी इसका कारण महाराष्ट्र का अधिकांश भाग पहाड़ी तथा चट्टा जी जिस पर कृषि कार्य नहीं कर सकते थे। व समृद्धिविहीन देश था। परंतु मराठा साम्राज्य के विस्तार निरंतर युद्धों के द्वारा लूट, चौथ वसूली द्वारा उत्तरी भारत से लाये हुए धन के परिणामस्वरूप महाराष्ट्र की चली आ रही निर्धनता का अंत हो गया था। इस तरह पेशवा काल में मराठा सेनाओं द्वारा युद्धों में प्राप्त किये गये लूट के धन तथा अन्य प्रकार की सामग्री आदि की बहुलता से महाराष्ट्र की जनता को धन-धान्य का अभाव नहीं रह गया। इतिहासकार **जेम्स ग्रांट डफ** का कहना है कि पेशवा बालाजीराव के शासनकाल में महाराष्ट्र के आर्थिक जीवन में सुधार होने के परिणामस्वरूप मराठों का अन्य प्रदेशों के साथ व्यापार द्वारा संबंध स्थापित हो गया। इसके महाराष्ट्र का आर्थिक रूप से विकास और उत्थान संभव हो गया। इसके फलस्वरूप मराठों के सामाजिक जीवन में भी विकास हुआ।

राजकीय आय

ग्रांट डफ के मतानुसार तत्कालीन पेशवाकालीन मराठी राज्य की आय सरकारी कागज पत्रों के अनुसार दस करोड़ थी, जिसमें होल्कर, सिंधिया, भोंसले और गायकवाड़ की जागीरें, नजराना, भूमिकर तथा और भी अनेक करों का समावेश था। यह कागजी आमदनी सब वसूल नहीं होती थी। यथार्थ में वसूली प्रायः सात करोड़

की ही होती थी। परंतु उसमें से पेशवा के हाथ में केवल पौने तीन या तीन करोड़ ही आते थे। पेशवा के खर्च का अनुमान नहीं किया जा सकता, पेशवाकाल में ऐसे कोई अभिलेख नहीं थे जिस पर इसके राजकीय आय का लेखा-जोखा उपलब्ध हो।

स्पष्ट है कि शिवाजी शांतिप्रिय जमीदारों के नहीं, अपितु केवल उन्हीं के विरुद्ध थे जो उनके राजनीतिक हितों के लिए गंभीर खतरा बन गए थे। स्पष्ट है कि वे राजस्व वसूली की संपूर्ण मशीनरी को समाप्त नहीं कर सकते थे। इसलिए ऐसा नहीं है कि इसके स्थान पर नई व्यवस्था लाने के लिए उनके पास प्रशिक्षित व्यक्ति नहीं थे। वे केवल इतना चाहते थे कि राजस्व की गड़बड़ी दूर हो और राज्य को उचित अंश मिले। यह भी स्पष्ट है कि शिवाजी को बड़े देशमुखों के विरोध का सामना करना पड़ा। ये देशमुख स्वतंत्र मराठा राज्य के पक्ष में नहीं थे और बीजापुर के सांमत ही बने रहना चाहते थे जिससे अपने वतनों के प्रशासन में अधिक स्वायत्त रह सकें। यही शिवाजी का धर्मसंकट था। देशमुखों के समर्थन के बिना वे स्वतंत्र मराठा राज्य की स्थापना नहीं कर सकते थे। अतः शिवाजी ने इस नाजुक राजनीतिक स्थिति का सामना करने के लिए भय और प्रीति की नीति अपनाई। कुछ बड़े देशमुखों को तो उन्होंने सैन्य शक्ति से पराजित किया और कुछ के साथ वैवाहिक संबंध स्थापित किए। बड़े देशमुखों के साथ शिवाजी की इस अनोखी लड़ाई में छोटे देशमुखों ने शिवाजी का साथ दिया। बड़े देशमुख छोटे देशमुखों को सताते थे और जमीन की बंदोबस्ती और कृषि को बढ़ावा देने की शिवाजी की नीति छोटे देशमुखों के लिए हितकर थी। संपूर्ण दक्षिण पर शिवाजी के सरदेशमुखी के दावे को इसी संदर्भ में देखा जाना चाहिए। इसके अतिरिक्त मोरे, शिर्के और निंबालकर देशमुखों के परिवारों में विवाह संबंध करके भी शिवाजी ने अपना सामाजिक रुतबा बढ़ाया। इससे मराठा समाज में उनकी सम्मानजनक स्वीकृति सरल हो गई।

सरकार पर कर्ज का भार

मराठा समाज के उच्च वर्ग ने स्थायी रूप धारण कर लिया था। एक तरह से कर्ज राज्य का आभूषण माना जाता था, जो मराठा, राज्य शाही में स्वयं पेशवा तथा उनके सरदारों की भली-भाँति प्राप्त था। सरअंजामी पद्धति के अनुसार सरदारों को जो सेना हमेशा तैयार करनी पड़ती थी, जिस पर उन्हें काफी खर्च करना पड़ता था, इसके लिये उन्हें जो प्रदेश दिये जाते थे, उनकी आमदनी तो देर से, अपने समय पर आती थी और सरकार खजाने से मासिक वेतन भी समय पर नहीं मिलता था। इस कारण सैनिक खर्चों को पूरा करने के लिये साहूकारों से कर्ज लेना जरूरी हो

जाता था। ऐसा शायद ही कोई मराठा सरदार हो, जिसका अपना स्थायी साहूकार न हो। इस तरह मराठा राज्य की स्थायी आय निश्चित नहीं थी। फिर, जागीरदार भी राज्य को आय का पूरा भाग नहीं देते थे। पेशवाकालीन मराठों की कठोरतापूर्वक लूट-मार का चालू रहना कर्जों के भार को हल्का करने का प्रयास था। कर्ज को समाप्त करने के लिए इन लोगों ने अथक प्रयास किया है। इससे दूसरे राज्य के लोगों की क्षति होती थी।

कृषक व भूमि व्यवस्था

भूमि के कागजात बहुत सुरक्षा पूर्व रखे जाते थे। चालू जमीन और गाँव के दफ्तरों में अच्छी तरह संभाल कर रखी जाती थी और उनकी कई नकलें रहती थीं। ग्राम में काम करने वालों को गाँव के लोगों की ओर से वार्षिक राशि बंधी रहती थी, वह दी जाती थी। राज्य की ओर से वे ही सरकारी कर वसूल करते थे। गाँव में पटेल या पटवारी का काफी मान था। जमीन के लगान के अतिरिक्त और कई तरह के कर उस समय प्रचलित थे।

किसानों के साथ सीधा संबंध

शिवाजी ने दृढ़ निश्चय कर लिया था कि वे किसी भी नागरिक या सैन्य प्रमुख को जागीरें नहीं देंगे। भारत में केंद्र विमुख एवं बिखराव की प्रवृत्तियाँ सदा ही बलवान रही हैं और जागीरें देने की प्रथा, जागीरदारों को भू-कर से प्राप्त धन द्वारा अलग से अपनी सेना रखने की अनुमति देने से यह प्रवृत्ति इतनी प्रबल हो जाती है कि सुव्यवस्थित शासन लगभग असंभव हो जाता है। अपने शासन काल में शिवाजी ने केवल मंदिरों को एवं दान धर्म की दिशा में ही भूमि प्रदान की थी।

जदुनाथ सरकार ने भी उपर्युक्त मत का ही समर्थन किया है और कहा है कि शिवाजी किसानों को अपनी ओर इसीलिए कर सके कि उन्होंने जमींदारी और जागीरदारी प्रथा को बंद किया और राजस्व प्रशासन के माध्यम से किसानों के साथ सीधा संबंध स्थापित किया। किंतु सभासद का ध्यानपूर्वक अध्ययन करने से ज्ञात होता है कि शिवाजी के राजस्व प्रशासन के संबंध में ऐसे बड़े-बड़े दावे करना निराधार है और इसे जल्दबाजी में बनाई गई धारणा ही कहा जाएगा। उनका कहना है कि शिवाजी ने देसाईयों के दुर्गों और सुदृढ़ जमाव को नष्ट किया और जहाँ कहीं मजबूत किले थे वहाँ अपनी दुर्ग-सेना रखी। उनका यह भी कहना है कि शिवाजी ने मिरासदारों द्वारा मनमाने ढंग से वसूल किए जाने वाले उपहारों या हजारे को बंद

करवाया और नकद एवं अनाज के रूप में गाँवों से जमींदारों का हिस्सा निश्चित किया। साथ ही उन्होंने देशमुखों, देशकुलकर्णियों, पाटिलों और कुलकर्णियों के अधिकार एवं अनुलाभ भी तय किए। इन्हीं कथनों से प्रेरित होकर आधुनिक इतिहासकार कहते हैं कि शिवाजी ने भूमि प्रदान करने की प्रथा को समाप्त कर दिया था। यह सत्य है कि सभासद ऐसी संभावना की बात करता है, किंतु कदाचित यह शिवाजी या स्वयं सभासद का अपेक्षित आदर्श रहा हो, क्योंकि वह स्वयं एकाधिक स्थानों पर शिवाजी द्वारा भूमि प्रदान किए जाने की बात कहता है। यही लक्ष्य एक अन्य तत्कालीन रचना आज्ञापत्र में ध्वनित होता है, जिसमें कहा गया है कि वर्तमान वतन वैसे ही चलते रहेंगे और उनके पास जो भी है उसमें थोड़ी भी वृद्धि नहीं की जाएगी और न ही उसे रत्ती भर कम किया जाएगा। इसमें यह चेतावनी भी दी गई है कि किसी वृत्ति (वतन) का प्रत्यादान करना पाप है, भले ही वह कितनी ही छोटी क्यों न हो। उचित संदर्भ में रखे जाने पर सभासद के कथन का अर्थ स्पष्ट हो जाता है। पाटिल, कुलकर्णी और देशमुख राजस्व एकत्र करते थे और उसमें से राज्य को अपनी इच्छानुसार अंश देते थे जो प्रायः बहुत कम होता था। धीरे-धीरे उन्होंने अपनी स्थिति अत्यंत सुदृढ़ कर ली, दुर्ग इत्यादि बनवा लिए और प्यादे एवं बंदूकची लेकर चलने लगे। वे सरकारी राजस्व अधिकारी की परवाह नहीं करते थे और यदि वह अधिक राजस्व की माँग करता था तो लड़ाई-झगड़े पर उतर आते थे। यह वर्ग विद्रोही हो उठा था। इन्हीं की गढ़ियों और दुर्गों पर शिवाजी ने धावा बोला था।

हिंदू पादशाही

कुछ विद्वान हिंदू पादशाही का अर्थ हिंदू प्रभुता या हिंदू राष्ट्रीय प्रभुसत्ता अथवा सम्प्रभुत्व संपन्न राज्य से लेते हैं। केल्कर के अनुसार, इसका अर्थ है मुगल बादशाह की प्रभुता नाम मात्र की हो, लेकिन यथार्थ में शासन में सर्वोच्यता मराठों की हो।

शिवाजी और हिंदू पद पादशाही

शिवाजी के समय में ही पादशाही का जन्म हुआ था। जी.सी. सरदेसाई के अनुसार, शिवाजी के सामने स्वराज्य की स्थापना ही एकमात्र उद्देश्य था। साथ ही उन्होंने भी गौ, ब्राहाण के प्रतिपालन का महान राष्ट्रीय आदर्श भी अपने सामने रखा। इस तरह शिवाजी के हिंदू पद पादशाही की धारणा का दुहरा अर्थ स्पट नजर आता है।

प्रथम अर्थ के अनुसार, स्वराज्य से उनका अभिप्राय संप्रभुत्व संपन्न हिंदू राज्य से था, जिसका उद्देश्य गऊ, ब्राहाण एवं वर्णाश्रिम की रक्षा करना था।

दूसरे अर्थ के अनुसार, हिंदू पद पादशाही का उद्देश्य मराठों के लिये मुगल सम्राट से मनसब व जागीर प्राप्त करके मराठा शक्ति में वृद्धि कर भारतवर्ष में मराठों का प्रचार-प्रसार स्थापित करना था।

परंतु सरदेसाई का मत है कि शिवाजी अपने स्वप्न को महाराष्ट्र तक ही सीमित न रखकर संपूर्ण भारतवर्ष में हिंदू साम्राज्य की स्थापना करना चाहते थे। श्री सरदेसाई के मतानुसार, शिवाजी का मुख्य उद्देश्य धार्मिक स्वतन्त्रता प्राप्त करना था, देश प्राप्त करना नहीं। 1645 ई. के आरंभ में उन्होंने दादाजी नरसप्रभु को हिन्दू स्वराज्य की योजना के संबंध में लिखा था। शिवाजी आत्म प्रेरणा से अपने समय की संभावनाओं पर विचार कर उन सर्वोत्तम तत्त्वों का निर्माण कर सके जिन्होंने अपनी उत्कट इच्छा पूरी करने में अर्थात् महाराष्ट्र में हिंदू स्वराज्य की स्थापना में उल्लेखनीय कार्य किया।

हिंदू साम्राज्य के मत का खंडन—अनेक इतिहासकारों ने श्री सरदेसाई के उक्त मत का सतर्क खंडन किया है। एन. सी. केलकर ने तत्कालीन ऐतिहासिक तथ्यों के आधार पर हिंदू प्रभुत्व अथवा हिंदू स्वराज्य के शिवाजी द्वारा प्रतिपादन किये जाने को सही नहीं माना है। उनके शब्दों में स्थूल दृष्टि से कहा जा सकता है कि सन् 1646 तक मराठों की नीति मुसलमान बादशाहों के आश्रय में अपनी-अपनी जागीर का उपभोग करते हुए परतन्त्रतापूर्वक किंतु सुख से रहने की थी। शिवाजी के समय में मराठों की नीति एक छोटे पैमाने पर क्यों न हो किंतु स्वतन्त्र राज्य की स्थापना करने के दृष्टिकोण से शिवाजी ने अथक-प्रयास किया था।

केलकर ने यह स्पष्ट करते हुये लिखा कि शिवाजी यह अच्छी तरह जानते थे कि कोई एक हक, प्रतिपक्षी दूसरे हकों से अच्छी तरह मारा जा सकता है। मुगल शत्रु थे, पर वे जानते थे कि अपने स्वराज्य का और उनके राज्य में सत्ता प्राप्त करने का अधिकार भिन्न है। उनका पहला अर्थात् स्वराज्य का अधिकार निसर्म सिद्ध था। अतएव उसके लिये शिवाजी मुगलों से लड़े। इस अधिकार के संबंध में आपस में समझौता होना असंभव था। शिवाजी ने रणभूमि में आकर स्वराज्य स्थपित किया। शिवाजी की महत्वाकांक्षा यद्यपि इतने से तृप्त होने वाली नहीं थी तो भी ऐसा दिखाई देता है कि जिस प्रदेश पर पहले मराठों का किंचित भी अधिकार नहीं था और मुगलों ने उस पर अपनी सत्ता स्थापित कर ली, उसे अपने हाथों में लेने के लिये उन्होंने इसके लिए लड़ाई करना उपयुक्त नहीं समझा।

सारांश में, सन् 1665-66 में औरंगजेब ने मिर्जा जयसिंह को भेजकर जब शिवाजी को कुंठित किया, तब शिवाजी ने वे किले और प्रदेश दिल्ली के बादशाह की आज्ञा से अपने अधिकार में रखने का विचार किया। मुगलों का जो प्रदेश शिवाजी ने ले लिया था वह तो शिवाजी को वापिस ही करना पड़ा, साथ ही अहमदनगर राज्य के 32 किले तथा अन्य प्रदेश शिवाजी ने बादशाह की दी हुई जागीर के नाते से रखना चाहा। साथ ही आठ वर्ष की अवस्था के अपने पुत्र शंभाजी को बादशाह की 5 हजार की मनसबदारी तथा बीजापुर के कुछ हिस्से से चौथ और सरदेशमुखी प्राप्त करने का अधिकार भी प्राप्त करना चाहा। यह अधिकार उसे प्राप्त हो गया। अंतिम अधिकार के लिये शिवाजी ने बादशाह को 40 लाख रुपये तेरह किश्तों में देना स्वीकार किया अर्थात् अपने राज्य के स्वतन्त्र राजा, बादशाह के जागीरदार तथा बादशाही मनसबदार के पिता। शिवाजी के यहाँ उनके तीन रिश्तेदार इकट्ठा हुए थे। इससे विदित होता है कि उनका मुख्य लक्ष्य राज्य प्राप्त करने का था और ये नाते उसके साधन थे।

उपर्युक्त विवरण से स्पष्ट है कि शिवाजी सार्वभौम हिंदू साम्राज्य अर्थात् हिंदू पद पादशाही की स्थापना नहीं करना चाहते थे।

हिंदू पद पादशाही और बाजीराव प्रथम—कहा जाता है कि प्रथम पेशवा बालाजी विश्वनाथ ने मराठा संघ की स्थापना हिंदू पद पादाशाही के आदेश को क्रियान्वित करने हेतु की थी। बालाजी के बाद बाजीराव प्रथम ने हिंदू पद पादशाही के लक्ष्य को क्रियान्वित करने में अपना विशेष योगदान दिया। इसलिये पेशवा बाजीराव के बारे में अक्सर कहा गया है कि महाराष्ट्र और समस्त हिंदुस्तान में हिंदू पद पादशाही की स्थापना करना चाहते थे। रमेशचन्द्र मजूमदार के अनुसार हिंदू नायकों की सहानुभूति जगाने तथा उनका समर्थन प्राप्त करने के लिये बाजीराव ने हिंदू पद पादाशाही के आदर्श का प्रचार किया। सरदेसाई का भी कथन है कि कुछ दिनों पश्चात् बाजीराव इस कल्पना (हिंदू पद पादाशाही) का अवतार बन गया बाजीराव को हिन्दू धर्म को आगे बढ़ाने का श्रेय जाता है।

ए.एल. श्रीवास्तव ने भी लिखा है कि बाजीराव ने मुगल साम्राज्य की शोचनीय दशा का अच्छी तरह ज्ञान प्राप्त कर लिया था और वह उसके अधिक से अधिक प्रदेश छीन लेना चाहता था। इसलिये शाहू के दरबार में जब पादशाही नीति के संबंध में विवाद उत्पन्न हुआ तो बाजीराव ने कहा था, हमारे लिये यही समय है कि हम मुसलमानों को हिन्दूओं के देश बाहर निकाल दे, तभी साम्राज्य की स्थपना हो पायेगी। हमें सूखे वृक्ष की जड़ों पर प्रहार करना चाहिये, शाखायें तो आप से आप

गिर जायेंगी। हमारे प्रयत्नों से हिंदुस्तान में कृष्णा नदी से अटक तक मराठों का झंडा लहरायेगा। शाहू पेशवा बाजीराव की नीति से प्रभावित हो गया और उसे स्वीकार करते हुए उल्लास के साथ बोला, तुम मराठा पताका को हिमालय की चोटी पर फहरा दोगे। तुम वास्तव में योग्य पिता के योग्य पुत्र हो। आवेश में आकर पेशवा ने यह वक्तव्य दिया था।

इतिहासकार बी. के. रजवाडे के अनुसार, प्रसिद्ध है कि हिंदू पद पादाशाही की स्थापना की भूमिका शाहू के सामने स्वयं बाजीराव ने प्रस्तुत की। सन् 1731 से 1740 ई. तक बाजीराव ने जो प्रयत्न किये सब उसी उद्देश्य की ओर संकेत करते हैं। दक्षिण में तुंगभ्रदा, उत्तर में यमुना, पश्चिम में समुद्र तट और पूर्व में निजाम उल मुल्क का प्रदेश तथा पूर्वी समुद्री तट, विस्तृत हिंदू पद पादशाही की सीमायें बनीं। 1740 ई. से 1750 ई. तक बाजीराव द्वारा जीते गये प्रदेश का प्रबंध करने में बालाजी बाजीराव व्यस्त रहा, परंतु कभी-कभी काशी, प्रयाग, कटक, गया, गढ़मंडल, बहादुर भेण्डा आदि प्रदेशों की ओर भी उनका ध्यान लगा रहा—

बालाजीराव, नानासाहब और हिंदू पद पादाशाही—सन् 1750 तक मराठी का आधिपत्य सतारा के छत्रपति शाहू करते थे। बाजीराव प्रथम और बालाजी विश्वनाथ ने छत्रपति के नाम से हिंदू पद पादाशाही की स्थापना एवं प्रचार करने का प्रयत्न किया। शाहू जी की तुलना में बाजीराव प्रथम अधिक चतुर तथा शक्तिशाली था। वी. के. रजवाड़े के अनुसार, फिर भी उसने शाहू का आधिपत्य कम करने की बात नहीं सोची। बालाजी बाजीराव को पेशवा बनते ही शाहू और उसके वंशज छत्रपतियों की प्रभुत्ता घटाने के प्रयत्न किये गये। शाहू के जीवनकाल में बालाजी दिखाता रहा कि वह छत्रपति का अनन्य सेवक है, पर उसका देहांत होने के पश्चात् राजाराम गद्दी पर आया, तब बालाजी ने स्वेच्छापूर्वक अत्यन्त चतुराई से छत्रपति का अपमान करना प्रारम्भ कर दिया।

ब्राहाण पद पादशाही में रूपांतर—रजवाड़े के अनुसार, बालाजी की सच्ची वीरता और उसके बाह्य किंतु विशाल उद्देश्य शाहू की मृत्यु के बाद ही अर्थात् सन् 1750 से मूर्त धारण करने लगे। इसी वर्ष बालाजी वास्तविक नेता बना और सतारा के छत्रपति का शासन काल नष्ट हो गया। उसी समय वे सन् 1761 ई. तक सारे भारत खंड को महाराष्ट्र मय बनाने का उपक्रम बालाजी ने आरंभ किया। सारांश में सन् 1760 ई. से ब्राह्मण पद पादाशाही का प्रारंभ होकर हिंदू पद पादाशाही विस्तृत हो गयी।

शाहू की मृत्यु के पश्चात् सन् 1750 में पेशवा मराठा मंडल का प्रमुख बन गया। 1750 से 1761 ई. के बारह वर्षों में बालाजी मराठा बाजीराव की जो नीति थी वह निम्नलिखित हैं–

1. पश्चिमोत्तर प्रदेशों पर अधिकार;
2. पूर्वी प्रदेशों पर हमला;
3. कर्नाटक, कोंकण, सूरत, जंजीरा पर अधिकार;
4. महाराष्ट्र में सतारा और कोल्हापुर की गद्दियों का एकीकरण करना तथा;
5. सरदारों को संगठित करना।

इस तरह शाहू की मृत्यु के बाद वास्तव में मृत्यु के पूर्व सतारा के छत्रपति का तेज काफी पड़ गया और पेशवा प्रमुख माने जाने लगे। बालाजी बाजीराव के उत्तरार्द्ध से ब्राह्मण पद पादाशाही का प्रारंभ होता है।

एक लेखक के अनुसार, बाजीराव प्रथम की मृत्यु के बाद उसके पुत्र बालाजी बाजीराव ने जानबूझकर अपने पिता के हिंदू पद पादाशाही के आदर्श को, जिसका उद्देश्य था, देश के सभी हिंदू सरदारों को एक झंडे के नीचे सयुंक्त करना, त्याग दिया। बाजीराव ने हिन्दू व मुसलमानों के खिलाफ आतंक तथा भय पैदा करने लगा।

हिंदू पद पादशाही की धारणा का मुख्य आधार–शिवाजी को हिंदू पद पादाशाही के जनक के रूप में स्वीकार किया जाता है। उन्होंने मुगल सम्राट को सर्वाधपति स्वीकार किया गया था मिर्जा जयसिंह के माध्यम से चौथ और सरदेशमुखी की माँग प्रस्तुत की थी। सन् 1667 में सम्राट औरंगजेब ने शिवाजी को राजा की उपाधि और एक जागीर देकर सम्मानित किया था। इन घटनाओं से स्पष्ट है कि शिवाजी को मुगल सम्राट की सत्ता स्वीकार थी।

मुगल सम्राट की प्रभुता को बनाये रखने में बाजीराव प्रथम का बहुमूल्य योगदान है। इसके संरक्षण में भी इन्होंने महत्त्वपूर्ण भूमिका निभाई। शाही सनदें, फरमान, जागीरें, नियुक्ति, पद वितरण तथा नजरानों को मराठों ने सदैव बादशाह की प्रभुत्ता का प्रतीक समझा। सारांश में, मराठों की हिंदू पद पादशाही की नीति के दो रूप थे। दूसरे शब्दों में - मुगल सम्राट की सत्ता तथा मराठों की शक्ति।

नरसिंह के शब्दों में दिल्ली की बादशाहत के संबंध में मराठों की गति क्या थी, इसका संक्षिप्त उत्तर यह है कि मराठे दिल्ली की सत्ता को नष्ट न कर उसकी दीवानगिरी या उसका सेनापतित्व अपने हाथों में लेकर सयुंक्त (मराठों और बादशाह) के अधिकारों के बल पर अपने राज्य की रक्षा और वृद्धि करने के साथ-साथ भारतवर्ष के सब राजा महाराजाओं पर अपना प्रभाव जमाना चाहते थे। दूसरे शब्दों में, नाम

से ही नहीं, परंतु काम से हिंदू प्रभुत्व स्थापित करने की उसकी नीति थी। मराठे हृदय से हिन्दूधर्म का उर्गाधपत्य स्थापित करने के पक्षधर थे।

प्रत्यक्ष हिंदू पद पादशाही की स्थापना—एक विद्वान लेखक के अनुसार संपूर्ण भारत में प्रत्यक्ष रूप से हिंदू पद पादशाही की स्थापना करना असंभव कार्य था क्योंकि—

1. एक ही मराठा वंश की सत्ता स्थापित अत्यंत कठिन कार्य था।
2. शिवाजी के पश्चात् मराठों की केन्द्रीय सत्ता हमेशा कमजोर ही बनी रही।
3. निरंकुश एवं स्वार्थी मराठा सामंतों को नियन्त्रण में रखना संभव न था।
4. पेशवाओं के काल में मराठा-प्रभाव क्षेत्र का विस्तार हो जाने से उस पर पूर्ण नियंत्रण संभव नहीं था।
5. उत्तर भारत में रूहेलों, अफगानों व राजपूतों के सक्रिय विरोध के कारण मराठों की हिंदू पद पादाशाही की प्रत्यक्ष रूप से स्थापना संभव न थी।
6. पेशवा भट्ट ब्राह्मण थे और उन्हें क्षेत्रीय शासक का आधार प्राप्त न था।

9

कला और साहित्य

कला और साहित्य के क्षेत्र में मराठों ने समुचित विकास नहीं किया। राजकीय स्तर पर तो कलात्मक कृतियों का सृजन नाम मात्र ही हो सका, किंतु जन साधारण वर्ग ने अवश्य ही अपनी कला कौशल संबंधी वस्तुओं का निर्माण करने की ओर यथासंभव ध्यान अग्रसर किया। जो भी हो, दुर्ग, मंदिर, मण्डियाँ, सड़कें, घाट, धर्मशालायें, बाबड़ी, तालाब, भवन, प्रासाद, नगर, बांध, होज, नालियाँ आदि इस काल में अवश्य बने। मराठा वास्तु में पत्थर, ईंट, लकड़ी, चूने का प्रयोग किया गया है। इनकी वास्तु में आमतौर पर राजपूतों और मुगलों का सा सौन्दर्य एवं लावण्य नहीं दिखता। साहित्य में भी विकास हुआ। कला कौशल में उनके द्वारा मंदिरों के रूप में निर्मित वास्तु कृतियों का नाम विशेष महत्त्वपूर्ण है। इन वास्तुकृतियों में एवं इनके अतिरिक्त साहित्य कृतियों में भी हमें महाराष्ट्र धर्म की आत्मा के विशेष दर्शन होते हैं।

मराठा मंदिर वास्तुकला एवं मूर्ति कला

महाराष्ट्र में जगह-जगह पर संदुर व आकर्षक मन्दिरों का निर्माण कराया गया। यह सीख उन्हें हिन्दूधर्मों से प्रेरित होकर प्राप्त हुई। कुछ पेशवाओं ने भी इस दिशा में प्रशंसनीय कार्य किया। मंदिर इन्होंने बहुधा ऐसे ही स्थानों पर बनवाये जहाँ जल तथा मंदिर पूजा-पाठ की विभिन्न वस्तुओं को सरलता से प्राप्त किया जा सके। यही नहीं मंदिर के आस-पास के क्षेत्रों का धन-धान्य संपन्न होना भी वांछनीय रहता

था। वस्तुतः इन स्थानों की पवित्रता के कारण चोर, लुटेरे आदि नहीं फटक पाते थे। मराठे अपने इन छोटे-बड़े मंदिरों में ही बैठकर गाँव अथवा नगर या राज्य से संबंधित अपने सारे सामाजिक एवं धार्मिक कृत्यों को सम्पन्न किया करते थे। इस संबंध में आज भी अनेकानेक ऐतिहासिक एवं सजीव प्रमाण महाराष्ट्र में देखने को मिलते हैं।

मराठों के प्राचीनतम मंदिर अधिकांशतः प्रस्तर खंडों के ही बने हुये पाये गये हैं। परंतु, उन्होंने ईंट, चूने का प्रयोग करना बहुत ही देर में प्रारंभ किया। मंदिरों पर शिखर बनाने की प्रथा सर्वत्र प्रचलित थी। मंदिर की सुरक्षा के लिए विशेष सुरक्षा की व्यवस्था की गयी थी। बिजली चमकने पर मंदिर की सुरक्षा के लिए जमीन से लेकर चोटी तक लोहे की छड़ लटका दी जाती थी जिससे मंदिर को कोई क्षति न हो। कालांतर में, जब से कि ईंट व चूने के प्रयोग होना प्रारंभ हुआ, अपने देव स्थानों पर गुंबज भी बनाने लगे थे। यह प्रथा सम्भवतः मुस्लिम काल से ही प्रारंभ हुई थी। प्रायः सभी इतिहासकारों ने यह स्वीकार किया है कि मराठा वास्तुकला शैली मुस्लिम कला से प्रभावित थी। पेशवा शासकों के समय जितने भी मंदिर बने उन सब में हिंदू एवं मुस्लिम दोनों प्रकार की कला शैलियों का सम्मिश्रण प्रत्यक्ष रूप से देखा जा सकता है। मंदिरों के नीचे का ढांचा बहुधा प्राचीन ढंग का ही होता था, किंतु उनके ऊपरी भाग का ढांचा नवीन शैली का होता था। इस मंदिरों में प्राचीन तथा नवीन दोनों शैलियों का बाहुल्य था।

मंदिरों की सजावट एवं उन पर मेहराब का कमान बनाने की प्रथा - प्राचीन काल में मंदिरों में मेहराव तथा कमान की बहुलता पायी जाती थी। इनमें नीचे की ओर दो मानवी मूर्तियाँ बनी रहती थीं जिनके ऊपर छोटे-छोटे अर्द्ध वृत्तों के आकार की मेहराब बनायी जाती थी। मेहराब बनाने की यह शैली हिंदू वास्तुकला शैली का उदाहरण मानी जाती है। मराठे कभी-कभी मुसलमानी ढंग की मेहराबें भी अपने भवनों एवं मंदिरों पर बनवा दिया करते थे। तथापि इसका बनवाना अनिवार्य न था और ऐसे कई मंदिर भी पाये गये हैं जिनमें मेहराब नाम मात्र के लिये भी नहीं दिखाई पड़ती। महाराष्ट्रवासी सदैव से सादगी को पसंद करते आये हैं और इसलिए उन्होंने ताजमहल जैसी अनुपम एवं ऐश्वर्यशाली इमारत बनवाने की ओर कभी भी ध्यान नहीं दिया। व्यवसन एवं शौक की बातें उनमें नहीं के समान थीं। उदाहरणार्थ नक्काशी एवं पच्चीकारी से युक्त भवन महाराष्ट्र में नाम मात्र के ही दृष्टिगोचर होते हैं। शिवाजी, शाहू जी तथा महादजी सिंधिया द्वारा उपयोग में लाये जाने वाले छत्र अत्यन्त ही सादे थे। दिवंगत महापुरुषों की पुण्य स्मृति में बड़े-बड़े छत्रों से युक्त समाधियाँ अथवा मकबरे बनवाने की अपेक्षा मंदिर बनवाने में ही अपने अर्थ एवं श्रम की

सार्थकता समझते थे। यही नहीं कभी-कभी मंदिर के नाम के साथ अपने अथवा अपने श्रद्धालय के नाम भी जोड़ दिया करते थे। इन मंदिरों में स्थापित की जाने वाली मूर्तियां महाराष्ट्र के अलावा अन्य क्षेत्रों से लायी जाती थीं। वे बहुधा गण्डकी प्रस्तर मूर्तियाँ भी अपने मंदिरों में प्रतिष्ठित करते थे।

बाड़े भवन प्रसाद एवं नगर—बड़े भवन प्रसाद एवं नगर की बहुलता पायी जाती थी। केवल बड़े-बड़े सामंत व सरदार ही इन्हें बनवा पाते थे। ये चतुर्भजाकार ही होते थे और इनके चारों ओर एक ऊँची एवं विस्तृत दीवार बनाई जाती थी। महाराष्ट्र में इस समय बाह्य शत्रुओं का अत्यधिक आतंक होने के कारण पारिवारिक भवनों एवं मंदिरों आदि में बहुत अधिक खिड़कियाँ तथा द्वार बनवाने की प्रथा से भी परहेज रखा गया। घरों के आसपास बगीचे बनवाना तथा उनमें सुंदर-सुंदर फव्वारों का निर्माण कराना सम्पन्न व्यक्तियों के ही वश की बात थी। वे अपने भवनों के समीप तथा रक्षकों के रहने के लिए अलग-अलग मकान की व्यवस्था की जाती थी। यहाँ के नगरों को बसाते समय किसी पूर्व निर्धारित योजना के आधार पर ही निर्माण कार्य करने की प्रथा भी न थी। कारण यह है कि ये नगर मूलतः छोटे अथवा बड़े-बड़े ग्रामों के रूप में ही थे और शनैः-शनैः उन्नति करते ये सुविशाल नगरों के रूप में विकसित होते गए। इनकी सड़कें तथा गली-कूचे टेढ़े-मेढ़े एवं संकीर्ण थे और सामान्यतः वर्तमान समय में भी वैसे ही हैं। इनमें से होकर काफी सावधानी के साथ ही निकलना पड़ता था। घरों से निकलने वाली नालियाँ सड़क के किनारों की नालियों को अपनी गंदगी एवं दुर्गंध से दूषित करती रहती थीं। झांसी जैसे नये शहर भी मराठों ने बसाये हैं। इन्हें उपर्युक्त दोषों से रहित रखने की पूरी-पूरी चेष्टा की गई है। मराठा लोगों के मकानों के छप्पर भी बहुधा एक दूसरे से सटे हुए होते थे। मराठों ने अपने कुछ नगर मुस्लिम शैली के नगरों की योजना व्यवस्था के अधीन इसका निर्माण किये थे।

बाँध, हौज, पुल आदि—बस्तियों का जल निकलने के लिए तथा आवागमन के लिए पुलों का निर्माण किये थे। आजकल की भाँति उस समय भी बड़े-बड़े नगरों में पानी की विशेष व्यवस्था करनी पड़ती थी। सतारा, पुणे आदि में इस पब्रंध के अवशेषों को देखकर हम उनके द्वारा उस समय में की गई जल व्यवस्था का थोड़ा बहुत अनुमान स्वयं कर सकते हैं। उस समय आजकल जैसे घर-घर नल तो थे नहीं, हाँ। स्थान-स्थान पर हौज अवश्य बना दिये जाते थे, जिनमें से जन साधारण वर्ग के लोग पानी भर सकते थे। इन हौजों में बांधों से नलिकायें काटकर पानी लाया जाता था। इस प्रकार चार बाँधों का पानी अकेले पुणे नगर में ही उपयोग किया जाता

था। उस समय के जल प्रबंध की प्रशंसा वर्तमान समय में इंजीनियर भी करते हैं। इस प्रकार माँ गाँव में भी दो छोटी-छोटी नदियों को बाँधकर पानी का प्रबंध किया गया था। उसका कुछ अवशेष आज भी देखने को मिलता है जिससे उस समय की शिल्पकला का यथेष्ठ अनुमान हो जाता है। महाराष्ट्र में इस प्रकार के अनेकानेक गाँव बाँध निर्मित कराये गये थे, जिनमें से कई एक तो पुलों का काम भी करते थे। उस समय कई प्रकार के पुलों का निर्माण भी कराया गया। उनमें पुणे के कुम्भारे का पुल विशेष रूप से उल्लेखनीय है। वहाँ का लकड़ी का पुल भी काफी पुराना प्रतीत होता है, तथापि महाराष्ट्र में आजकल की भाँति ऊँचे-ऊँचे पुलों की संख्या बहुत ही कम थी। महाराष्ट्र में उस समय मत्स्य पद्धति के पुलों का निर्माण किया जाता था।

महाराष्ट्र के लोग स्नान करने के लिए नदी में जाते थे। उनके तटों पर अपने धार्मिक कृत्यों को संपन्न करने में विशेष रुचि रखते थे। वहाँ भी नदियों के किनारे मनोरम घाटों का निर्माण करने की प्रथा प्रचलित थी। कृष्णा एवं गोदावरी नदियों के किनारे-किनारे बसे हुए नगरों में घाट बनाये गये थे। नासिर नगर में नदी का घाट बनाने के लिये नदी के जल, प्रवाह की दिश में भी परिवर्तित कर दिया गया था।

दुर्ग—पुराने दुर्गों की मरम्मत तथा नये दुर्ग का निर्माण कार्य मराठों ने किया। दुर्ग के चारों ओर एक मजबूत प्रस्तर भित्ति का निर्माण कराया जाता था। इनमें सैनिक एवं खाद्य सामग्री के अक्षय भंडार रखे जाते थे। इनमें पानी की व्यवस्था का पूरा ख्याल रखा जाता था। दुर्ग रक्षार्थ चौकसी की व्यवस्था थी। यही नहीं, दुर्ग रक्षा के निमित्त दैवी शक्तियों से भी प्रेरणा ली जाया करती थी। दुर्ग के प्रधान द्वारा पर हनुमानजी की एक छोटी सी मूर्ति का निर्माण कराया जाता था और उसके अंदर हिंदुओं और मुसलमानों द्वारा दुश्मनों को पराजित करने की मन्नत लोग मानते थे। उदाहरणार्थ, प्रत्येक दुर्ग में दर्शकों को प्रायः एक मंदिर तथा एक मस्जिद अवश्य देखने को मिलेगी। सी.ए.किनकेड़ का कथन है कि लोहगढ़ की दीवारों की नींव के अंदर कुछ मानव कंकाल भी पड़े पाये गये। संभवतः दुर्ग को अविजय बनाये के उद्देश्य से मराठा शासकों ने कुछ मनुष्यों की वहाँ पर बलि चढ़ाई होगी।

मराठी भाषा एवं साहित्य

आर्य लोग जिस समय आर्यावर्त से दक्षिणी प्रदेशों में प्रविष्ट हुए उस समय वे अपनी बौद्धिक संस्कृत के साथ ही अपनी बोल-चाल में महाराष्ट्री भाषा का प्रयोग

करते थे। उनमें से अधिकांशतः पढ़े लिखे सुसभ्य लोग तो वैदिक संस्कृत ही बोलते थे। किंतु अनपढ़ तथा गंवार लोग महाराष्ट्री ही बोल सकते थे।

अनुमानतः मराठी का भाषित स्वरूप तीसरी अथवा चौथी सदी में ही सामने आया। वर्तमान समय में उस समय की मराठी भाषा में लिखे गये कोई भी ग्रंथ उपलब्ध नहीं हैं। बहरहाल कतिपय शिलालेखों के आधार पर यह निश्चयपूर्वक कहा जा सकता है कि 12वीं सदी में वर्तमान बंबई प्रांत के अधिकांश भाग जनसाधारण वर्ग के द्वारा मराठी भाषा का आमतौर से उपयोग किया जाता था। अनुमानतः कहा जा सकता है कि उस समय से लेकर 15वीं शदी तक इस भाषा पर कोई बाहरी प्रभाव नहीं पड़ा।

14-15वीं सदी से 18वीं सदी तक का साहित्य—14वीं सदी के संत कवि अहिरापिसा का इतिहास में विशेष स्थान है। भगवत् महापुराण के दशम स्कन्ध की उसके द्वारा लिखी गयी टीका अत्यंत ही उच्च कोटि की श्रेणी में गिनी जाती है। मराठी के सुप्रसिद्ध कवि श्रीधर स्वामी ने भी कालांतर में जब भागवत की टीका लिखी तो उसने बहिरापिसा की उपर्युक्त टीका का ही अपने ग्रंथ में अधिकाधिक प्रयोग किया। निर्मल पाठक ने पंच तंत्र का मराठी में अनुवाद किया था। पंचतंत्र का अनुवाद (ओवी छंदों में) एक अन्य कवि, महानिंगम द्वारा भी किया गया था। इस कवि ने बैताल पच्चीसी तथा सिंहासन दत्तीसी नामक दो छोटे-छोटे ग्रंथ की रचना की है। विनोद राम ने भगवत् गीता पर अपना ओवीबद्ध भाष्य प्रस्तुत किया। योभी कवि का तपर्ण उषा हरण भी विशेष महत्त्व रखती है। मेराल सतीदास का द्रोणपर्व भी अधूरा ही है जो भी हो, यह मराठा भाषा भाषी काव्य रसिकों को संत ज्ञानेश्वर की कविता के समान प्रभावित कर देती है। पाताल कांड लिखने वाले का हो विमलदास, भागवत् पुराण के दशम् स्कंध पर अपनी ओवीबद्ध टीका की रचना करने वाले भास्कर कवि तथा महाभारत के शल्य

एवं स्वर्गारोहरण पर्वों पर अद्भुत कथायुक्त रचना प्रस्तुत करने वाले नवरस नारायण के नाम भी कम विशेष श्रेणी में गिने जाते हैं।

15वीं सदी के दौरान दक्षिण में कुछ मुस्लिम राज्यों के आविर्भाव के फलस्वरूप उधर के हिंदुओं का अपने मुस्लिम पड़ोसियों के साथ थोड़ा बहुत संपर्क स्थापित हो गया। इससे यहाँ स्थानीय भाषाओं में मुस्लिम शब्दों का प्रयोग स्वाभाविक रूप से दृष्टिगोचर होने लगा। मराठी में भी मुस्लिम भाषाओं के जिनमें फारसी का नाम विशेष उल्लेखनीय है, अनेक शब्द आ गये। मुस्लिम प्रभाव का एक परिणाम मराठी पर इस सीमा तक हुआ कि इसके साहित्य का विकास ही पर्याप्त सीमा तक स्थापित हो गया। महाराष्ट्र में मराठा राज्य की पुनरावृत्ति के समय तक मुस्लिमों का प्रभाव था।

15वीं शताब्दी के अन्तिम दौर में प्रसिद्ध वैद्य विट्ठल गलांडू ने ओबी छंद बुद्ध नामक एक ग्रन्थ की रचना की। यह ग्रन्थ मराठी भाषा में लिखी गयी थी। उसने मराठी गद्य का भी उसमें यथेष्ट प्रयोग किया है। इस सदी के अंत में आविर्भावित नृसिंह सरस्वती तथा जनार्दन स्वामी के नाम विशेष रूप से उल्लेखनीय हैं। प्रथम की कोई भी रचना इस समय तक उपलब्ध नहीं हो पायी है। द्वितीय द्वारा रचे गये अभंग तथा पद उपलब्ध हो सके हैं। कहा जाता है कि उसने श्रीदत्तस्तुती से संबंधित एक ग्रंथ भी लिखा था, किंतु यह अभी तक अप्राप्य ही है। नृसिंह सरस्वती के शिष्य सरस्वती गंगाधर ने गुरू चरित्र लिखा। जनार्दन स्वामी के शिष्यों में एकनाथ का स्थान सर्वोपरि है। उसकी चतुःश्लोकी भागवत पर टीका काफी लोकप्रिय हुई। उसकी अन्य रचनायें जैसे—रूकमणी स्वयंवर, बालक्रीड़ा, प्रहलाद चरित्र, शुकाष्टक, आनंद लोहरी, स्वात्मसुख, अनुभावानंद आदि भी उल्लेखनीय हैं।

एकनाथ ने कई फुटकर पद्य, चुटकले तथा अभंग आदि लिखे। उसकी ज्ञानेश्वरी का संकलन बहुत प्रसिद्ध है। उसकी भावार्थ रामायण पूरी हो सकी। एकनाथ के समकालीन कवियों में विठारेणुकानंदन, जनीजनार्दन, राम जनार्दन तथा दासोपंत का नाम बड़े गौरव के साथ लिया जाता है। जनीजनार्दन द्वारा रचित महाकाव्य विवरण तथा निर्विकल्प ग्रंथ दोनों ही कृत्तियाँ अध्यात्मशास्त्र सारगर्भित होने के कारण बहुत ही लोकप्रिय हैं। सबसे अधिक साहित्य रचना दासोपंत की है। अकेली गीता पर ही इसने 5-6 टीकायें लिखीं। गीतावर्ण, अवधूत राज, वाक्यवृत्ति, तथा ग्रंथ राज का भी अपना स्थान है। रामजनार्दन की रचनाएँ बहुत कम मिली हैं। जो मिली हैं उनमें आरतियों का स्थान प्रमुख हैं। एकनाथ के समय के कुछ अन्य कवियों में विष्णुदास त्रियम्बक राज, सिद्धपाल केसरी, कृष्णा याज्ञवल्की, कृष्णदास,

रंगनाथ, मेरू कवि, निरंजन तथा विट्ठलदास विशेष प्रसिद्ध हैं। विष्णुदास ने संपूर्ण महाभारत को मराठी भाषा में लिखा जो इस भाषा में लिखा गया प्रथम ग्रन्थ था। एकनाथ कालीन कवियों में उसके नासी मुक्तेश्वर का स्थान मराठी साहित्य में अत्यधिक प्रसिद्ध है।

17वीं शताब्दी के अन्य कवियों में शिव कल्याण और रायवल्लभदास का विशेष रूप से वर्णन है। रायवल्लभदास ने शंकराचार्य रचित वृहतवाक्यवृत्ति नामक ग्रंथ की टीका वाक्यवृत्ति के नाम से लिखी। उसने भागवतपुराण के आधार पर कृष्णजन्म कथा का वर्णन भी किया। यहीं नहीं, वैष्णव गीत आदि दूसरे ग्रंथ तथा अनेक फुटकर पद्य एक अभंग भी उसने लिपिबद्ध किये हैं। इसी प्रकार शिवकल्याणी ने भागवत पुराण की अत्यधिक विस्तृत एवं लोकप्रिय टीका लिखी है। शिवकल्याण का समकालीन साधु कवि लोलिम्बराज भी इस समय का प्रसिद्ध कवि माना जाता है। कहा जाता है कि तरुणावस्था में यह अत्यंत ही विषयी था। उसके लिखे हुये लोलिम्बराज के आय्यानों का अध्ययन करने से यह पता चलता है कि उसने किसी मुस्लिम संप्रदाय से अपना विवाह रचाया था। यह काव्य ग्रंथ इसलिये और भी उल्लेखनीय है कि संपूर्ण मराठी साहित्य में इस प्राख्यान के समान वीभत्स अन्य कोई ग्रंथ प्राप्य नहीं है। इसी समय के एक अन्य प्रसिद्ध कवि श्यामाराज्य का नाम भी मराठी साहित्य में कम उल्लेखनीय नहीं है। उसने रामायण, महाभारत तथा भागवत आदि ग्रंथ लिखे। यही नहीं ज्ञानेश्वर द्वारा अतीत काल में प्रयुक्त शब्दों का अर्थकोष भी उसने अपनी पद्यमाला के नाम से प्रस्तुत किया है। मराठी में उसने कुछ उपनिषदों पर भी टीकाएँ लिखी हैं। उसने अपने लेखन श्रम से इस साहित्य को सम्पन्न बनाने का अपूर्व श्रेय प्राप्त किया और उसकी भाषा तथा रचना शैली की सरल बाहाता उदाहरणीय है।

सत्रहवीं शताब्दी के दौरान विभिन्न कवियों में से संत तुकाराम सबसे प्रसिद्ध कवि रहे हैं। उनहोंने कईयों को प्रभावित किया। तुकाराम से प्रभावित असंख्य हिंदुओं के साथ ही साथ शेख सुल्ता तथा शेख फरीद जैसे कतिपय मुसलमानों के नाम भी हमें स्मरण रखने चाहिये। शेख मुहम्मद ने मराठी में पवन विजय, निष्कलंक प्रबोध, योग संग्राम और ज्ञान सागर नामक 4 ग्रंथ लिखे हैं। योग संग्राम सबसे बड़ा है, और इसमें 25.. ओबियाँ बद्ध की गई हैं। समर्थ गुरू रामदास (वीर शिवाजी के आध्यात्मिक गुरू) ने दासबोध तथा मनांचेश्लोक लिखे। इनसे तथा उसके लिखे हुए फुटकर अंभग तथा पद्यों आदि से प्रभावित जयराम स्वामी, रंगनाथ स्वामी, आनंद मूर्ति, केशव स्वामी - इन चारों के नाम भी विशेष

उल्लेखनीय हैं। इन चारों तथा इनके प्रणेता रामदास को मिलाकर दासपंचायतन कहा जाता है। इसी युग में रघुनाथ स्वामी ने गजेन्द्र मोक्ष, गुरू गीता, शुकरभा संवाद, पंचीकरण, सुदामा चरित्र, भानु दास चरित्र तथा योगविशिष्टाचार नामक कई ग्रन्थों की रचना की। रामदास स्वामी एक महान् राष्ट्रसेवी था और उसके शिष्यों तथा शिष्याओं की संख्या अपार थी। इसी के शिष्य देवीदास द्वारा लिखित व्यंकटेशस्त्रोत को सारे महाराष्ट्र में लोकप्रियता प्राप्त है। रामदास के शिष्यों में जयरात बाबा तथा निरंजन स्वामी और उसके एक अन्य गुरू भाई शिवराम द्वारा भारी संख्या में श्लोकों, पदों, अभंगों आदि की रचना की गई। इसी समय में यहाँ पर मुचकुन्द तथा कोकिल नामधारी दो अन्य सुप्रसिद्ध कवि भी हुये हैं। मुचकुन्द की कविता मुक्तेश्वर की कविता की समानता रखती है। उसका लिखा हुआ श्रीमार्गवचरित्र एक वीर रस प्रधान काव्य है।

छत्रपति शाहूजी के शासनविधि में (18वीं सदी) विभिन्न कवि हुए जिनमें से सबसे प्रसिद्ध कवि निरंजन माधव और कवेश्वर थे। कवेश्वर रचित असंख्य भजन गीत उनके शिष्य समुदाय में आज तक प्रचलित हैं। उसके ग्रन्थों में सुदामा चरित्र तथा गजेन्द्र मोक्ष का मराठा साहित्य में विशेष महत्व है। उनकी शब्द व्युत्पति नितान्त घरेलू एवं प्रभावपूर्ण है। कुछ लोगों का मानना है कि द्रोपदी वस्त्र हरण काव्य की रचना किया था लेकिन ज्यादातर विद्वान उसे राम सुतात्मज नामक एक अन्य समकालीन कवि द्वारा रचित सिद्ध करते हैं। इस कवि ने गोपीचंद आख्यान भी लिखा है। इस कवि के समान ही काव्य रचना कर सकने वाले वस्त्रालिंग नामक कवि ने जो 17 वीं सदी के उत्तरार्द्ध में हुआ, भामाविलास उमा महेश संवाद तथा गज गौरी वृत्त जैसे काव्य ग्रन्थ लिखे हैं। 18 वीं सदी में ही अमृतनन्द कवि ने स्वरूप निर्णय तथा अवधूत निरंजन ने कपिल गीता पर अपना भाग्य लिखा है। परंतु अपने गुरू से लक्ष्मी कालीदास की उपाधि प्राप्त करने तथा पेशवा बाजीराव के आश्रम में रहने वाले कवि निरंजन माधव का स्थान उपर्युक्त सभी कवियों में श्रेष्ठतर है। उसने स्वतः नीतिमान तथा गायनवादन में परम निष्णात् होने के फलस्वरूप अपनी बहुमुखी काव्य प्रतिभा का परिचय दिया है।

उनके द्वारा लिखे गये ग्रन्थों में सम्प्रदाय परिमल, कृष्णानंद सिंध, चिद्बोध रामायण तथा रामकर्णामृत, का मराठा साहित्य में प्रमुख स्थान है। इनके अतिरिक्त उसकी दो अन्य रचनायें मंत्र रामचरित्र तथा निर्वोष्ट राघव चरित्र, चित्र काव्य के रूप में सम्पूर्ण विश्व में अत्यधिक उपलब्धि हासिल की है। छंद शास्त्र पर भी निरंजन माधव ने वृत्तावृतंस तथा वृत्त मुक्तावली नामक ग्रंथों की रचना की है। निरंजन माधव

ने सारे भारत की यात्रा करके उसका वृत्तान्त भी प्रवास वर्णन नामक रचना के रूप में प्रस्तुत किया है। इससे स्पष्ट होता है कि इसकी काव्य रचना शैली एवं पतिभा बहुमुखी प्रतिभा सम्पन्न होता है कि इसकी काव्य रचना करने वाले सोमराज नामक बहुमुखी प्रतिभा सम्पन्न मराठा कवि ने भी कोकशास्त्र से लेकर भगवान की टीका तक अनेक ग्रंथ लिखे हैं। उसकी रचना रुकमणि हरण एक अत्यन्त ही सरस एवं सुविशाल कृति है।

सत्रहवीं शताब्दी के अन्तिम दौर में दो प्रसिद्ध व विख्यात कवियों कृष्णादयार्णव और श्रीधर ने भी महाराष्ट्र में अपनी लेखनी द्वारा साहित्य के भंडार को सुसम्पन्न बनाया। 7 वर्ष के अथक परिश्रम से इन्होंने भागवत के दशम् स्कन्ध की टीका लिखी जिसकी भाषा विद्वतापूर्ण, सरल एवं अत्यन्त ही आकर्षक प्रतीत होती है। ग्रंथ में लगभग 42,000 छंद है। तनमयानन्द एक अन्य महत्वपूर्ण ग्रन्थ है। महाराष्ट्र का सबसे अधिक लोकप्रिय ग्रन्थ रचयिता श्रीधर कवि ऐसा महान् विद्वान एवं सुश्रुत् रसिक साहित्यकार हुआ है कि सारे देश के लोग चाहे वे छोटे हों या बड़े, बहुत ही चाव से पढ़ते हैं। स्त्रियों में भी यदि किसी कवि की अधिकतम रचनायें पढ़ी जाती है तो वह श्रीधर ही हैं। इसके आवी बद्ध ग्रंथ पौराणिक तत्वों से ओत-प्रोत है। श्रीधर ने हरि विजय, शिव लीलामृत, पाण्डव प्रताप, वेदांत सूर्य, जैमिनी अश्वमेध, मल्हारी विजय तथा श्रीपण्डरी महात्म्य जैसे आलौकिक ग्रन्थों की रचना की है। श्रीधर के समकालीन कवि गिरधर स्वामी ने भी शब्द रामायण आदि ग्रंथों की रचना की है। गिरधर ने करुणा राम, करुणा रुद्र, समर्थ करुणा आदि की भी रचना की। भौमस्वामी के एक शिष्य नरहरि ने भी कुछ रचनायें लिखी हैं। वह भी अत्यन्त विद्वान् एवं अध्ययन् शील मनुष्य था।

18वीं सदी के होने वाले दो महान कवियों में जगन्नाथ और अमृतराय का नाम विशेष रूप से लिया जाता है। प्रथम ने बोध वैभव, ज्ञान बत्तीसी, वाक्य सुधार तथा भगवद्‌गीता पर टीका आदि ग्रन्थों की रचना की। उसका शशि सेना नामक काव्य अनुचित श्रृंगार वर्णन से युक्त होते हुए भी साधारण शैली का है। इसी समय के आसपास माधवाचार्य के प्रिय शिष्य अमृतराय ने जो नाना साहब पेशवा का समकालीन था, बड़ा ही मधुर एवं सरस रचनायें प्रस्तुत की है। इसकी कवितायें संस्कृत एवं हिंदी के शब्दों से युक्त है।

महाराष्ट्र के प्रसिद्ध कवि मयूर तथा वामन पंडित इस युग में पैदा हुए है– जिनकी रचनाओं से स्पष्ट परिलक्षित होता है कि सरस्वती उन्हें पूर्णतया सिद्ध थीं। ये भक्त कवि होने के साथ राष्ट्रप्रेमी कवि भी थे। यथार्थ दीपिका वामन पंडित का

खास ग्रंथ है। इस ग्रंथ के माध्यम से उन्होंने गीता का रहस्य पूर्ण रूप में व्याप्त करने की एक सफलतम चेष्टा की है। मयूर पंडित पर अलौकिक पाण्डित्य, विचार गांभीर्य एवं भक्ति रस का प्रभाव है। उन्होंने अपनी रचनाओं में शृंगार एवं हास्य आदि की मात्रा पूर्णतया तौलकर अत्यन्त ही परिमित रूप में प्रस्तुत की है, तथापि यह स्वाभाविक ही है कि उसकी कविता में स्फूर्ति का अभाव विशेष रूप से परिलक्षित होता है। यह कवि महान शास्त्र कोविद एवं वेदज्ञ पण्डित था। इसके लिखे हुए ब्रहोतररखंड, भस्मासुर आख्यान, अम्बरीश चरित्र, देवी महात्म्य, रुकमणी गीत, कृष्ण विजय, मदानसाख्यान आदि विशेष प्रसिद्ध हैं। मयूर की लिखी हुई 109 रामायणों के विषय में उल्लेख मिलते हैं जिनमें से 106 रामायणें प्राप्त भी हैं।

कवि मयूर के समर्थक श्री नरहरि ने अपने राम जन्म नामक काव्य और चमुर रामायण में मयूर से भी अधिक पांडित्यपूर्ण, मनोमुग्धकारी काव्य चमत्कारी का परिचय दिया है।

इस तरह अत्यधिक समृद्ध व प्रभावशाली मराठा गद्य के अन्तर्गत विभिन्न कवियों ने अपनी-अपनी रचनाएं इस युग में प्रकट की हैं। इस प्रकार की साहित्यिक रचनाओं में ऐतिहासिक खबर संस्मरणों, राजकीय प्रपत्रों और चरित्र आदि उल्लेखनीय हैं। इस प्रकार स्पष्ट है कि मराठी साहित्य अत्यन्त ही सुसम्पन्न एवं भक्ति आंदोलन प्रधान है। इस भाषा की सेवा करने वाले व्यक्ति भक्त शिरोमणि तथा सरसवती के अद्वितीय उपासक थे।

निष्कर्ष तौर पर यह कहा जा सकता है कि 17वीं और 18वीं दोनों सदियों में मराठी कला-कौशल के अन्तर्गत कोई ऐसा अद्भुत अथवा चमत्कार पूर्ण प्रगति नहीं हुआ क्योंकि मराठा शासक तथा जनसाधारण निरंतर युद्धों की संकटकालीन स्थिति में पड़े रहने के कारण इस ओर अधिक ध्यान न दे सके, तथापि इस दिशा में उन्होंने उन्नति करना द्रुतगति से प्रारंभ कर दिया था।

इस युग के दौरान मराठी साहित्य के अन्तर्गत सन्तोषजनक विकास हुआ। मराठी भाषा में संस्कृत शब्दों का प्रयोग पुनः बहुलता के साथ प्रारंभ कर दिया गया। इस युग के कवियों में एकनाथ युगीन संत कवियों—मुक्तेश्वरी, तुकाराम, वामन पंडित तथा मयूरेश्वर आदि ने अपनी काव्य रस की नैसर्गिक धारा प्रवाहित करके मराठी साहित्य के माध्यम से भारत के नवजागरण आंदोलन तथा जन-जन की भक्ति भावना और राष्ट्र प्रेम को शक्ति प्रदान की है।

10

मूल्यांकन

शिवाजी महाराज को अपने पिता से स्वराज की शिक्षा ही मिली। जब बीजापुर के सुल्तान ने शाहजी राजे को बन्दी बना लिया तो एक आदर्श पुत्र की तरह उसने बीजापुर के शाह से सन्धि कर शाहजी राजे को छुड़वा लिया। इससे उनके चरित्र में एक उदार अवयव नजर आता है। उसके बाद उन्होंने पिता की हत्या नहीं करवाई जैसाकि अन्य सम्राट किया करते थे। शाहू जी राजे के मरने के बाद ही उन्होंने अपना राज्याभिषेक करवाया हलांकि वो उस समय तक अपने पिता से स्वतंत्र होकर एक बड़े साम्राज्य के अधिपति हो गये थे। उनके नेतृत्व को सब लोग स्वीकार करते थे यही कारण है कि उनके शासनकाल में कोई आन्तरिक विद्रोह जैसी प्रमुख घटना नहीं हुई थी।

वह एक अच्छे सेनानायक के साथ एक अच्छा कूटनीतिज्ञ भी थे। कई जगहों पर उन्होने सीधे युद्ध लड़ने की बजाय भाग लिया था। लेकिन यही उनकी कूटनीती थी, जो हर बार बडे से बडे शत्रु को मात देने में उनका साथ देती रही। शिवाजी महाराज की गनिमी कावा नामक कुट निती, जिसमें शत्रु पर अचानक आक्रमण करके उसे हराया जाता है। छत्रपति शिवाजी अपने में एक विशेष व्यक्तित्व रखते थे। उनकी छाप जिस व्यक्ति पर पड़ जाती थी, वह कभी अमिट नहीं होती थी। वे उस हिंदू जनता के प्रारंभ से जो सदियों से यवनों की गुलामी की सिल पर अत्याचार के बट्टे से पीसी जा रही थी। उनके प्रताप का जो चिराग सारे हिंदुस्तान में जल रहा था उसका प्रकाश दीन-दुखियों को राह दिखलाता और बरबस ही उनकी ओर

खिंच जाता। वे प्रजा-पालक ही नहीं अपनी जनता के अभिन्न अंग थे। वे उनके थे, जिनका इस संसार के कोई नहीं था।

शिवाजी अपने परिवार सहित रायगढ़ के किले में ही रह रहे थे। शोभराबाई का देहान्त हो चुका था। माता जीजाबाई के स्नेह की छाया उनके सिर पर से उठ गई थी। इससे शिवाजी का मन कुछ थक गया था। फिर पौरुष थका और उनमें सोच-विचार की स्थिति प्रत्युत्पन्न होने लगी। जिस शूरवीर ने आज के आगे कल को कुछ भी नहीं गिना, वह भविष्य के लिए चिंतित था और सुर्खी की जगह उसके चेहरे पर पीलापन दौड़ गया था। शिवाजी देखते कि उनके बड़े पुत्र शम्भू जी जो मराठा राज्य के उत्तराधिकारी होंगे, उनमें राज्य चलाने की क्षमता नहीं है। वे पराक्रमी नहीं, डरपोक हैं। वे त्यागी नहीं, विलासी हैं। उनमें कार्य-व्यस्त रहने की लगन नहीं। वे आराम-तलब हैं। आज का काम कल पर छोड़ देना उनकी पुरानी आदत है।

इस तरह उस छत्रपति वीर शिवाजी के मन में दुःख समा गया कि जिस मराठा राज्य को अपने लहू से सींच कर पुनः जीवन दिया है, उसमें उन्नति नहीं होगी। वह साम्राज्य विलय हो जाएगा। मेरे बाद उस पर मुगलों की सत्ता होगी अथवा बीजापुर के आदिलशाह बादशाह का झण्डा फहराएगा।

शिवाजी का मूल्यांकन नहीं किया जा सकता। वे प्रतिभाशाली ही नहीं समाई के देवता थे। उनकी सहन-शक्ति अतुलनीय थी। उनकी पत्नियाँ उन्हें देवता के तुल्य प्यार करतीं। पुत्र यही चाहते थे कि वे अपने पिता के पास से एक क्षण के लिए भी अलग न हों। उन्हें गर्व था अपनी पुत्रियों पर कि वे जीवट की पुतली थीं। उनकी ही तरह उनमें भी अदम्य उत्साह था। सच पूछा जाए, तो इस समय शिवाजी से बढ़कर बादशाह औरंगजेब भी सुखी और संपन्न नहीं था, किन्तु कमियाँ सब में हैं, हर इंसान अपने में अधूरा है। यही संसार है और यही समाज और यही मनुष्य की परिभाषा है कि सुख के साथ दुःख पहले बँधा है। औरंगजेब दुःखी था तो इसलिए कि उसने भरपूर जोर लगा दिया, लेकिन दक्षिण को विजय नहीं कर पाया। इधर मराठे सिर उठा रहे थे, उधर सिख संप्रदाय ने अपना आंदोलन आरंभ कर दिया था। राजपूत भी कम नहीं थे। उनते दाँत भी पैने हो रहे थे।

शिवाजी आयोग्य पुत्र के एक प्रतिभाशाली पिता थे। वे अच्छी तरह जानते थे कि शम्भू जी केवल विलासी और आराम-तलब ही नहीं, व्यभिचारी भी हैं और उसका चलन अच्छा नहीं है। शिवाजी पुत्र को समझाते, वह सिर झुका कर सुन लेता। वह बाप की बहुत इज्जत करता था। कुछ दिन उस सीख पर अमल करता, फिर जमाने की हवा में बहने लगता।

सकूबाई पुत्र शम्भू जी को बहुत डाँटती, अक्सर धिक्कारती रहतीं। यहाँ पर भी शम्भू जी माँ का सम्मान करते, लेकिन आदत से मजबूर थे, अपनी बुरी आदतें नहीं छोड़ पाते।

शम्भु जी का दुःख शिवाजी किसी पर रोने नहीं बैठते थे। वे जब गहराई से इस विषय पर विचार करते तो पाते कि सबसे पहली भूल उनकी है। उन्होंने शम्भू जी के प्रति पिता का उत्तरदायित्व निभाया नहीं। वे लगातार जीवन भर युद्धों में व्यस्त रहे। उन्हें समय ही नहीं मिला कि पुत्र की शिक्षा-दीक्षा की ओर ध्यान देते।

शिवाजी का शासन एक सफल राज्य था, जिसमें शेर और बकरी एक घाट पानी पीते थे। गरीब गुनगुनाते और पीड़ित तो कहीं ढूँढ़ने से भी नहीं मिलते। उनके पास न्याय था, धार्मिकता थी और थी दयालुता। वे शत्रु हो अथवा मित्र, उसे बहुत जल्दी क्षमा कर देते थे। वे नीति से नारायण थे, जैसे त्रिवेणी में कमल। वे पिता थे, पति थे और थे उस जनता के प्यारे-दुलारे और श्रद्धा-भरे पालक जो महाराष्ट्र की थी और जिसका अपने इस आलौकिक नेता अटूट विश्वास था।

आरंभिक जीवन में उल्लेखनीय सफलताएँ

शिवाजी प्रभावशाली कुलीनों के वंशज थे। उस समय भारत पर मुस्लिम शासन था। उत्तरी भारत में मुगलों तथा दक्षिण में बीजापुर और गोलकुंडा में मुस्लिम सुल्तानों का, ये तीनों ही अपनी शक्ति के जोर पर शासन करते थे और प्रजा के प्रति कर्तव्य की भावना नहीं रखते थे। शिवाजी की पैतृक जायदाद बीजापुर के सुल्तान द्वारा शासित दक्कन में थी। उन्होंने मुसलमानों द्वारा किए जा रहे दमन और धार्मिक उत्पीड़न को इतना असहनीय पाया कि 16 वर्ष की आयु तक पहुँचते-पहुँचते उन्हें विश्वास हो गया कि हिन्दुओं की मुक्ति के लिए ईश्वर ने उन्हें नियुक्त किया है। उनका यही विश्वास जीवन भर उनका मार्गदर्शन करता रहा। उनकी विधवा माता, जो स्वतंत्र विचारों वाली हिन्दू कुलीन महिला थीं, ने जन्म से ही उन्हें दबे-कुचले हिंदुओं के अधिकारों के लिए लड़ने और मुस्लिम शासकों को उखाड़ फेंकने की शिक्षा दी थी। अपने अनुयायियों का दल संगठित कर उन्होंने लगभग 1655 में बीजापुर की कमजोर सीमा चौकियों पर कब्जा करना शुरू किया। इसी दौर में उन्होंने सुल्तानों से मिले हुए स्वधर्मियों को भी समाप्त कर दिया। इस तरह उनके साहस व सैन्य निपुणता तथा हिन्दुओं को सताने वालों के प्रति कड़े रुख ने उन्हें आम लोगों के बीच लोकप्रिय बना दिया। उनकी विध्वंसकारी गतिविधियाँ बढ़ती गईं और उन्हें सबक सिखाने के लिए अनेक छोटे सैनिक अभियान असफल ही सिद्ध हुए। जब

1659 में बीजापुर के सुल्तान ने उनके खिलाफ अफजल खाँ के नेतृत्व में 10,000 लोगों की सेना भेजी, तब शिवाजी ने डरकर भागने का नाटक कर सेना को कठिन पहाड़ी क्षेत्र में फुसला कर बुला लिया और आत्मसमर्पण करने के बहाने एक मुलाकात में अफजल खाँ की हत्या कर दी। उधर पहले से घात लगाए उनके सैनिकों ने बीजापुर की बेखबर सेना पर अचानक हमला करके उसे खत्म कर डाला, रातों रात शिवाजी एक अजेय योद्धा बन गए। जिनके पास बीजापुर की सेना की बंदूकें, घोड़े और गोला-बारूद का भंडार था।

शिवाजी की बढ़ती हुई शक्ति से चिंतित होकर मुगल बादशाह औरंगजेब ने दक्षिण में नियुक्त अपने सूबेदार को उन पर चढ़ाई करने का आदेश दिया। उससे पहले ही शिवाजी ने आधी रात को सूबेदार के शिविर पर हमला कर दिया जिसमें सूबेदार के एक हाथ की उंगलियाँ कट गईं और उसका बेटा मारा गया। इससे सूबेदार को पीछे हटना पड़ा। शिवाजी ने मानो मुगलों को और चिढ़ाने के लिए संपन्न तटीय नगर सूरत पर हमला कर दिया और भारी संपत्ति लूट ली। इस चुनौती की अनदेखी न करते हुए औरंगजेब ने अपने सबसे प्रभावशाली सेनापति मिर्जा राजा जयसिंह के नेतृत्व में लगभग 1,00,000 सैनिकों की फौज भेजी। इतनी बड़ी सेना और जयसिंह की हिम्मत और दृढ़ता ने शिवाजी को शांति समझौते पर मजबूर कर दिया।

आदम्य शौर्य

शिवाजी ने कई दुर्गों पर अधिकार किया जिनमें से एक था सिंहगढ़ दुर्ग, जिसे जीतने के लिए उन्होंने ताना जी को भेजा था और वे वहाँ से विजयी हुए। ताना जी शिवाजी के बहुत विश्वासपात्र सेनापति थे। जिन्होंने सिंहगढ़ की लड़ाई में वीरगति पाई थी। ताना जी के पास बहुत अच्छी तरह से सधाई हुई गोह थी। जिसका नाम यशवन्ती था। शिवाजी ने ताना जी की मृत्यु पर कहा था–

गढ़ आला पण सिंह गेला (गढ़ तो हमने जीत लिया पर सिंह हमें छोड़ कर चला गया)।

बीजापुर के सुल्तान की राज्य सीमाओं के अंतर्गत रायगढ़ (1646) में चाकन, सिंहगढ़ और पुरन्दर सरीखे दुर्ग भी शीघ्र उनके अधिकारों में आ गये। 1655 ई. तक शिवाजी ने कोंकण में कल्याण और जाबली के दुर्ग पर भी अधिकार कर लिया। उन्होंने जाबली के राजा चंद्रदेव का बलपूर्वक वध करवा दिया। शिवाजी की राज्य विस्तार की नीति से क्रुद्ध होकर बीजापुर के सुल्तान ने 1659 ई. में अफजल खाँ

नामक अपने एक वरिष्ठ सेनानायक को विशाल सैन्य बल सहित शिवाजी का दमन करने के लिए भेजा। दोनों पक्षों को अपनी विजय का पूर्ण विश्वास नहीं था। अतः उन्होंने संधिवार्ता प्रारम्भ कर दी। दोनों की भेंट के अवसर पर अफजल खाँ ने शिवाजी को दबोच कर मार डालने का प्रयत्न किया। परन्तु वे इसके प्रति पहले से ही सजग थे। उन्होंने अपने गुप्त शस्त्र बानखा का प्रयोग करके मुसलमान सेनानी का पेट फाड़ डाला जिससे उसकी तत्काल मृत्यु हो गई। तदुपरान्त शिवाजी ने एक विकट युद्ध में बीजापुर की सेनाओं को परास्त कर दिया। इसके बाद बीजापुर के सुल्तान ने शिवाजी का सामना करने का साहस नहीं किया।

अब उन्हें एक और प्रबल शत्रु मुगल सम्राट औरंगजेब का सामना करना पड़ा। 1660 ई. में औरंगजेब ने अपने मामा शायस्ता खाँ नामक सेनाध्यक्ष शिवाजी के विरुद्ध भेजा। शायस्ता खाँ ने शिवाजी के कुछ दुर्गों पर अधिकार करके उनके केन्द्र-स्थल पूना पर भी अधिकार कर लिया। किन्तु शीघ्र ही शिवाजी ने अचानक रात्रि में शायस्ता खाँ पर आक्रमण कर दिया जिससे उसको अपना एक पुत्र अपने हाथ की तीन अँगुलियाँ गँवाकर अपने प्राण बचाने पड़े। शायस्ता खाँ को वापस बुला लिया गया। फिर भी औरंगजेब ने शिवाजी के विरुद्ध नये सेनाध्यक्षों की संरक्षा में नवीन सैन्यदल भेजकर युद्ध जारी रखा। शिवाजी ने 1664 ई. में मुगलों के अधीनस्थ सूरत को लूट लिया, किन्तु मुगल सेनाध्यक्ष मिर्जा राजा जयसिंह ने उनके अधिकांश दुर्गों पर अधिकार कर लिया, जिससे शिवाजी को 1665 ई. में पुरन्दर की संधि करनी पड़ी। उसके अनुसार उन्होंने केवल 12 दुर्ग अपने अधिकार में रखकर 23 दुर्ग मुगलों को दे दिये और राजा जयसिंह द्वारा अपनी सुरक्षा के प्रति आश्वस्त होकर आगरा में मुगल दरबार में उपस्थित होने के लिए प्रस्थान किया।

जनता का सेवक बने रहे

शिवाजी को सपने में भी यह गुमान नहीं था कि वे राजा हैं। वे तो अपने को जनता का एक तुच्छ सेवक समझते, यही उनकी मान्यता थी, लेकिन प्यारी प्रजा खुशी से आत्मविभोर हो उनको हिन्दू-पद पादशाह के नाम से पुकारती। समस्त महाराष्ट्र में ही नहीं, बल्कि देश भर में हिंदू पद-पादशाही का दिन खूब धूम-धाम से मनाया जाता।

इस तरह शिवाजी प्रजा के बहुत ही प्रिय थे। उनकी उदारता सर्वत्र विख्यात थी। वे दया के देवता थे, बहुत जल्दी द्रवित हो जाते। उनकी सज्जनता ही उनके

ऊँचे चरित्र की प्रमाण थी। उन्होंने हर धर्म का आदर किया। यद्यपि वे कट्टर हिंदू थे, लेकिन अन्य धर्मों को भी सम्मान की दृष्टि से देखते थे। उन्होंने न कभी किसी मस्जिद को गिराया न कभी किसी को नुकसान पहुँचाया। उनके हाथ अगर कुरान की कोई प्रति लग जाती तो वे उसे मस्जिद में पहुँचा देते या मौलवी को दे देते। युद्ध में जब-जब यवनों की स्त्रियों और बच्चे कैद हुए, शिवाजी ने उन्हें छोड़ दिया। वे अत्याचार के विरुद्ध थे और न्याय उनकी माँग थी।

शिवाजी के गुरु रामदास थे, जिन्होंने उन्हें यह उपदेश दिया था कि सत्य और ईमान ही आदमी की पूँजी है। सत्य की सीढ़ी लगाओ और सीधे स्वर्ग तक चले जाओ। ईमान का तराजू हाथ में ले लो, किसी को भी कम न तौलो। ईसा ने यही किया और पीर-पैगम्बरों ने भी। महापुरुष इन्हीं दो चीजों पर खड़े होते हैं। उनके एक हाथ में ईमान का तराजू होता है और दूसरी बंद मुट्ठी में सत्य, जो मीठा कभी नहीं होता, वह कड़वा कहलाता है।

शिवाजी अपने गुरु की आज्ञा का पालन करते। धर्म में उनकी रुचि थी। वे धर्मपरायण थे। वे सोचा करते कि जिसने गुरु, माता और पिता की सेवा कर ली, उसे फिर कोई भी तीर्थ करने की जरूरत नहीं।

शिवाजी साहित्य के भी प्रेमी थे। उनकी अध्ययन में रुचि थी। वे विद्वानों का सत्कार करते और कवियों की रचनाएँ बड़े मन से सुनते। बड़े ही सुलभ थे वे, उन तक हर कोई पहुँच सकता था। वे कला और कलाकार दोनों के सच्चे उपासक थे। कवियों की तो वे पूजा करते।

शिवाजी का दरबार उस दिन से साहित्यिक अखाड़ा बन गया, जब कवि भूषण आए और उनकी कविता सारे महाराष्ट्र का गीत बन गई। किसी भी भाषा का कवि या विद्वान् उनके दरबार में पहुँच जाता तो कभी खाली हाथ नहीं लौटता था। खूबी यह, कि वे मुसलमान जनता को उसी निगाह से देखते जैसे हिन्दुओं को, लेकिन यवन शासकों से उनका विरोध था। तभी तो उनकी तलवार न्याय माँगती रही और अधर्म के विरुद्ध चलती रही। उसके सबसे बड़े प्रशंसक बादशाह औरंगजेब आलमगीर ने अपनी विवशता इस तरह बतलाई थी कि मेरा दुश्मन शिवाजी एक बहुत बड़ा सेनानी है। मैंने 19 वर्ष तक उसके खिलाफ लड़ाई लड़ी। नतीजा यह हुआ कि मैंने उसको जितना दबाया उतनी ही उसकी ताकत बढ़ती गई।

जहाँ पर राजनीति का प्रश्न उठता है, शिवाजी ने उसकी सूझ-बूझ का उस समय परिचय दिया, जब वे आगरे के किले में कैद हो गए थे। अफजल खाँ का

मिलन और शाइस्ता खाँ पर विजय उनकी कूट-नीति के जीते-जागते उदाहरण हैं। वे शत्रु को किस तरह क्षमा कर देते, इसकी एक छोटी-सी कहानी उदाहरण मात्र है। एक बार वे अपनी शिविर में लेटे आराम कर रहे थे। उस समय वे बीजापुर के बादशाह आदिलशाह से लोहा ले रहे थे। उनके शयन-कक्ष में एक किशोर लड़का घुस आया। रात आधी थी, अँधेरी। पहरेदार सो गए थे। अंगरक्षकों को भी नींद आ गई। वे बैठे-बैठे ऊँघ रहे थे। मराठी सेना का पड़ाव पहाड़ी पर था। उस किशोर लड़के के हाथ में एक छोटी-सी तलवार थी। शक्ल-सूरत से धोती-कमीज पहने व किसी किसान का लड़का लगता था।

लड़के ने आगे बढ़कर जैसे ही सो रहे शिवाजी पर तलवार का वार करना चाहा, वैसे ही वे जाग गए और उठ कर बैठ गए। उन्होंने लड़ने का हाथ पकड़ लिया और पूछने लगे कि तुम कौन हो?

लड़का तनिक भी नहीं डरा और न घबड़ाया उसने साहस के साथ कहा कि मैं यहाँ एक गाँव में रहता हूँ। किसान का लड़का हूँ। मेरी माँ भूखी रहते-रहते बीमार पड़ गई। बीजापुर की सेना में गया तो वहाँ मुझसे कहा गया कि तुम्हें बहुत-सा रुपया मिल सकता है, अगर तुम शिवाजी का सिर काट कर ले आओ। मैं आपका सिर लेने आया हूँ।

इस पर शिवाजी के अंगरक्षक उस लड़के पर टूट पड़े और उसे मारने लगे, तो शिवाजी ने उन्हें मना कर दिया। उन्होंने लड़के का अपराध क्षमा कर दिया और यही नहीं उन्होंने कहा कि तुम्हारी हिम्मत का मैं कायल हो गया। आज से तुम मेरे सेनापति हुए, अंगरक्षक और मंत्री। शिवाजी ऐसे लोगों की पूजा करते, जिनमें साहस होता।

धर्मपालक

शिवाजी धर्म के पालक थे। अन्याय के विरुद्ध उन्होंने तलवार ही नहीं उठाई, बल्कि अपनी आवाज भी बुलंद की, जो दक्षिण और महाराष्ट्र में ही नहीं, बल्कि सारे भारतवर्ष में गूँज उठी। बादशाह औरंगजेब उनके खिलाफ था। उसने कई बार चढ़ाई की, लेकिन उस वीर का तनिक भी अहित नहीं हुआ। वह निरंतर आगे बढ़ता रहा। यह सब शिवाजी की बुद्धिमत्ता और उनका साहस था।

शिवाजी की अवस्था अब 53 वर्ष की हो गई थी। उनके राज्याभिषेक को 6 वर्ष व्यतीत हो चुके थे। अब उनका राज्य इतना सुदृढ़ हो गया था कि उन्हें उस पर पूरा-पूरा संतोष था। उनकी सेना, जो बीच-पच्चीस हजार की थी, अब लगभग एक

लाख हो गई थी। इसीलिए तो बीजापुर का बादशाह आदिलशाह, जो उन पर हमले किया करता था, अब सिर नहीं उठाता। वह जानता था कि मराठों की ताकत इतनी ज्यादा बढ़ गई है कि वे चाहे जितना दाबे जाएँ, लेकिन दब नहीं सकते। उनका दमन किसी भी सूरत से नहीं किया जा सकता।

यही स्थिति दिल्ली के बादशाह औरंगजेब की थी। वह भी शिवाजी की शक्ति को भली-भाँति पहचानता था। वह जानता था कि शिवाजी के साथ पूरी हिंदू जनता है। वे अकेले ही नहीं, उनके सैनिक शूरवीर हैं और सच्चे स्वामिभक्त हैं। जहाँ शिवाजी का पसीना गिरे वहाँ अपना खून बहा देते हैं।

अपनी अंतिम अवस्था में भी शिवाजी देवी के अनन्य भक्त रहे। अब वे स्थायी रूप से रायगढ़ में ही रह रहे थे। यहाँ के दुर्ग में उन्होंने भवानी दुर्गा का एक भव्य मंदिर बनवाया था। वे प्रातः उठते ही सबसे पहले अपनी भवानी के दर्शन करने जाते। उसके बाद सूर्य को नमस्कार करते। भगवान सूर्य पर भी उनकी अटल भक्ति थी। उनका कहना था कि सूर्य ही दुनिया हो दिन देता है। वीरों में तेज उसी का होता है और भगवान शंकर की उपासना की भी यही मान्यता थी कि भोले बाबा शंकर बड़े दयालु हैं। उनका भक्त कभी दुःखी नहीं रहता।

शिवाजी अपने परिवार के मुखिया थे। उनके पुत्र आज्ञाकारी थे। पुत्रियाँ गुणवती। पत्नियाँ पति-परायण थीं और उनकी प्रजा उनको अपनी पलकों में इस तरह बंद कर लेना चाहती थी, जैसे सीप का मोती। सब कुछ मिलाकर उनका जीवन धन्य था। वे पादशाह थे, महाराष्ट्र के। छत्रपति का खिताब था। हिंदू पद-पादशाही का प्रचलन उनके समय से ही हुआ और वे सबसे पहले हिंदू पादशाह थे, जिन्होंने धर्म की रक्षा की, न्याय की माँग की और अन्याय के विरुद्ध तलवार उठाई।

शिवाजी का साम्राज्य अब बहुत अधिक विस्तृत हो गया था। उन्होंने अनेक प्रदेश विजय किए, जिनसे चौथ लेते थे। उनके राजस्व की आय अब कम नहीं बहुत ज्यादा थी। यही कारण था कि अब उनका खजाना हमेशा भरा ही रहता, कभी खाली नहीं होता। उनके दोनों दुश्मन मुँह की खाकर बैठ गए थे। बीजापुर और दिल्ली के बादशाह। इससे उन्हें बड़ा संतोष था और यही था उनके लिए सुनहरा अवसर कि वे लगातार अपनी शक्ति बढ़ाने में लगे रहे। सैन्य-संगठन के साथ ही साथ उन्होंने अपने खाली खजाने को कई बार भरा और मराठा राज्य का इतना अधिक विस्तार कर लिया कि उसकी सत्ता साधारण श्रेणी की न रह कर उच्च श्रेणी की हो गई। उस सत्ता ने मुगल राज्य की नींव हिला दी।

शिवाजी इधर कुछ दिनों में अस्वस्थ रहने लगे थे। उनके बदन में स्फूर्ति नहीं आती। थोड़ा काम करते ही वे बहुत ज्यादा थक जाते। वे कुछ चिड़चिड़े हो गए। अब वे शम्भू जी को सबके सामने डाँटते-फटकारते। बहुत जल्दी खीझ जाते, उन्हें जल्दी क्रोध आ जाता। उन्हें वैद्यों ने बतलाया कि ज्वर रहता है। इलाज होने लगा और वे धीरे-धीरे दुर्बल होते चले गए।

शिवाजी अपनी इस बीमारी को साधारण समझते थे, लेकिन ज्वर का सिलसिला ऐसा चला कि वह टूटने को ही नहीं आता। शिवाजी को मराठा राज्य के भविष्य की चिंता थी। इसीलिए वे बीमारी आदि से बचना चाहते थे। वे लंबी आयु चाहते थे, क्योंकि शम्भू जी पर उन्हें अधिक विश्वास नहीं था कि वे उनके बाद मराठा राज्य का संचालन सुचारू रूप से कर सकेंगे। उनका सेनापति भी उनकी दृष्टि में कोई इतना योग्य नहीं था, जो राज्य की बागडोर सँभाल लेता और उसे अच्छी तरह चलाता। यह दुःख और अभाव उनके जीवन पर छा गया था।

उपचार चलता रहा लेकिन शिवाजी की तबीयत ठीक नहीं हुई। ज्वर एक क्षण के लिए भी नहीं उतरता। उन्हें भूख नहीं लगती थी। जो कुछ खाते हजम नहीं होता, उन्हें उदर-विकार भी हो गया था। कभी-कभी उनके पेट में शलू उठता, वे पीड़ा से बेचैन हो जाते। राजवैद्य हैरान थे। वे छत्रपति को अच्छी से अच्छी दवाइयाँ देते, लेकिन प्रत्येक औषधि शिवाजी के पेट में पहुँचते ही पानी हो जाती। इस तरह वे बहुत ही जर्जर हो गए थे। उनके शरीर में अब शक्ति का लेश-मात्र भी नहीं था।

आखिर, मृत्यु ने आकर शिवाजी पर अपना चँवर डुला ही दिया। पूर्णमासी का दिन था। अभी सूर्योदय हुआ ही था कि उनका प्राणांत हो गया। सारे महाराष्ट्र में हाहाकार मच गया। यह 5 अप्रैल, सन् 1680 का दिन था।

शिवाजी की तीसरी पत्नी पुतलाबाई पति के वियोग में पागल हो गईं। उसे अपने स्वामी से इतना अधिक प्रेम था कि वह शिवाजी की चिता में बैठ कर जिंदा ही जल गईं।

अग्रगण्य वीर एवं अमर स्वतंत्रता-सेनानी

राष्ट्र को विदेशी और आतताई राज्य-सत्ता से स्वाधीन करा सारे भारत में एक सार्वभौम स्वतंत्र शासन स्थापित करने का एक प्रयत्न स्वतंत्रता के अनन्य पुजारी वीर प्रवर शिवाजी महाराज ने भी किया था। इसी प्रकार उन्हें एक अग्रगण्य वीर एवं अमर स्वतंत्रता-सेनानी स्वीकार किया जाता है।

यों तो शिवाजी पर मुस्लिम विरोधी होने का दोषारोपण किया जाता है, पर यह सत्य इसलिए नहीं क्योंकि उनकी सेना में तो अनेक मुस्लिम नायक एवं सेनानी थे ही, अनेक मुस्लिम सरदार और सूबेदारों जैसे लोग भी थे। वास्तव में शिवाजी का सारा संघर्ष उस कट्टरता और उद्दंडता के विरुद्ध था, जिसे औरंगजेब जैसे शासकों और उसकी छत्रछाया में पलने वाले लोगों ने अपना रखा था। वीर शिवाजी राष्ट्रीयता के जीवंत प्रतीक एवं परिचायक थे। इसी कारण निकट अतीत के राष्ट्रपुरुषों में महाराणा प्रताप के साथ-साथ इनकी भी गणना की जाती है।

माता जीजाबाई धार्मिक स्वभाव वाली होते हुए भी गुण-स्वभाव और व्यवहार में वीरंगना नारी थीं। इसी कारण उन्होंने बालक शिवा का पालन-पोषण रामायण, महाभारत तथा अन्य भारतीय वीरात्माओं की उज्ज्वल कहानियाँ सुना और शिक्षा देकर किया था। दादा कोणदेव के संरक्षण में उन्हें सभी तरह की सामयिक युद्ध आदि विधाओं में भी निपुण बनाया था। धर्म, संस्कृति और राजनीति की भी उचित शिक्षा दिलवाई थी। उस युग में परम संत रामदेव के संपर्क में आने से शिवाजी पूर्णतया राष्ट्रप्रेमी, कर्तव्यपरायण एवं कर्मठ योद्धा बन गए।

बचपन में शिवाजी अपनी आयु के बालक इकट्ठे कर उनके नेता बनकर युद्ध करने और किले जीतने का खेल खेला करते थे। युवावस्था में आते ही उनका खेल वास्तविक कर्म शत्रु बनकर शत्रुओं पर आक्रमण कर उनके किले आदि भी जीतने लगे। जैसे ही शिवाजी ने पुरंदर और तोरण जैसे किलों पर अपना अधिकार जमाया, वैसे ही उनके नाम और कर्म की सारे दक्षिण में धूम मच गई, यह खबर आग की तरह आगरा और दिल्ली तक जा पहुँची। अत्याचारी किस्म के यवन और उनके सहायक सभी शासक उनका नाम सुनकर ही मारे डर के बगलें झाँकने लगे।

शिवाजी के बढ़ते प्रताप से आतंकित बीजापुर के शासक आदिलशाह जब शिवाजी को बंदी न बना सके तो उन्होंने शिवाजी के पिता शाहजी को गिरफ्तार किया। पता चलने पर शिवाजी आगबबूला हो गए। उन्होंने नीति और साहस का सहारा लेकर छापामारी कर जल्द ही अपने पिता को इस कैद से आजाद कराया। तब बीजापुर के शासक ने शिवाजी को जीवित अथवा मुर्दा पकड़ लाने का आदेश देकर अपने मक्कार सेनापति अफजल खाँ को भेजा। उसने भाईचारे व सुलह का झूठा नाटक रचकर शिवाजी को अपनी बाँहों के घेरे में लेकर मारना चाहा, पर समझदार शिवाजी के हाथ में छिपे बानखे का शिकार होकर वह स्वयं मारा गया। इससे उसकी सेनाएँ अपने सेनापति को मरा पाकर वहाँ से दुम दबाकर भाग गईं।

उनकी इस वीरता के कारण ही उन्हें एक आदर्श एवं महान राष्ट्रपुरुष के रूप में स्वीकारा जाता है।

स्त्रियों का सम्मान

एक बार शिवाजी की सेना के एक सैनिक ने एक मुगल किलेदार की एक जवान और अति सुंदर युवती को उसके घर से उठा लिया और उसकी सुंदरता पर मुग्ध होकर उसने उसे शिवाजी के समक्ष पेश करने की ठानी। वह उस युवती को शिवाजी के पास ले गया।

जब शिवाजी ने उस युवती को देखा तो वह उसकी सुंदरता की तारीफ किए बिना नहीं रह सके लेकिन उन्होंने उस युवती की तारीफ में जो कहा वह कुछ इस तरह से था "काश! हमारी माता भी इतनी खूबसूरत होतीं तो मैं भी खूबसूरत होता।"

इसके बाद वीर शिवाजी ने अपने सेनापति को डांटते हुए कहा कि वह इस युवती को जल्द से जल्द उसके घर ससम्मान छोड़ आएं, साथ ही उन्होंने यह भी साफ कर दिया कि वह दूसरे की बहू-बेटियों को अपनी माता की तरह मानते हैं।

वीर शिवाजी की तलवार में जितनी धार थी उतना ही प्रभावी उनका चरित्र भी था। उन्होंने अपने चरित्र को कभी दागदार नहीं होने दिया।

शिवाजी एक मराठा लेकिन मुस्लिम विरोधी नहीं

आज कई लेखों और कई व्यक्तियों की राय में वीर शिवाजी की छवि एक मुस्लिम विरोधी शख्स की है लेकिन यह सच नहीं है। वीर शिवाजी को भी एक मुस्लिम विरोधी मानने की अवधारणा पालना गलत है। वीर शिवाजी की सेना में कई मुस्लिम नायक और सेनानी थे। वीर शिवाजी सिर्फ कट्टरता और जुल्मियों के लिए दुश्मन थे।

शिवाजी की 1680 में कुछ समय बीमार रहने के बाद अपनी राजधानी पहाड़ी दुर्ग राजगढ़ में 3 अप्रैल को मृत्यु हो गई। आज भी देश में छत्रपति शिवाजी का नाम एक महान सेनानी और लड़ाके के रूप में लिया जाता है जिनकी रणनीति का अध्ययन आज भी लोग करते हैं।

उपसंहार

इस प्रकार मुगलों, बीजापुर के सुल्तान, गोवा के पुर्तगालियों और जंजीरा स्थित अबीसिनिया के समुद्री डाकुओं के प्रबल प्रतिरोध के बावजूद उन्होंने दक्षिण में एक

स्वतंत्र हिन्दू राज्य की स्थापना की। धार्मिक आक्रामकता के युग में वह लगभग अकेले ही धार्मिक सहिष्णुता के समर्थक बने रहे। उनका राज्य बेलगांव से लेकर तुंगभद्रा नदी के तट तक समस्त पश्चिमी कर्नाटक में विस्तृत था। इस प्रकार शिवाजी एक साधारण जागीरदार के उपेक्षित पुत्र की स्थिति से अपने पुरुषार्थ द्वारा ऐसे स्वाधीन राज्य के शासक बने, जिसका निर्माण स्वयं उन्होंने ही किया था। उन्होंने उसे एक सुगठित शासन-प्रणाली एवं सैन्य-संगठन द्वारा सुदृढ़ करके जन साधारण का भी विश्वास प्राप्त किया। जिस स्वतंत्रता की भावना से वे स्वयं प्रेरित हुए थे, उसे उन्होंने अपने देशवासियों के हृदय में भी इस प्रकार प्रज्वलित कर दिया कि उनके मरणोपरान्त औरंगजेब द्वारा उनके पुत्र का वध कर देने, पौत्र को कारागार में डाल देने तथा समस्त देश को अपनी सैन्य शक्ति द्वारा रौंद डालने पर भी वे अपनी स्वतंत्रता बनाये रखने में समर्थ हो सके। उसी से भविष्य में विशाल मराठा साम्राज्य की स्थापना हुई। शिवाजी यथार्थ में एक व्यावहारिक आदर्शवादी थे।

□□□